JN157614

ナラティヴ・セラピー・クラシックス

脱構築とセラピー

Narrative Therapy Classics

マイケル・ホワイト
小森康永＝訳

Ψ
金剛出版

NARRATIVE THERAPY CLASSICS
by Michael White

Copyright © 2017 by Michael White
Japanese translation rights arranged with
DULWICH CENTRE PUBLICATIONS
through Japan UNI Agency, Inc.

序

キャロライン・マーキー

本書の編纂が進むなか、シェリル・ホワイトは世界中の多くのナラティヴ・セラピストに声をかけ、マイケル・ホワイトの論考のなかから、家族や若者との仕事を支えるうえで特に刺激的なものを四、五本選ぶよう依頼した。私は幸運にも、二五年前にダルウィッチ・センターでトレーニングを受けて以来、ここアデレードで、ナラティヴなアイデアの進化形を使う自由に恵まれている。

本書に収録された論考を紹介するひとつの方法として、私は気がつくと、シェリルの誘いを受けたその日の働きぶりについて考えていた。その日の仕事をナビゲートするのにもっとも影響したナラティヴなアイデアは、なんだったのか？　そこでなされた質問の源泉は、どこにあったのか？　誰の声に気づき、どんなアイデアないし言説が会話のなかでより多くの比重をもつよう支えたものは、なんだったのか？　人々の悪戦苦闘と苦難について私が当人たちと話すとき、毎日の政治学に警戒を怠らないよう私に挑みかかる特別な論文は、どれか？

その日、私はスクールカウンセラーとして働いていた。まずはメールを開くと、ひとりの学生の父親が失踪し、警察の捜索がはじまったという連絡が入っていた。トラウマを伴う予期せぬ出来事である。メールの言葉は、どのようにこの若者、父親、そして家族に関する仮説を組み立てさせるのか。その言葉は迂闊にも、いかにして薄い結論となっているのか？　ナラティヴに頼る私の任務は、より豊かで複数にストーリー立てられる説明をどのようにしてもたらすのか？　コンピューターの前に座って、はじめの紹介を読みながら、もっとも実際的な価値をもつものは、最近の出来事について若者が作り上げた意味なのだと思う。

「職業的援助を必要とする子ども」という十分に意図された支配的言説に沿って考えるなら、私は一刻も早くこの学生と会うことを求められている。しかしながら、私は、先に急ぐよりも立ち止まることを選んだ。マイケルの著作は、いつも彼が相談を受けた子どもや家族の知識（およびその他の知識）によってもたらされているが、それが私にこう考えさせる。「専門家」として位置づけられたスクールカウンセラーの介入は、そのとき、いかにして必ずしももっとも有効な「援助」とはならなくなるのか？　セラピーの政治学（第一章「脱構築とセラピー」を見よ）を見えるものにするために、マイケルがミシェル・フーコーによる西洋世界の近代的権力の分析から援用した方法は、しばしば私を以下の問いに導く。「どうすれば、職業的専門家としての私の介入が、この家族（ないしコミュニティ）がこの危機にもちこむ、ないしもちこめるノウハウを従属させないよう保証できるのか？」

家族に電話をすると、ここ四八時間のあいだに、役に立つが距離感のある介入がなされていて、そこには警察、病院、そして情報メディアによる介入さえ含まれていた。私がもっとも気になったのは、私の接触が、家族やその他の援助提供者とのコラボレーション倫理（第八章「コラボレーションを育む」を見よ）によってどのように支えられるのかということだった。

最初に電話で話したときから、私は、「トラウマが彼らになしたこと」は話の半分であり、常にそれを超えて質問する、というマイケルの決意に支えられてもいた。それは、子どもとそのケア提供者がこの馴染みのない出来事にいかに対応したか（第五章「子ども、トラウマ、そして従属的ストーリーライン展開」を見よ）をも特定するためである。私は、家族、そして／あるいは友達がそのとき互いにしていたことを知りたかった。私は若者の大切な父親がちょうどそのとき発見されたことを知ったので、今回、彼の父親、家族、そして彼自身にとって何が役立ったと思うかも若者に訊ねた。

私が学生に対面したとき、主たるテーマは「あなたに私は何をしてあげられる？」ではなかった。その代わりに私が抱いていたのは、以下の特別な意図である。

- この危機にどのように対応するかに関連して彼がなした選択を正統化すること。
- 支持的聴衆を思い描き、集めること。
- 彼が愛し、大切にしている人々が病理化されるリスクを最小限にすること。

会話のはじまりで、私はこう質問した。「この出来事はほかに誰が知っているの？　それを決めるのに、あなたに発言の機会はあったの？　何人かの友達にはそれを知らせるべきだと、あなたに決めさせたのは何？」

これらの質問によって、若者は彼の「人生クラブ」（第三章「もう一度こんにちわと言う――悲嘆の解決における失われた関係の取り込み」と、第四章「リ・メンバリング」を見よ）の重要メンバーを何人か私に教えてくれた。それは、彼が最近の出来事を話していた人々だった。これは、私たちのコラボレーションに安全で心安い、そして楽しくもある基礎を築くうえで、決定的に重要であった。彼の父親、ほかの親友、家族、そして特に彼の愛犬を含む支持的な人々がこの部屋に迎えられる形で私たちの会話が進むと、私はためらいがちに、オフィスの壁にピンで留められた文書の言葉を見るよう誘った。その文書は、ほかの学生たちによって書かれたものだったが、彼らがつらく馴染みのないときを乗り越えた方法が記されていた。

悲しみについてのある詩が彼の注意を惹いた。最初の一行はこうだ。「悲しみはよい……」私たちはその詩についてあまり話さなかったが、彼の経験と明らかに共鳴していた。学生のあいだで潜在的解決知識を共有する方法は、セラピストの脱中心化、証人の必要性、そしてボトムアップ・アカウンタビリティ（第八章「倫理と表層スピリチュアリティ」を見よ）についての著作につながっている。

マイケル・ホワイトの、哲学、言語学、文化人類学、そしてフェミニスト思考の画期的なアマルガムは、私たちがセラピーで出会うすべての人々に、彼らの目の前にあるのにまだ気づかれていないインサイダー知識と技術をもちだせる文脈を提供するよう私たちをせき立てる。若者との最初の会話において、私は次のような質問を介して、彼や彼の家族がなした、その他の反応／決定を際立たせるよう求めた。「このとき、『ことを荒立てないこと』が君とお父さんにとってどのように大切なのでしょう？」

この学生との最近の面接で、彼は私に、父親は「よくなってきていて、家で静かにしています」と言った。それについて訊ねると、彼ははじめ、その変化はすべて新しい薬のおかげだとした。それが父親の精神科医による説明だったからである。彼の父親や家族の努力、そしてローカル・ノレッジも認証する手段として、私は若者に、マイケル・ホワイトがそのキャリアのはじめにグレンサイド精神科病院の人々にしていた質問をしてみた。「自宅でお父さんを見ていて、薬がよく効くように、お父さんがしていることはなんだと思う？」（第二章「精神病的経験と言説」を見よ）

予期せぬことに、彼はまなじりを上げ、微笑みを浮かべ、私の目を見て答えた。「ジョギングを再開しました。以前より距離も伸びました。それに、大学時代の友達と出かけます。まるで正常に戻ったようです！」つぎに会うときには、自分の息子が、人生を取り戻すべく奮闘している父親に気づき認証していることは、父親にとってどんな意味があるだろうと訊いてみたい。待ちきれない！

毎日セラピストとして働いて、私は本書のあちこちにあるアイデアを頼りにしている。

あなたもこの美しいコレクションを読み、あるいは再読し、そこにあるアイデアやストーリーが、あなたのしている決定的に重要で複雑な仕事の、大切な仕事仲間のようになればと思う。

本書について ▽訳註1

本書に集められたのは、マイケル・ホワイトによる一連の論考とインタビューである。それらは、セラピーの慣習的概念を変容させ、精神病の理解を作り直し、悲嘆への新しい対処法を提供し、精神医学知識のヘゲモニーに深い意味で挑戦し続けている。同時に感動的で刺激的でもあり、各章は政治的分析と深い思いやりの稀有な組み合わせを伝えている。

この本を読むことは、旧友と再度向かいあい、その親交によって元気をもらうことになるかもしれない。あるいは、各章が予期せぬ挑戦と可能性を提供するかもしれない。あなたが悲嘆を経験している人々、精神障害で苦労している人々、あるいはトラウマ経験に苦しむ人々など、どんな人に対応しているのであれ、そしてあなたが子ども、大人、あるいは家族など、どんなかたちで面接をしているのであれ、ここに収録されているストーリーや思考の厳密さは、その実践と理解に新しい選択肢を提供するだろう。

第1章「脱構築とセラピー」

ナラティヴ・セラピーの古典的文献のひとつとして、本章は、ストーリーを実践に結びつけるところからはじめ、脱構築としてのセラピーという形式のための厳密でありながら思考を刺激するガイドを提供する。偶然にも本章の註には、「秘密からの逃走ミーティング」についての記述が含まれているので、お見逃しなきよう！

本章は一九九一年、ダルウィッチ・センター・ニュースレター（3, 21-40, 1991）に初出である。本稿の一部は、「グランドデザインの終焉」カンファレンス（一九九一年四月、ハイデルベルグ）（End of Grand Design conference in Heidelberg, April 1991）と「治療的会話による可能性の創出」カンファレンス（一九九一年七月、オクラホマ州タルサ）（Generating Possibilities Through Therapeutic Conversations Conference in Tulsa, Oklahoma, July 1991）において発表されている。また、デイヴィッド・エプストンとマイケル・ホワイトの『経験、矛盾、ナラティヴ、そして想像』（*Experience, contradiction, narrative & imagination. Adelaide,* Australia: Dulwich Centre Publications, 1992, pp. 109-152）に再録されている。

第2章「精神病的経験と言説——ケン・スチュワートによるインタビュー」

この多岐にわたるインタビューは、マイケルが精神病的経験に関する自らの仕事を支えている思考についてもっとも詳細に議論している場である。それは、精神医学的診断の使用と投薬についての彼の立場を明確化しており、精神医学的知識のヘゲモニーの転覆にも挑戦している。同時に、このインタビューは、声を聞いている人々との会話での実践的質問法や文書の創造的形式、さらにはセラピーへの見えない友達の内包さえ提案している。

このインタビューは一九九五年、マイケル・ホワイト『人生の再著述』（*Re-authoring lives: Interviews and essays.* Dulwich Centre Publications, 1995）に初出である。ある意味、これはインタビュー内インタビューになっているが、それは紹介されている質問の一部が、一九九〇年に行われたが完結しなかったものに基づいているからである。ケン・スチュワートは、福祉における家族支援プログラム（ミネソタ州ワシントン郡）（Family Treatment Program at Human Services, Inc.）所属、ミネソタ心理師養成校（Minnesota School for Professional Psychology）の非常勤スタッフである。

第3章「もう一度こんにちわと言う——悲嘆の解決における失われた関係の取り込み」

このテクストは、深く遷延した悲嘆を経験している人々への対応におけるブレークスルーの到来を告げ、「もう一度こんにちわと言う」メタファーをその領域に導入した。

一九八八年、ダルウィッチ・センター・ニュースレター（Spring 1988）に初出であるが、もともとは、「喪失と家族・国際コロキウム（一九八八年七月五～八日、アイルランド、コーク州バリマルー）」（The Loss and the Family International Colloquium, Ballymaloe, County Cork, Ireland, 5-8 July 1988）のために準備されたものである。初出時、マイケルは本稿の初期草稿に対するコメントをくれたカール・トムに謝辞を記している。

第4章「リ・メンバリング」

「もう一度こんにちわと言う」ナラティヴ・セラピーのコンサルテーションから感動的な長い逐語録を含む。本章は、現在ではリ・メンバリング実践として知られるものを描き出している。マイケルの仕事の多くで重要な役割を果たしたチームのメンバーの貢献に栄誉が讃えられている。

本章は一九九七年、マイケル・ホワイト『セラピストの人生という物語』(*Narratives of therapists' lives*. Dulwich Centre Publications, 1997)からの転載である。

第5章「子ども、トラウマ、そして従属的ストーリーライン展開」

この影響力の大きい章は、トラウマに曝された子どもたちとのコンサルテーションにおける従属的ストーリーライン展開の大切さを強調している。この従属的ストーリーライン展開は、子どもがトラウマ経験に声を与え始めるときに立つべきオルタナティヴなアイデンティティ領域を提供する。これは、子どもに再トラウマ化のリスクに対するかなりの免疫力を付与する。「潜 - 在 (absent but implicit)」概念の援用についての議論もここに含まれている。

本章は二〇〇五年、「ナラティヴセラピーとコミュニティワーク」誌(*International Journal of Narrative Therapy and Community Work*, 3 & 4, 10-21, 2005)に初出である。

第6章「ナラティヴ・プラクティスとアイデンティティ結論の解明」

豊かな実践ストーリーと炸裂する歴史的および理論的探究の交錯を通して、本章は、実践家が自然主義的アイデンティティ説明の袋小路を脱し、アイデンティティの豊かなストーリーラインを作り、予期せぬものに出会う方法を示す。まさに古典だ!

本章は二〇〇一年、「ゲッコー——治療実践における脱構築とナラティヴ」誌(*Gecko: A Journal of Deconstruction and Narrative Ideas in Therapeutic Practice*, Vol.1, 28-55, 2001)に初出。二〇〇四年、マイケル・ホワイト

『ナラティヴ・プラクティスとエキゾチックな人生』(*Narrative Practice & exotic lives: Resurrecting diversity in everyday life*. Dulwich Centre Publications, 2004) に再録されている。

第7章「コラボレーションを育む――親と子のあいだ、児童保護機関と家族のあいだ――デイヴィッド・デンボロウによるインタビュー」

デイヴィッド・デンボロウによるマイケル・ホワイトへのこのインタビューは、子どもないし若者と親とのあいだに葛藤を抱える家族と仕事をしているセラピストに、貴重な概念と実践的アイデアを提供する。これは、ナラティヴ・プラクティスに「ポジティヴ・インプリケーション」概念を導入し、協働的「児童保護」実践に新しい可能性をもたらす。

本章は二〇〇六年、マイケル・ホワイトとアリス・モーガン(Alice Morgan)『子どもたちとのナラティヴ・セラピー』(*Narrative therapy with children and their families*. Dulwich Centre Publications, 2006) に初出。

第8章「倫理と表層スピリチュアリティ――マイケル・ホイトとジーン・コムによるインタビュー」

マイケル・ホワイトへのこのインタビューは、倫理とスピリチュアリティという非常におもしろい組み合わせを探求する。フェミニスト倫理、ボトムアップ・アカウンタビリティ、そして「日々の存在の秘跡」の賞賛方法などを参照しながら、マイケル・ホイトとジーン・コムによるこのインタビューは、どれとも似ていないものとなった。末尾には、セラピストが仕事にもちこむ意識的目的と献身を強調するホワイトが作成したエクササイズが収録されている。

このインタビューはもともと一九九六年、マイケル・ホイト編『構築主義的精神療法［第二巻］』（Hoyt, M.F. (Ed.), *Constructive Therapies, volume 2.* New York, NY: Guilford Press）に初出で、ギルフォード・プレスの再録許諾済み。会話が行われたのは一九九四年七月一六日、「治療的会話2（バージニア州レストン（ワシントンDC近郊））」カンファレンス（Therapeutic Conversations 2 conference in Reston, Virginia）においてである。マイケルはこの会議の中核的メンバーであった。マイケル・ホイトは、カリフォルニア州で活躍する心理学者。多くの著作、編集本がある。たとえば『ほかよりましなストーリー』（*Some stories are better than others.* 2000）、『ひらめき・情熱・刷新のセラピストストーリー――愛は関係あるか？』（*Therapist stories of inspiration, passion, and renewal: What's love got to do with it?* 2013）、『ブリーフ・セラピーの向こう側――ストーリー・言語・愛・希望・時間』（*Brief therapy and beyond: Stories, language, love, hope, and time.* 2017）。ジーン・コムはジル・フリードマン（Jill Freedman）とともにエバンストン家族療法センター（Evanston Family Therapy Centre）の共同所長であり、『象徴・ストーリー・儀式』（*Symbol, story and ceremony.* 1990）と『ナラティヴ・セラピー――望ましい現実の社会的構成』（*Narrative therapy: The social construction of preferred realities.* 1996）の著者である。

訳註

▽訳註1　以下の章には下記の邦訳が存在する。本書収載にあたり必要に応じて改訳を行った。

第2章　「精神病的経験と言説――マイケル・ホワイトへのインタビュー（ケン・スチュワート）」小森康永・土岐篤史（共訳）『人生の再著述』ヘルスワーク協会、一九九五年、一八二－二四七頁。

第3章　「再会――悲嘆の解決における失われた関係の取り込み」小森康永（監訳）『ナラティヴ・セラピーの実践』

金剛出版、二〇〇〇年、二八 - 四二頁。
第4章 「リ・メンバリング」小森康永(監訳)『セラピストの人生という物語』金子書房、二〇〇三年、五〇 - 七五頁/分担、新美加奈子。
第6章 「ナラティヴ・プラクティスとアイデンティティ結論の解明」小森康永(監訳)『ナラティヴ・プラクティスとエキゾチックな人生』金剛出版、二〇〇六年、一二五 - 一五〇頁/分担、松嶋秀明。
第7章 「親と子、児童保護機関と家族の共同作業を促す」小森康永・奥野光(共訳)『子どもたちとのナラティヴ・セラピー』金剛出版、二〇〇七年、一七九 - 一九九頁。

[目 次]

NARRATIVE THERAPY CLASSICS by MICHAEL WHITE

NARRATIVE THERAPY CLASSICS

第1章 脱構築とセラピー

Deconstruction and therapy
1991

読者を落胆させないためにも、まず言っておきたいことがある。本稿は、脱構築とセラピーについて考察するものだが、ある特定の確立されたセラピー・モデルの知識や実践を脱構築したり、ある特定のセラピー・「ムーヴメント」の脱構築を行うものではない。むしろ本稿では、あるセラピー実践を脱構築という枠組みのなかに入れることを選択した。

私の職業人生活において第一の、そして最大の関心事は治療的文脈のなかで起こることに関連しているので、本稿の冒頭でもセラピーの話をしたい。ただし、紙幅の都合で話が体裁よくしてあることは強調しておきたい。そこには、セラピーにつきものの混乱した過程、私たちがセラピーと呼ぶ冒険の行きつ戻りつはうまく描かれていない。つまり、ここでの説明には、面接自体ではお目にかかれないシンプルさがあるのだ。

エリザベス

▼原註1
単親であるエリザベスは最初、二〇歳と一五歳になる二人の娘のことで相談にきた。彼女は、自分に向けられた二人の執拗な敵意、たび重なるかんしゃく発作、虐待、そして娘たちが見るからに不幸せであることを心配していた。問題は長らくエリザベスに不調をもたらしていて、彼女は自分が絶望の淵からもう抜け出せないのではないかと悩んでいた。彼女がひとりで面接にきたのは、娘たちが同席を拒否したからである。エリザベスが問題について語りだすと、彼女が「憎しみ」らしきものを経験し始めていること、そしてそれがかなりきつくなってきていることが明らかになった。

エリザベスと心配を分かちあうと、私はまず、問題が彼女の家族の人生にどのように影響しているのか、問題がどのくらい家族関係を邪魔しているのかと訊ねた。そして、もっと具体的に、問題は彼女の考えや彼女自身にどのように影響しているのか、その問題は親としての彼女の何を反映しているのか、母親としての自分自身にどんな結論を下しているのかと訊ねた。するとエリザベスは、涙を流しながら、自分は母親失格だと告白した。この開示によって、私はエリザベスが生きてきたプライベートなストーリーの一端を理解し始めたのだった。

その後私は、自分は母親失格だという見方は、エリザベスの娘たちとの関係にどのような強制をもたらしているのだろうかと訊ねた。この質問に答えて、彼女は以下の三点について詳細を語った。第一に、「もっと理想的な」家族環境を維持できなかったことに対する罪悪感、つぎに、娘たちとのかなり希薄で自己弁護に走る関係性、そして最後に、娘たちの母親評価からいかに自分が逃れられないか。

自分が母親失格だという見方とそれに関連した罪悪感が、彼女の人生と娘たちとの関係を滅茶苦茶にしているのだろうか？ あるいは、エリザベスが、そのような見方の支配とそれに関連した罪悪感から自らの人生と親子関係を自由にしたなら、もっと彼女の生活は楽になるのだろうか？ これらの質問に答えて、エリザベスは、あいまいな言葉はいっさい使わず、現状の親子関係はまったく納得できないものであり、自らの人生の方向性と親子関係のかたちについて介入しつつ、言うべきことを言う時期にきていることを明らかにした。

エリザベスを励ましてさらに探求したのは、彼女が母親として人として失敗したという見方にどのように徴集されたのか、そして彼女の罪悪感が喚起されたメカニズムについてである。この徴集においてどんな経験がもっとも確実に働いたのか？　彼女は、子どもを失敗させたという見方に女性のほうが徴集されやすいと考えているのか、それとも男性のほうがこの見方に徴集されやすいと考えているのか？　答えは疑いようもなかった。女性だ！

こうした質問による探求は、自分は失敗したという見方へとエリザベスが徴集されていった具体的な過程（たとえば、彼女は元夫から虐待を受けていた▼原註2）と、この構成に関する性別化された幅広い文脈（たとえば、単親である女性にこの見方を強化する不平等な社会構造や、私たちの文化における母親非難の広がり）を明らかにした。

自分は失敗したという見方が彼女の人生に影響を及ぼすさまざまなかたちであるとか、その見方に彼女がどのように徴集されたのかの詳細を探求するにつれ、エリザベスは、そのような見方とは異なるアイデンティティを自身のなかに経験し始めた。失敗はもはや、彼女のアイデンティティについて語らなくなったのである。この展開は、その見方によって選択されなかった彼女の人生領域を私たちが明らかにする方法をもたらした。

私はエリザベスに、失敗したという概念が、罪悪感を伴って女性のクライエントの人生に猛威を奮う数えきれないほどの方法を説明することによって、失敗と罪悪感の区別を促進するよう働きかけた。同様の徴集過程に曝された女性はたくさんいる。そして、私見では、この手の専制政治が完全に有効であることは決してないことも伝えた。つまり、それは決して完全に女性の人生を翳らせることには成功しないのである。その一例。「女性たちのなかには、女友達との関係のなかでこの失敗したという見方の影響から抜け出せた人もいますし、ものごとはきっと変わるという希望を生き長らえさせた人もいます」。これに応えてエリザベスは、自分がこの暴君に抵抗できる人生の領域をいくつか特定することができた。

私はエリザベスに、この抵抗は彼女の人生展開においてポジティヴかネガティヴか、どちらだと思うか訊ねた。彼女がポジティヴだと答えたので、私はその理由を訊ねた。引き続く議論のなかで、これらの例は、彼女がネガティヴな自己イメージに完全には屈していないこと、そして罪悪感という暴君に挑戦する決心をしたことの反映だと判明した。これによってエリザベスは、自分の人生が失敗によって支配されてはいなかったことの証明を提供された。

その後、一連の質問によって、私は、この拒否の歴史をたどるようエリザベスを励ました。この過程において、彼女は、ある種の不正に抗議する彼女の能力発達の証人を過去の人物のなかに特定した。引き続く会話では、エリザベスによって、自分はどんな別の人間になり得たか、明らかに自分の好みの人物とはどんなものかが共有された。私たちの会話からこのオルタナティヴで好みの人物像がその影から浮かび上がると、それが彼女の人生に登場することはより容易になった。

自分は何者かというオルタナティヴな知識へのエリザベスの情熱がより明らかになると、私は、彼女の発見に誰か別の人を率先して引き合わせることが大切だと話した。この目的のために、私は、別ヴァージョンの彼女の適切な聴衆になってくれそうな人々と、このヴァージョンの正統化と認証に参加してくれそうな人々を特定するよう励ました。▼原註3 私たちは、どのようにしてこの別ヴァージョンを紹介したらよいのか、そしてエリザベスの熱狂的発見にどのように反応してもらったらよいのか話し合った。

別ヴァージョンのエリザベスの探求の一部として、私は彼女に、自分の一部で、個人的に母親にあったらよいと思うものは何か、と訊ねた。そして、その詳細が言葉にされると、このことを娘たちにも知らせるのが大切だと示唆した。彼女は、自分自身のなかに（評価できる女性として、母親として）発見したものを娘たちに話す準備ができているだろうか？　時折、それを娘たちに引き続き思い出させる準備ができているだろうか？　これは彼女の琴線に触れた。エリザベスは、そのアイデアを楽しむことができたのである。私は即座に予言をした。「人生を取り戻す」エリザベスの努力が娘たちに伝えられても、熱狂をもって迎えられることはまずないだろう、と。

そこでエリザベスは、さらに自己像について語るべきことを決め、絶えざる評価と監視に服従するようにという娘たちの誘いを却下する決意を新たにした。最初、エリザベスが自身の著作権を取得することに対して、娘たちは劇的に反応した。時計の針を元に戻すとても創造的なアイデアが繰り出されたのである。しかしエリザベスは、これにもよくもちこたえ、三人の人生は前進する。彼女は娘たちと新しい結びつきを得て、三人の人生はもっと情熱を得ることになった。虐待は脇に押しやられ、エリザベスによれば、生まれて初めて、彼女は自分の望んだ母子関係を得た。彼女たちは心を許せる友として、もっと結びつきを強くし、互いに大切な心配事を話し合えるようにもなった。

エイミー

エイミーは二三歳で、アノレキシア（摂食障害）との悪戦苦闘に援助を求めてきた。それは長く続いている問題であり、解決のための多くの試みが無駄に終わっていた。私がエイミーに最初に振り返ってもらったのは、彼女の人生の（社会的、情緒的、知的、そしてもちろん身体的次元を含む）さまざまな領域におけるアノレキシアの影響である。彼女がこれに応えるなかで、アノレキシアがいかにそれらの領域において彼女の進出を困難にしているかが、明らかになった。

その後、アノレキシアがいかにエイミーの他者との相互作用に影響しているかも、微に入り細に入り探求された。アノレキシアは、いつでも彼女が他人と自分を比較するよう仕向け、他人から永遠に評価され続ける感覚を彼女に植えつけていたが、私はそれを知らされても驚かなかった。それ以外にも、アノレキシアは、彼女の人生の秘密を頑丈に覆い、彼女を孤立させていることが、明らかになった。

アノレキシアはどのようにして、エイミーの自身への態度と、自身との相互作用に影響を及ぼしていたのか？　そのために彼女に何を要求しているのか？　予想通り、それは、彼女に自身を監視するよう要求していた。自身を取り締まるのである。身体への操作が求められていた。「従順な身体」、つまり許容範囲とされる容姿へと身体を変形させることが求められるわけである。違反すれば体罰が待っていた。

その後、私はエイミーに、どのように彼女がさまざまな実践、手技、および態度に徴集されてきたのかを調査するよう依頼した。それは、人格の性別化に沿った「自己の規律訓練」である。そして、彼女自身の身体に向けられたヒエラルキー的で規律訓練的な態度であり関係性である。この調査において、エイミーは、家族、文化、および社会的文脈を介してこの徴集の歴史を特定することができた。以下の会話では、アノレキシアは、このような態度、実践、および文脈の具現化として登場した。

この治療過程を介して、アノレキシアは「仮面をはがされ」、エイミーはますますそれから距離をおいていった。アノレキシアが「その生き残りにおいて頼りとした」あたりまえとされたさまざまな実践と態度は、彼女がどんな人なのかという真理についてもはや彼女を信じ込ませることはできなくなった。エイミーは、彼女の人生に対するアノレキシアの申し立てに従い続けることに同意するのか、その要求を先延ばしにし続けることに同意するのだろうか？　あるいは、彼女の人生に対するアノレキシアの申し立てに挑戦するという考え、つまり人生を取り戻し自身の人生を作るという考えに、より惹かれるのだろうか？

　エイミーは、今こそ自身の人生を作り上げるべき時だと表明することに躊躇しなかったので、私たちは一緒に、彼女にそれができる証拠を集め始めた。アノレキシアと呼ばれる「自己の統治」状態[原註4]が頼りにする実践や態度への抵抗を示す出来事のことである。これによって、私たちはアンチ・アノレキシアという性質を帯びたさまざまな展開ないし出来事の特定に導かれた。

　私はエイミーに、アンチ・アノレキシアな展開を評価するよう頼んだ。彼女は、それを人生におけるより魅力的で望ましい展開と考えていたのか、それともささいで訴えるもののないことと考えていたのか？　これに応えてエイミーは、それを人生における好ましい展開と判断した。その後、私は、その展開がなぜ好ましいのか、なぜ自分に向いていると思うのかを訊ねた。

　エイミーがアンチアノレキシアな活動をより強く支持しているようだったので、私は、彼女の人生におけるその基礎ないし根拠について理解させてくれるよう励ました。また、このような好ましい展開が彼女の人生にとって大切なものについて何を語るのか考えるよう励ました。引き続く会話において、エイミーは、好みの自己像についてさらに十分に言葉にし始め、それはオルタナティヴな人生知識に組み込まれるものだった。そして、そのヴァージョンは彼女の人生に登場し、徐々に生きられることになったのである。

　エイミーがオルタナティヴな好みの自己像を言葉にして上演し始めると、彼女は人生を取り戻すそのプロジェクトに他者を巻きこむさまざまなステップを踏み出すことになった。そのステップは「フィールドワーク」がそのプロジェクトに不可欠だとする私の見立てによって励まされた。私はエイミーに、彼女の友人知人すべてのなかで、この新しい自己像にもっとも到達しやすいのは誰かを特定してもらった。▼原註5 彼女は、自分自身の再紹介を「遠くに」いる人からはじめることを決心し、ここ何年か会っていない昔のクラスメート数人に連絡した。これに成功すると、彼女は、原家族も含め現在のソーシャルネットワークのなかに踏み出し、彼女たちを面接に招待しはじめた。治療的文脈において、家族は、エイミーの好みの人生の申し立てを認証し、それを正統化するのにおおいに貢献し、アノレキシアから人生を分離するエイミーの能力も増大した。

アンとジョン

ジョンとアンは別居中のカップルだが、養育権や子どもたちとの面会回数、さらには財産分与などについての葛藤がこじれるばかりなのをなんとかしたいと、セラピーに訪れた。初回面接の冒頭、二人は激しい口論を開始し、売り言葉に買い言葉となり、私のほうを見るのはごくたまのことで、それもずるがしいこい感じがした。しばらくして、それを遮ることができると、私は、ただ、二人の問題を包み隠さず話してくれたことと、実際にどんな状況なのかを実演してもらったことに、感謝の意を伝えることになった。

ひと休みすると、ジョンとアンは第二ラウンドに突入した。幸い、もう一度それを遮ることができると、私は、今度は二人が自分たちの関係をどんなふうに経験しているのかそれなりに理解できたと説明し、これ以上のデモンストレーションは不要だと伝えることができた。それでも、二人がそう思うには、さらに二回の中断が必要であった。

息つく暇に、私はこの相互作用用パターン――二人が鮮やかに提示したばかりの敵対的なもの――がどのくらい二人の関係を支配しているのかと訊ねた。また、この敵対パターンはお互いの、そして二人の関係性の知覚にどのように影響しているのか？　そして、お互いに対する、そして関係性に対するその知覚は、どのようにお互いの反応に影響しているのか？　この敵対パターンの何が、二人のより良い判断に反対するようお互いを仕向けているのか？

アンとジョンとともに、この敵対パターンが二人の関係性をどのくらい決定しているのかを振り返った後で、私は、それが彼らの互いに対する好みの反応の仕方なのかどうかと訊ねた。二人はこの敵対パターンに夢中になっていたのか？　お互いにこのありかたがもっとも適していたのか？　この敵対関係パターンは注文仕立てなのか？　このありかたが彼らの人生を豊かにすると経験していたのか？

二人ともこれが好みの関係の方法ではないと明言し、どちらもそれは相手の好みの関係方法なのだとつけ加えないわけにはいかなかった。ジョンとアンが、これは自分たちの物事の好みの進め方ではないと言ったので、私は、であればそれが彼らの発明である可能性は低いと示唆した。

それで私はアンとジョンに、ある特定の問題に対する意見の相違に対する反応パターンへと、どのように徴集されたのか理解できるよう助けてほしいこと、そしてこのパターンの歴史を特定することを頼んだ。彼らは以前このパターンをどこで見たことがあるのか？　彼らはもともとこの対処技術をどのようにして導入したのか、そしてどんな状況で彼らははじめてこの技術に遭遇したのか？　どんな文脈で彼らはこれがあたりまえのパターンだと感じたのか、そしてそれを維持するためにもっとも頻繁に使われた正当化はどんなものなのか？　彼らはどのようにして、自分たちの関係性をこのパターンに従わせるよう、そしてこのパターンを介して関係を生きるよう強いられてきたのか？

この議論のなかで、ジョンとアンがこの敵対パターンについての自らの経験を言葉にしていくと、自分たちの関係性がもはやこのパターンとは同じものではないことが明白になってきた。二人は関係性をそれとは別に考えることができるようになったのである。二人はなけなしの関係性をこのパターンの目論見にゆだねる気でいるのか、あるいは――二人に向いた関係性への目論見を決定するために――出来事の方向性に介入し何かを言うつもりなのか、と私は訊ねた。この問いに応えて、ジョンとアンは、敵対パターンは人生を駄目にしていると言い、その指令からは自由になりたいのだと示唆した。

そこで私たちは、なけなしの関係性を回復するためにどんな基礎があるのか判断するために、敵対パターンに支配されなかった相互作用を特定するよう努力した。面接の大部分が、どのくらい彼らがこのパターンを免れていたのかを明らかにするのに使われた。アンとジョンは、その相互作用をより満足のいくものと考えたのか？　この展開に二人は血湧き肉踊ったのか？　あるいは、昔ながらの馴染みのありかたに、より惹かれていたのか？

二人がこのオルタナティヴなかかわり方により惹かれていると断言したので、私はジョンとアンに訊ねた。このありかたはどこに向かっていると思うか、そしてなぜ彼らはこの展開を進めることが自分たちに向いていると考えるのか？　これに続いて、二人の関係におけるこのよりポジティヴな展開を歴史立てるよう励ます質問をした。これらの問いに応えて、アンとジョンは、結婚当初仲良くしていたカップルを思い出した。このカップルなら、彼らが口論を満足のいくように、かつ平等なかたちで解決することができた機会の証人になれるはずだった。ジョンとアンの関係についてのこのカップルの経験を振り返ることで、歴史的に位置づけられた問題解決知識の掘り起こしが導かれた。そして、支障がないわけではなかったが、彼らは、養育権、面会回数、そして財産分与に関する口論を解決するのに、それを利用することができた。

ロバート

ロバートは、パートナーと子どもたちへの虐待行動のために紹介されてきた。虐待は最近明らかになったばかりではあったが、彼は自宅を出ることに同意し、警察と司法による適切な観察下にあった。はじめのうちは、ロバートの虐待[原註6]に対する責任、虐待サバイバーの経験の特定、サバイバーの人生に対する虐待の短期および長期的影響、そして修復されるべきことを修復する責任をいかにして果たすかが、会話の中心になった。

面接が続くと、私はロバートに、男性の虐待行動の条件や特徴について考える準備はできているか訊ねた。彼がそれに同意したので、私は以下のカテゴリーに入る一連の質問を行った。

- もし男性が相手をコントロールし支配しようとするなら、それを可能にするためのどんな構造および条件を設定するのか？
- もし男性が相手、特に女性ないし子どもを支配しようと望むなら、それを正当化するためにどんな態度が必要か？
- もし男性が誰か、特に女性ないし子どもの選択の自由を奪おうとしたら、どんな戦略および権力技術がそれを可能にするのか？

これらを推測するあいだ、他者を服従支配する男性のありかたについての特定の知識が言葉にされ、この服従支配を確実にするために男性が頼りにする技術と戦略が特定され、そして虐待行動を支持するさまざまな構造と条件が、振り返られた。そこで私はロバートに、以下のことを考えてもらった。彼は自らの人生をどの態度に与えたのか、他者との彼の関係を形作るうえでどんな戦略が主なものだったのか、そしてどんな条件および構造が彼の人生の枠組みを提供したのか？　さらなる議論の中心は、それらの態度、技術、および構造によって織りなされた生活空間に彼が徴集されていった歴史的過程の展望となった。

ロバートは、それらの態度、戦略、および構造に対してある立場を取るよう導かれた。彼は、人生を男性のありかたについての特定の知識に服従させ続けるのだろうか？　彼は、「権力装置」、恐怖の装置として人生を生きることをどの程度合理的なものと考えているのか？　彼は、他者の人生に壊滅的打撃を与える戦略や罠で操作することをどの程度望んでいたのか？　自分の行為の現実的影響に関する理解の展開を見るにつけ、彼は自分の人生の枠組みとしての構造および条件に頼ることが受け入れられるものだと考えていたのか？

面接が進むにつれ、ロバートは、その態度から距離をおくことを経験し、その構造や権力およびコントロールの技術に違和感を抱くようになっていった。女性や子どもとの以前に馴染みだったあたりまえのありかたは、さらに言うなら、以前に馴染みだったあたりまえの他の男性とのありかたも、どちらも彼の男性像についての真理をもはや語らなくなった。ロバートにとって、虐待行動に挑戦することは、もはや自身の「性質」に反する活動ではなくなり、彼は今や、他者に対して自分が犯してきた虐待の責任を完全に取ることができるようになっていた。

この分離によってロバートが踏み出した空間において、私たちは、さまざまなユニーク・アウトカムを発見することができる。彼の行動が、男性としての以前の馴染みのあるあたりまえのありかたによって無理強いされなくなったのである。私はロバートに、それらのユニーク・アウトカムを評価するように言った。彼はこのような結果を望ましいものと考えているのか？　それらをポジティヴに感じているのか？　あるいは、それらは彼になんの影響も与えないのか？　それらの結果が望ましいものだとロバートが結論したとき、私は、いかにしてその結論に達したのか共有してくれるよう頼んだ。

さらに面接が進むと、ユニーク・アウトカムの特定は、男性のありかたについてのオルタナティヴで好ましい知識、つまりロバートが人生を注ぎ込み始めた知識の「考古学」への入口を提供した。たとえば、ユニーク・アウトカムに意味を与えること、男性としてのどんな「在り」方がそこに反映されているか決めることを私が励ますと、ロバートはひとりの叔父のことを思い出した。彼は、家族のどんな男性ともちがっていた。彼は確かに共感的で、虐待をしない男性だった。ロバートは続いて、この叔父についての課題をこなし、それは、そのオルタナティヴなありかたのより親密なことがらに関する彼の知識に大きく貢献した。

ロバートの家族は、再統合の可能性を探求する強い願望を露にした。[▼原註7] ロバートが、自分の虐待行動を正当化し支持していた態度や実践から分離し始めると、そして男性のありかたに関するオルタナティヴで好みの知識の探求に進んで行くと、家族との面接に入るべきところあいに思われた。[▼原註8] 家族に安全を提供する責任を彼が理解したことで、彼は家族の安全におおいに貢献する構造に参与することに同意したのだった。そこには、以下のことがらが含まれている。(a)パートナーと子どもたちの代理人[▼原註9]との面接、(b)毎週の家族および選ばれた代理人との「秘密からの逃走」ミーティング、[▼原註10／▼原註11] そして、(c)まんがいち家族が再び虐待によって脅威を感じたときの臨時計画の展開において家族に協力すること。

時が経つにつれ、ロバートは、ネグレクトに満ちた戦略的人生を、自他ともに養育的でオープンで、直接的だと思われるものへと交換したのだった。

ひとつの家族面接形式[▽訳註1]

インタビューが時機を得ると、セラピストは、ワンウェイミラーの裏でインタビューを観察しているチームメンバーから話を聞くべきタイミングだと考える。セラピストと家族は、チームと席を交代する。そこからは、セラピストと家族が、チームのリフレクションを聞く聴衆になるわけだ。チームはまず家族に自己紹介をする。そしてチームメンバーは、家族が人生や人間関係の好みの展開として判断したことがら、ないし興味を惹かれたことがらをチームで共有する。

チームメンバーの任務は、その好みの展開が、家族だけに解くことのできる謎であるかのように、言及することである。最初、メンバーからのそれぞれの観察のあとに、家族がそれらの展開を説明するよう促す質問や、その展開が何を意味しているのか家族に推測させる質問が続く。チームもその展開について互いに質問しあい、それらについての推測をさらに拡げる。このようにして、家族の生きられた経験における以前はないがしろにされてきた側面についての家族の興味が主題化され、家族は、家族自身の人生に関する「博識さ（"knowledgeableness"）」をリスト化するよう刺激される。

チームのなかには、チームのメンバーになぜその特定の展開が興味深いのかを訊ねる者も出てくる。そうした問いはメンバーを、自身のリフレクションをそれぞれの個人的経験と想像という文脈のなかに位置づけるよう奨励する。その後、メンバーは、各自のリフレクションの裏にある意図として理解したことを透明にするよう互いに誘導する。

このあと、家族とチームは再び席を交代し、セラピストは家族に、チームのリフレクションについてインタビューする。そこでは、どのコメントや問いが家族にとって興味深く的を射たものであったか、そしてどのコメントはそうではなかったかが問われる。家族が、自らの興味を惹いたコメントや問いについて述べ始めると、セラピストは、なぜそれを興味深いと感じたか、どんな理解、そして／あるいは結論がそのコメントや問いに伴ったのか、セラピストにも理解できるよう助けを求める。その後、セラピストは、そのような理解と結論はどのように日々の生活に影響するかという推測的評価を行うよう家族を励ます。

セラピストは家族とチームに、インタビューについてセラピストにインタビューするよう誘うことで面接を終結する。そこでは、セラピストが自分のコメントや質問を自身の個人的経験、想像、そして目的という文脈のなかに位置づけることが求められる。

脱構築

セラピーについての上記の話は、繰り返される実践を描き出している。こうした実践のおおかたは、（以下の議論で解明されるであろう）「脱構築的手法」と呼ばれるものに符号していると私は信じている。

脱構築の議論については、最初に、私が——自分は学術的な人間ではなく、ほかによい言い方もないのだが――セラピストだということを告白しておかなければならない。学術的世界にいないがゆえに、何がしかの自由が私には許されてもいる。そこには、ルールを破る自由、たとえば、厳密なデリダ的意味とは異なる仕方で脱構築という用語を使うこと、そして脱構築的方法を提唱してはいないと一般に考えられている書き手について言及する自由が含まれる。

私のどちらかと言えばゆるい定義によれば、脱構築は、あたりまえとされている現実や実践を転覆させる手技と関連している。そのような現実や実践は、その生産の条件や文脈から分断されたいわゆる「真理」であり、そこにあるバイアスや偏見を隠す語り方の具現化であり、人々の人生を服従支配する馴染みの自己実践や関係性実践のことである。脱構築の方法の多くは、これらの身近で日々のあたりまえとされている現実と実践を客体化することによって奇妙なものに変えるわけだ。この意味において、脱構築手法は、「馴れ親しんだものを見知らぬものにする（"exoticize the domestic"）」方法である。

自分自身の世界を、それももっとも近しい馴れ親しんだ部分を研究対象とする社会学者は、民俗学者のように、見知らぬ異国のものを身近に飼い馴らすのではなく、こういう言い方をしてもよいなら、馴れ親しんだものを見知らぬ異国のものにするのでなくてはならない。あまりに馴れ親しんでいるがゆえに自らにとって不透明なままに留まっている生活と思考の様式、これとの原初の親密性の関係を断ち切るのである。自分が元来所属している日常ふだんの世界に取り組もうとするこの動きは、見知らぬ異国の通常ならざる世界に取り組む動きの総仕上げであるべきだろう。(Bourdieu, 1988, pp. xi-xii／邦訳、一〇頁)

ブルデューによれば、身近であたりまえとされている世界を客体化することによって、馴れ親しんだものを見知らぬ異国のものにすることは、自己の「再充当（"reappropriation"）」を促進する。自己の再充当について言及する際、彼は自己の本質主義者的視点（再充当によって人々は自身を「発見する」だろうという視点）を提唱してはいないと思う。むしろ、彼が示唆するのは、身近な世界の客体化によって、私たちが、いかにある種の「生活および思考様式」から私たちの経験を形作っているか、そしていかに私たちがその他の「生活および思考様式」によって生きる選択ができる立場にあるか、ということへの気づきである。

ブルデューの著作が脱構築と考えられるとしても、それは特定の意味においてである。彼の主たる関心は、社会構造におけるその人の状況（たとえば、学術的世界にいるということ）がいかに人生の問題に対するその人のスタンスを構成するのかということにある。

しかしながら、私たちは、脱構築を別の意味で考えることもできる。たとえば、人がそれによって生きる自己物語や支配的な文化的知識の脱構築を考えることができる。主に文化的なものである自己実践や関係性実践を脱構築することができる。そして自分たちの文化の言説実践を脱構築することもできる。

脱構築は、「批評的コンストラクティヴィスト（"critical constructivist"）」として一般に呼ばれるもの、あるいは私が好む世界に対する「構成主義者（"constitutionalist"）」的視点を前提にしている。この視点では、人々の人生が形作られるのは、彼らが経験に与えている意味によって、社会構造における彼らの状況によって、そして言語実践や彼らの人生が徴集されている文化的な自己実践および関係性実践によってであることが、提唱されている。この構成主義者的視点は、精神療法の世界において支配的な構造主義者的視点（行動は心の構造を反映している）および機能主義者的視点（行動はシステムの目的に奉仕する）のひとつの異形である。

以下の議論では、私は第一に、ナラティヴの脱構築を、第二に近代的権力実践の脱構築を、そして第三に、言説実践の脱構築を考える。しかしながら、私はミシェル・フーコー（Foucault, 1980）とともに、知識の領域は権力の領域であり、権力の領域が知識の領域であると考える。それゆえ、意味が知識に関係し、実践が権力に関係している限りにおいて、意味、構造、そして実践は構成主義者的視点においては分離不能なものであると信じている。

ナラティヴ

意味

人々の人生を構成するのは人々が経験に与える意味なのだという考えは、経験の解釈を促進する枠組みの性質を探求するよう社会科学者を励ましてきた。社会科学者の多くは、解釈のための、つまり意味作成活動のための主たる枠組みを提供するのはナラティヴないしストーリーであること、そして経験を理解するのは、人々が自身の人生および他者の人生について抱くナラティヴないしストーリーを介してなのだということを提唱した。ストーリーは、人々が経験に与える意味を決定するのみならず、ストーリーは、人々が表現のために経験のどの側面を選択するのかをもおおかた決定しているのだと主張した。そして、行為が意味作成においてて予示される限りにおいて、これらのストーリーは人々の人生を形作る点で現実的効果を決定しているわけである。

この視点は、ストーリーが人生のリフレクションとして、ないし人生の鏡として機能していると提唱するものと混同されてはならない。そうではなく、ナラティヴ・メタファーは、人々がストーリーによって人生を生きていること、つまりストーリーが人生を形作っていること、そしてストーリーは想像上のではなく現実的影響をもっていること、つまりストーリーが人生構造を提供していることを提唱しているのである。

家族療法の文献においては、ナラティヴ・メタファーおよびさまざまな会話／言語学的メタファーの合成例がある。これらのメタファーはきわめて異なる思考伝統のなかに位置づけられており、いくつかはその他のものの異型であるので、それらとは適切に区別されるナラティヴ・メタファーについてさらに考察しておこう。

ナラティヴ構造

ブルーナー（Bruner, 1986）は、テクストに言及するなかで、ストーリーは二つの風景によってできていると提唱している。「行為の風景（"landscape of action"）」と「意識の風景（"landscape of consciousness"）」である。行為の風景を構成しているのは、(a)出来事だが、それは、(b)特定の連続性のなかにあり、そこには、(c)時間の次元（過去、現在、そして未来）があり、それは、(d)特定のプロットに沿っている。テクストにおいて、行為の風景は、時間に沿った出来事のテーマ展開についての視点を読者に提供する。

意識の風景は、ストーリーのなかの登場人物の解釈、そして作家の誘いにのって読者が登場人物の意識に入っていくときの読者の解釈によって、ほとんど構成される。意識の風景は、行為の風景を介して意味が立ち上がるとき、登場人物と読者によって、出来事とプロットへの「リフレクション」を介して引き出される意味を特徴づける。知覚、思考、推測、理解、および結論は、意識の風景を支配し、それらの多くは、以下のものに関連している。

(a) 登場人物の願望と好みの決定、
(b) 彼らの個人的および関係的特徴と特質の特定、
(c) 彼らの志向的状態の明確化、たとえば、彼らの動機や目的など、
(d) 登場人物の信念の立証。

これらの願望、特質、志向的状態、そして信念がテクストを介して十分に練り上げられるとき、それらは、特定の人生経路を決定する「献身」、つまり「ライフスタイル」へと合体する。もし私たちが、テクスト構造と（私たちが生きる頼みにしている）ストーリーないしナラティヴの構造とのあいだに同一性があると想定するならば、そしてもし私たちがストーリーを介する人生の構成を関心の対象とするなら、私たちは、人々が行為の風景と意識の風景を介してどのように人生を生きているのか、その詳細を考えることになるだろう。

決定性

人々の人生を構成するストーリーないしナラティヴの起源はどこにあるのか？　人々が生きる頼みにしているストーリーは、もしあったとしても「根底から」構成されることは稀である。つまり、それはでっち上げられるものではないし、言わば「出し抜けに」できるものでもない。私たちの文化的に入手可能で適切な

人柄と関係性についてのストーリーは、人々の共同体のなかで、そして社会構造および社会制度という文脈のなかで、歴史的に構成され協議されてきたのである。不可避的に、人々が生きるストーリーには認可された次元というものがあるわけだ。

それゆえ、ストーリーは不可避的に、私たちの支配的な文化知識によって枠組みされている。これらの知識は、人々や関係性の「性質」と目されるものの発見についてではなく、人柄や関係性の固有のゆがみを特定するよう構成された知識なのである。たとえば、人柄についての支配的な知識は、西洋では高度に個人化され性別化された世界でのありかたの特定化を確立する。

決定性のなかの非決定性

もしも人々が人生について抱いているストーリーが、彼らが表現する経験の諸相を決定するのと同様に、彼らが経験に与える意味を制限するならば、そしてもしもそうした意味が特別で現実的な影響を人々の人生に及ぼすならば、私たちは決定性についての強力な論拠をもつことになる。そしてこの論拠は、そのようなストーリーが、人々の共同体のなかで共著述されたものであり、特定の社会制度や社会構造という文脈において歴史的に構成されたという点で、認可されたものであることからも、強化される。

しかしながら、これらのストーリーが人生の決定性に貢献するという事実にもかかわらず、「生きられた人生」において生起するあらゆる偶発事に人々がなにがしか熟達した形で対処できるなどということは、めったにない。テクストでもそうだが、生きられた人生において、人々が生きるストーリーは、ギャップや非一貫性にあふれていて、同様に、ストーリーは絶えず矛盾にぶつかる。そしてこうしたギャップ、非一貫性、そして矛盾を解消しようとすることが、人生における非決定性の一因となる。つまり――ブルーナー(Bruner, 1990)が「意味作成」で示したように――ユニークな意味の上演に人々を積極的に従事させるよう喚起するのが、このギャップ、非一貫性、そして矛盾なのである。

それゆえ、人生は現在進行形の経験のストーリングやリ・ストーリングを介して構成されているという命題を考える際、私たちは、「決定性における非決定性」という過程について考えているわけである。あるいは、ギアーツが「創造することはコピー(“copying that originates”)」だと結論したことについて考えているわけである。

> 辛辣で、ひねりの効いた、しかも相手の誤りを正してやろうという気迫に満ちた質問がある。ライオネル・トリリングが、一八世紀のある耽美派のものとして引用している。「なぜ私たちはオリジナルから出発するのにコピーで終るのか?」……彼の答えは驚くほど頼もしいものだった。「そもそも、創始すること自体、コピーすることとなんだよ」(Geertz, 1986, p. 380)▽訳註2

ナラティヴの脱構築

外在化する会話

人々が生きるストーリーの脱構築のために、私は、人々がセラピーを求める問題の客体化を提唱している(たとえば、White, 1984, 1986, 1989; White & Epston, 1989)。この客体化は人々が問題があると考えるものを外在化する会話に従事させる。内在化する会話ではない。この外在化する会話は、いわゆる対抗言語（counter-language）、あるいはデイヴィッド・エプストンによって最近「反言語（“anti-language”）」として提唱されているものを生み出す。

この外在化する会話は、人々に彼らが生きるプライベートなストーリーや文化的知識、つまり人生を導き、彼らのアイデンティティを語るようなストーリーや知識を特定するよう励ます点で、「馴れ親しんだものを見知らぬものにする」。こうした外在化する会話は人々に、彼らの自己や関係の構成を、時間軸上で明らかにするよう援助する。外在化する会話は、人々に、人生に対する問題の影響を説明するよう励ますことで、開始される。そこには、問題による情緒的状態、家族や友達との関係、社会および職場での諸相への影響が含まれるが、問題が彼らの「自己」イメージや関係性についての「見方」にどのように影響しているかということに、特別な強調がおかれる。その後、人々は、こうした見方や知覚が彼らの（他者との相互作用も含め）人生に及ぼしている影響をマッピングするよう誘われる。しばしば、人々がこの見方にどのようにして徴集されたのかという調査が、そのあとに続く。

人々が外在化する会話に従事するとき、プライベートなストーリーは彼らに、そのアイデンティティについて、そして関係性の真理について語るのをやめる。プライベート・ストーリーがもはや人生を立ちすくませることはなくなるのだ。人々はストーリーからの分離を経験し、ストーリーを疎遠に感じる。この分離によって確立された空間において、人々は自由に自己像についてのオルタナティヴで好みの知識を探求する。オルタナティヴで好みの知識へと、人々は人生をもちこむのである。

ユニーク・アウトカムとオルタナティヴ・ストーリー

このようなオルタナティヴな知識はどのようにして創成されたり、掘り起こされたりするのか？　自己像の別ヴァージョンへの入口はどこにあるのか？　人々が人生を構成するドミナントないし「集約された（totalise）」ストーリーから分離するとき、そのような知識と矛盾する経験の諸相に自身を方向づけることが、より可能になる。そのような矛盾はいつでもあるものだが、その数は多く、さまざまである。以前、ゴフマンにならって私は、これらの矛盾を「ユニーク・アウトカム（"unique outcomes"）」（White, 1988a, 1989; White & Epston, 1989）と呼んだが、人の人生のオルタナティヴな領土に入っていくことを考えるときの玄関を提供するのが、これである。

ユニーク・アウトカムを含む出来事は、その出来事の関係者によって認定されなければならない。ユニーク・アウトカムの候補となる出来事の特定に続いて、人々がその出来事を評価するよう誘われることが大切である。その出来事は、重要なものと判断されるのか、それとも不適切だとされるのか？　その出来事は好みの結果なのか、そうではないのか？　その展開は人々に訴えるところがあるのかどうか？　その出来事に伴うであろう新しい可能性のいくつかに人々は魅力を感じるのか？　その出来事が好ましい結果とされるならば、人々は、なぜそれが大切だと感じるのかを説明するよう励まされるべきである。

特定の出来事が、重要かつ好ましいものとして判断され、ユニーク・アウトカムとして認定されたなら、セラピストは、（謎に向かい合うように）自身をユニーク・アウトカムに方向づけることによって、オルタナティヴ・ストーリーの創成、そして／あるいは掘り起こしを促進しなければならない。それは、人々がセラピストの好奇心に反応したときにのみ解き明かすことができる謎なのである。人々がそのような謎を解き明かす任務を背負ったとき、彼らはすぐさま、ストーリーテリングと意味作成に従事することになる。

私が「再著述」▼原註12と呼んでいるこの過程を促進するためには、セラピストは、「行為の風景」質問および「意識の風景」質問と呼ばれるものを含め、さまざまな質問をしなければならない。行為の風景質問は、人々にユニーク・アウトカムを出来事の連続性——これは特定のプロットに沿って時間軸上で展開される——のなかに位置づけるよう励ます。意識の風景質問は人々に、行為の風景において起こる展開の意味を省察し、決定するよう励ます。

行為の風景質問

行為の風景質問は、過去、現在、未来のどこをも参照可能であり、時間的次元を介して伸長するオルタナティヴな風景を生み出すのに有効である。続く議論では、紙幅の関係上、主にオルタナティヴな歴史的風景を掘り起こし創成する質問に焦点を当てる。「ユニーク・アウトカム」を歴史立てる質問である。しかし、未来志向の行為の風景質問も、そこにはいくらか含まれるだろう。

ユニーク・アウトカムを歴史立てる質問は、オルタナティヴな行為の風景を生み出すのに特別に有効である。その質問は、現在の好ましい展開と過去のそれとの橋渡しをする。つまり、時間に沿って明らかになる特別な出来事の流れのなかにユニーク・アウトカムを位置づけることによって、ユニーク・アウトカムの歴史を特定するよう励ますわけだ。しばしば、これらの質問は、オルタナティヴな行為の風景の歴史をずっとさかのぼってプロットするよう人々を励ます。すると、人々は、人生についての以前からドミナントで「問題のしみ込んだ」ストーリーに関する行為の風景をさらにさかのぼって、探索できるようになる。行為の風景質問は、ユニーク・アウトカムの最近の歴史とより遠い昔の歴史の双方に焦点を当てることができる。ユニーク・アウトカムの最近の歴史を生み出す行為の風景質問は、より近々の状況に関連していることがほとんどである。

- どのようにしてあなたはそのステップを踏み出す用意ができたのですか？　どんな準備が要りましたか？
- このステップの直前で、あなたは思わず引き返すようなことはなかったですか？　もしそうなら、どのようにしてそれを思いとどまったのですか？
- 現時点で振り返ると、この達成に貢献したと思われる何をあなたはしたのだと思いますか？
- その背景について教えてくれませんか？　誰か特別に貢献してくれた人がいますか？　もしそうなら、そのことを話してくれませんか？
- そのとき、あなたは何を考えていましたか？　それまでとはちがうふうにご自分にアドバイスをしたのですか？　それを乗りきるのにどんなことを自分に言ったのでしょう？
- それと関連しそうな人生のほかの領域において、何か展開がありましたか？　その展開は、どのようにあなたの新しいステップを踏み出す道を用意したのだと思いますか？

セラピストは、オルタナティヴな好みの行為の風景の創成／掘り起こしに、ほかの人々を参加させるよう励ますことができる。当人の人生のドミナント・ストーリーに関する協議および流通に歴史的に参加してきた共同体メンバーを含めることは、特に役に立つ。たとえば、家族は、オルタナティヴな行為の風景の正統化にとって、特別に重要な貢献をすることができる。

- ◆あなたのご両親は、この危機に際して、どのように足並みを揃えて来られたのでしょう？
- ◆ハリーがこのステップを踏み出すことはどのように可能になったのか、そこに新しい光を当てることになった彼の最近の行動として何か思い当たることはありますか？
- ◆この達成のためにサリーが何かしたのをご覧になりましたか？　それは、彼女がいかにしてその準備を成し遂げたかを理解するのに、どのように貢献するでしょう？
- ◆あなたの息子さんの人生におけるこの展開を取り巻く状況について説明してもらえませんか？　これには誰かが貢献したのでしょうか？　もしそうなら、それはどんなかたちでなされたのでしょう？

以下の質問は、ユニーク・アウトカムの歴史をさかのぼるものの例である。これらによって、ユニーク・アウトカムを直接には喚起しないような出来事や経験の特定が誘導される。ユニーク・アウトカムの最近の歴史を生み出す質問とともに、この再著述過程には拒否されるようなドミナント・ストーリーの協議や流通に歴史的に貢献してきた共同体メンバーを共著者として使うのが役に立つ。

- ◆あなたがどのようにしてこのステップを踏み出したのか私が理解するのに助けとなるような、あなたの歴史について話してくれませんか？

◆ある意味、最近の展開の背景になるような過去の達成について、あなたはお気づきでしょうか？

◆あなたのこれまでの人生において、これはあなたにとっての可能性だというヒントを少なくとも提供した何かを目撃したことはありますか？

◆この展開について、よりよい把握ができればと思います。あなたがまだ若かった頃、この展開が自分の人生の水平線上にあるという決定的な手がかりを与えてくれるような何かを、あなたがしたり、考えたりしていたことに、自分で気づいていましたか？　どうか、あなたの息子さんの最近の功績を思い描いてみてください。そして、今あなたにイメージしてもらったのと同じように彼の人生も思い描いてほしいのです。後知恵ということになりますが、彼のしていたことで、最近の達成の先駆けとなっていたと考えられる衝動を思い出せますか？

◆メアリーとジョーが最近達成したことは、二人が関係を取り戻すために行ってきた舞台裏の仕事がいくつか日の目を見たのだと思えます。この仕事ができつつあったサインに、あなたは気づいていましたか？　もしそうなら、それはどんなサインでしたか？

上記の質問例は、オルタナティヴな行為の風景の創成／掘り起こしに人々を従事させるための選択肢である。私は、このような相互作用のための選択肢が尽きることはないと思う。たとえば、質問は、現在のユニーク・アウトカムを予示した歴史的出来事の最近の歴史とさらに前の歴史を提示するよう人々を励ます。人々がオルタナティヴな行為の風景において好みの出来事を言葉にし始め、そして時間軸上の特別な連続性に沿って出来事の配置ないしつながりにいそしむようになったら、彼らに、この配置によって示唆されるオルタナティヴなプロットないし対抗プロットにはっきりと名前をつけるよう励ますことができる。オルタナティヴなプロットないし対抗プロットの名前が重要なのは、とりわけそれが以下の役割を果たすからである。(a)人生が好みの方向に進んでいるのだという感覚におおいに貢献する、(b)さもなければないがしろにされたか、取るにたらないものと考えられた出来事ないし経験に対して、意味を与えることを可能にする、(c)面接と面接のあいだで起こった出来事を面接に挿入したりつなぐことによって、面接を促進する、そして、(d)好みの人生に向けた次のステップを知る感覚を人々に提供する。

オルタナティヴなプロットないし対抗プロットはしばしば、面接過程においてきわめて自発的に名づけられる。そうでなければ、セラピストが、以前にドミナントであったプロットと併置した形で描写するよう人々を励ます質問をすることによって、それを促進することができる。このような質問を通して、「関係を失う」（以前のドミナント・プロット）ことを心配していた人々は、オルタナティヴな行為の風景における展開が、「関係を取り戻す」（オルタナティヴ・プロットないし対抗プロット）道にあることを示唆していると決定することができる。「自分をないがしろにすること」が人生においておおいに影響力をもっていた（以前のドミナント・プロット）と結論する人は、オルタナティヴな行為の風景における展開は自分が「自己養育プロジェクト」に従事している（オルタナティヴ・プロットないし対抗プロット）ことの反映だと決断するかもしれない。

意識の風景質問

意識の風景質問では、人々を励ましてオルタナティヴな行為の風景を介して明らかになる展開を振り返ってもらう[原註13]。また、以下のことがらについて何が明らかになるのかも考えてもらう。

(a) 人々の好みや欲求の性質、
(b) さまざまな個人性および関係性についての特徴、
(c) 人々の志向的状態の構成、
(d) 好みの信念の組み立て、
(e) 人々の献身の性質。

意識の風景質問は、オルタナティヴな好み、欲求、個人性および関係性、そして志向的状態と献身を言葉にしたり上演するよう励ます。そして、人生における個人的献身の「改訂」にまで進める。▼原註14 意識の風景における意味の上演を介して、「人々の信念や欲求が充分な一貫性をもち、組織化されたものになっていき、『献身』とか『生き方』と呼ぶに値するようになると、こうした一貫性が、個々人を性格づける『気質』と理解される」(Bruner, 1990, p. 39／邦訳、五六頁を一部改訂)ようになる。

以下に提示する質問は、意識の風景質問がとる様式の実例のごく一部である。これらによって人々は、行為の風景における最近およびより以前の歴史のなかで明らかになる展開について省察するよう誘われる。

- 最近の展開について今ここで考えてみましょう。あなたの趣味についてどんな新しい結論が導かれるでしょう？　ほかにもあなたに訴えてくるもの、あなたが惹かれるものについて考えてみましょう。
- こうした発見は、あなたが人生に求めるものについて何を語るでしょう？
- メアリーの人生におけるターニングポイントにあなたが以前よりも意識的になっているのがわかりま

す。それはあなたのもっているイメージにどんなふうに影響するのでしょうか?
◆逆境に直面してお二人が互いに支えあおうとされた当時、二人の関係においてあなたが経験していた性質は、どのように描写できますか?
◆この展開は、あなたに向いているものについて何を伝えますか?
◆この達成に何が役立ったのかを十分に把握するなかで、ハリーが彼の人生に意図しているものについて、あなたはどんな結論に到達しましたか?
◆今では私たちはどちらも、あなたがこのステップのためにどのように自身を準備したのかわかっていますが、このことは、あなたの動機、ないし人生の目的について、あなたに何を明かすでしょう?
◆悪戦苦闘の歴史は、ジェーンが人生において大切にしているものについて、彼女が支持するものについて、何を示唆するでしょう?

人々は、行為の風景質問や意識の風景質問に答えるとき、経験の生き直しに従事し、彼らの人生は「語り直される」。そこでは、自己および関係についてのオルタナティヴな知識が、創成され、そして/あるいは掘り起こされ、人生と思考のオルタナティヴな様式へ人々が参入可能となる。この再著述対話のあいだ、セラピストは、ユニーク・アウトカムは自明なことだとする模範解答へと先走って戻る流れに挑戦する上で、中心的役割を果たすことになる。

経験の経験質問

経験の経験質問（White, 1988b）は、人生と関係の再著述をおおいに促進するが、しばしば、人々に自らの人生をより直接に省察するよう励ます質問よりも、創成的である。経験の経験質問は、人々が他者は自分のことをどのように経験していると信じているか、あるいは想像しているのかを説明させるよう励ますものである。経験の経験質問には、以下の二つがある。

(a) 人々に、生きられた経験の在庫に触れるよう、そして時とともに忘れられたりないがしろにされてきた側面を表現するよう誘う。

(b) 人々の想像を、自身についてのオルタナティヴな経験を構成するようなかたちで、収集する。

経験の経験質問を例示しよう。例のなかでは、質問は最初、オルタナティヴな行為の風景に向けられ、つぎに、オルタナティヴな意識の風景へと進む。そして第三に、その行為の風景と意識の風景における未来の展開の「親密な具体性」を生み出すよう人々を励ます質問が提供される。

もちろん、質問は集中砲火されてはならない。それは対話の文脈のなかで生まれるものであって、ひとつひとつの質問は、直前の質問の答えに合わせて丁寧に調整されたものでなければならない。

(a) もしも私があなたのもっと若い頃の観察者だとすると、あなたの最近の達成がいかにして可能になったのかを私に理解させてくれるどんなことを、あなたがしているのを目撃するでしょう？　それは、あなたが人生に求めること、そしてあなたが人生にかけてきたことについて、何を語ると思いますか？

◆それを知っていることは、あなたについての私の見方にどのように影響すると思いますか？

◆それは、あなたが大切にしていることについて私に何を明らかにすると思いますか？

◆もしもあなたについてのこの知識を一、二週間あなたが絶えず念頭においていたら、あなたの人生の形成にどのように影響するでしょう？

(b)

あなたを知っているすべての人のうちで、人生における問題の影響への挑戦においてあなたが踏み出すことができたこのステップについて知らされて、もっとも驚かないのは、誰でしょう？

◆過去において彼らが目撃した、あなたのしていたことで、今回あなたが人生に踏み出したステップを予見させることが可能なことは、どんなことでしょう？▼原註15

◆当時、それはその人たちにあなたの能力についての何を語っていたと思いますか？

◆今回のあなたの行為が示しているあなたの歴史的目標について、彼らはどんなふうに思っているでしょう？　それはあなたのイメージについて、そしてあなたが大切にしているものについて、彼らにどのように語ると思いますか？

◆もしもあなたが自己についてのこの知識を存分に掌握していたとしたら、あなたは自身を実際のところどんな行為に取り組ませるでしょう？

(c)

この達成の基盤になっているものについて理解したいと思います。あなたのことを知っているすべての人々のなかで、この基盤の詳細を明かすのにもっとも適した人は誰でしょう?

◆あなたの人生におけるどんな展開がもっともあなたに望ましいのか、それは彼らにどんな手がかりを提供するのでしょう?

◆このような基盤を築くあなたの意図について、彼らはどんな結論を得ているのでしょう?

◆あなたに一番しっくりくるライフスタイルについて、それは彼らに何を明かすでしょう?

◆もしもあなたの別の自己イメージ、および別の人生観をあなたがより強く支持するなら、日々の生活レベルにおいてあなたの人生にどんなちがいが出てくるでしょうか?

上記は、好みのストーリーに沿った人生の再著述を促進する展開の選択肢に関する質問の導入見本にすぎない。ほかの多くの選択肢のなかには、意識の風景における未来の展開を生み出すような質問構成がある。そのような質問は、オルタナティヴな行為の風景における未来の出来事の省察を促す。以下の例である。

◆もしもあなたが自身でそのステップを踏み出したところを目撃したら、それは、この好みの自己像をどのように確固たるものにし、進展させるでしょうか?

こうした例には、さらに行為の風景質問が続く。以下の例である。

◆この見方が確定されると、あなたの生き方にどんなちがいが出てくるでしょうか?

その他の構造

相手にしっくりくる質問を形作るなかで、セラピストが――文化人類学、ドラマ、そして文学に由来するものも含め――この仕事における他の構造を参照することは、役に立つ。たとえば、ときにユニーク・アウトカムは、歴史をさかのぼってもその萌芽を見出すことができないターニングポイントを示しているようだ。そのような状況においては、人々はユニーク・アウトカムを、人生の移行を分離、閾《しきい》(liminality)、そして再編成を介して構造化する「通過儀礼」枠組みへとプロットするよう励まされる(van Gennep, 1960)。

別の方法としては、そういった場合には、ユニーク・アウトカムを「社会ドラマ」の枠組みへとプロットすることができる。それは、人生の移行を安定期、断絶(breach)、危機、回復(redress)、そして新しい安定期を介して構造化する(Turner, 1980)。

文学から構造を拝借するとなると、これまで示してきたようにオルタナティヴなストーリーや知識の掘り起こしに伴う動機の改訂が特に人々を「解放する」ことから、私は、バークの動機の脱構築をこの仕事の枠組みとして使うことが多い。

筆者は以下に行う研究を成立させるにあたって、言わば母体ともなる大原則として、五つの用語(ターム)を採用することにする。それらは、「行為」、「場面」、「行為者」、「媒体」、「意図」の五種類である。人間の動機を十全なかたちで記述しようとするとき、これらの言葉が必要になるわけである。まず、思考または行動のかたちをとって生じたもの、すなわち「行為」を描写する言葉、つぎに、その行為の背景、それが発生した状況を名づける言葉（「場面」）が必要である。さらにわれわれは、誰が、またはどのような種類の人間（「行為者」）がその行為を行ったか、どのような方法、もしくは道具（「媒体」）を使用したか、しかもどのような（「意図」）で行ったか、を指摘する言葉をもたなければならない。……動機について十全な陳述が行われるときには、これら五つの問題、何がなされたか（「行為」）、いつ、どこでなされたのか（「場面」）、だれがやったのか（「行為者」）、どのように行ったのか（「媒体」）、そしてなぜやったのか（「意図」）のそれぞれについて、少なくともある種の回答がなされるのである。

（Burke, 1969, p. xv／邦訳、一七 - 一八頁）

経験の経験質問を歴史的に位置づけられたオルタナティヴな動機に関連づけるなかで、特定の行為、場面、行為者、媒体、そして意図が生み出される。[原註16] これが「劇的に」人間性および関係性のオルタナティヴな知識の考古学に貢献する。この構造によってもたらされる質問群の例を以下に示そう。

(a) わかりました。つまりメイヴィス叔母さんがそのような達成を予言するのに一番だということですね。彼女があなたの人生において目撃した出来事で、彼女にこの達成を予測させることを可能にしたであろうことの例を上げてくれませんか？

(b) その出来事の状況を彼女はどのように描写するでしょう？

(c) その出来事に貢献したであろう誰かほかの人に彼女は気づいているでしょうか？

(d) もしもそれがどのように達成されたのか正確に描写するよう彼女が頼まれたら、彼女はなんと言うと思いますか？

(e) この達成の実現におけるあなたの目的を彼女はどのように解釈したでしょうか？　あなたが人生に意図したことについて、彼女は何を学んだと思いますか？

考察

煩雑になるのは承知の上だが、行為の風景質問と意識の風景質問は、単に歴史に関するものではないということを強調しておきたい。どちらもユニーク・アウトカムを歴史立てる質問である。ここで言及している再著述アプローチは、単に「ポジティヴなものを指摘する」過程ではない。そうではなく、このアプローチは、セラピストには解けない謎を解くよう人々に積極的に従事してもらうものである。

この仕事を教育する際、ブルーナーにならって、私はしばしばセラピストにアーチを思い浮かべるよう示唆している。アーチは、歴史上比較的新しいもので、▼原註17 くさび形の石が特定の並べ方をほどこされることで莫大な重みに耐えるようにできている。石のひとつひとつはどれひとつ同じようには並べられていない。各石が左右どちらかの側で特定の配置のどこかに収まっていられるのは、その反対側の配列のおかげであるが、と同時に、それは反対側で同様な配置を可能にしている。

行為の風景は、ひとつのアーチとして提示可能である。となると、ユニーク・アウトカムは、そのくさび形の石のひとつと考えられ、その存在は特定の階級と時間軸上に並んだ出来事の連続性に付随するものと理解される。それらは同時に、時間に沿って特定の並び方をした反対側の配置に貢献しているものとも考えられる。ユニーク・アウトカムを文脈化する質問は、ユニーク・アウトカムがその一部にすぎない出来事のユニークな並び方についての細部を生み出すことにおおいに貢献する。

第一のアーチのうえに、第二のアーチを思い浮かべることができよう。意識の風景がそれによってできあがる。それは第一のアーチである行為の風景とリフレクションを介して作用反作用することになる。

人々が生きるストーリーと知識の脱構築に基づいて私がここで描写してきたアプローチは、おそらく、テクストの脱構築としてのデリダの仕事（Derrida, 1981）▼原註18とまったく似ても似つかないというわけではないだろう。デリダの意図は、テクストを転覆させ、特定の知識の特権に挑戦することであり、その方法が「所与の瞬間におけるヒエラルキーを反転させるために……対立を脱構築する」ものだからである。彼は、以下のことを行う脱構築手法を展開することでそれを達成した。

(a) テクストのなかにある隠れた矛盾をもちだすこと、そして抑圧されたメッセージ、つまり「潜-在（"absent but implied"）」する意味、を目に見えるものにすること。

(b) 第二の、派生的な、そして無価値なものと考えられている、「反対側」にある知識を重要視すること。

権力実践

ミシェル・フーコーの仕事のかなりの部分は、近代の「主体（"subject"）」が構成されていく際の「権力実践」の分析に捧げられている（Foucault, 1978, 1979）。彼は、「人々の統治のアート」の歴史を一七世紀からたどり、人々が人生を入れこむよう煽動された自己実践と関係性実践の多くを詳述した。人々が存在のための支配的な特定化に沿って人生を形作るのは、この実践を介してだという点で、それらは社会制御のテクノロジーと考えられ得る。

構成的権力

フーコー（Foucault, 1980）の提示した概念は、その特徴と効果において構成的ないし「ポジティヴ」な近代的権力に関するものであって、抑圧的ないし「ネガティヴ」なものではなかった。つまり、禁止や拘束に基づく権力ではなかったのである。

権力の近代的様式の中心的機構は抑制的ないし拘束的だと提唱するよりも、その中心的機構は生産的、つまり人の人生は権力様式によって実際に構成ないしでっちあげられているのだと提唱したわけである。フーコーによれば、この権力様式の実践は、人の人生の深いレベル（たとえば、身振り、欲求、身体、習慣など）に浸透し、それらを織りなしている。そして彼はこの実践を「調教（“dressage”）」の様式と結びつけた（Foucault, 1979）。

ローカルな政治学

フーコーは、権力操作をミクロなレベルと社会の辺縁において暴露する意図をもっていた。病院、刑務所、家庭などである。彼によれば、権力実践が完成するのはこのようなローカルな場所である。なぜなら、それによってこの権力は全体的効果をもち得るからである。そして、権力の働きがもっとも目立つのがこのローカルな場所なのだと彼は主張した。

結局、フーコーにとって、近代的権力システムは、中心化されトップダウンに行使されるものではなく、脱中心化され「引き受けられている」ものなのである。それゆえ、彼は、社会における権力連関を変容させる努力は、ローカルなレベル、つまり毎日の、あたりまえの社会実践レベルでの権力実践に対処しなければならないのだと主張した。

権力のテクノロジー

これらの実践が完成される装置や社会制度の歴史をたどるなかで、フーコー（Foucault, 1979）は、ベンサムのパノプティコンをこの権力様式の「理想的」モデルとして特定した。

> 権力のテクノロジーがあって、それは個々の人間の行為を規定して、彼らをある目的もしくは支配に、つまり主体の客体化に従わせる（Foucault, 1988a, p. 18／邦訳、二〇頁）。

私はすでに他所で、このモデルのフーコーによる分析については考察した（White, 1989）。このモデルは、以下のことがらを確立する権力システムである。

- 権力の源は、それをもっとも強烈に経験する人々にとっては見えないものであり、
- 人々は服従支配の経験において孤立しており、
- 人々は「視線」と「規格化する判断」に服従しており、

◆人々がいつ監視と調査の対象となっているのか、いつなっていないのかを決めることは不可能であり、それゆえそれは絶えず行われていると仮定しなければならず、
◆人々は、永遠に自身を評価するよう、自身を監督するよう、そして自らの身体と魂を従順なものとして操作するよう煽動されており、
◆権力は、他者の服従支配に参加する者が、今や、権力の「装置」となるほどに自律的となる。

フーコーのパノプティコン分析は、近代的権力システムの機構と構造が、実際にどのようにして人々を、彼ら自身の人生の服従支配と自身の身体の客体化において共同作業させているのかを説明した。そして、人々がどのようにして「すすんで」彼らの人生の規律訓練と監督に参加するようになっているのかも説明した。近代的権力システムの機構は、フーコーが下記のように言及した状態に人々を徴集している。

> 自己のテクノロジーがあって、そのおかげで個々の人間は自分自身の手段を用いたり他人の助けを借りたりすることによって、自分自身の身体および魂、思考、行為、存在方法に働きかけることができるのであり、そのねらいは、幸福とか純潔とか知恵とか完全無欠とか不死とかのなんらかの状態に達するために自分自身を変えることである。（Foucault, 1988a, p. 18／邦訳、二〇頁）

計略

しかしながら、この共同作業が意識化されるのは稀である。この権力の働きは、「真理」の状態とされたある種の規範に関連して作動することで、変装され隠蔽されている。これは、特定の真理を構成する知識に関連して行使され、「充実した（“fulfilled”）」「解放された（“liberated”）」「理性的な（“rational”）」「分化された（“differentiated”）」「個性が形成された（“individuated”）」「冷静な（“self-possessed”）」「控え目な（“self-contained”）」などと考えられる人生のように、特定の「正しい」結果をもたらすよう企図された権力である。

このような「願ってもない」ありかたの記述は、事実、幻視的である。フーコーによれば、実際に起こっていることを欺くための計略の一部にすぎない。そのような優越な真理は、実際に、人の人生と関係を特定する。正しい結果とは、処方された特定のありかたである。

つまり、近代的権力実践は、フーコーによって詳述されたように、非常に狡猾で効果的である。それは、人々が自身の服従支配を悦んでするよう煽動する。人生（ばかりか身体、身振りも）を、ある種の「真理」に沿って型で作る権力のテクノロジーを介して自身の人生にかかわるよう煽動する。このような真理によってもたらされるありかたは、人々の目には権力の効果としては見えず、それは、何らかの実現の影響、自由の影響とすり替えられている。

考察

この権力分析は、多くの人々にとって理解に困難を伴う。なぜなら、私たちが自らの自由意志だと考えている個人的行動様式の多く、ないし逸脱だと考えている個人的行動様式の多くが、一見したところとはどうもちがうということが、示唆されているからである。事実、この分析が示唆するのは、私たちの行動様式の多くが、私たちが自身の人生のコントロールないし監視と同様、他者の人生のコントロールないし監視にも協力していることの反映だからである。私たちは、自分たちの文化のドミナントな知識に沿った人生の特定化に結託しているのである。

「権力のテクノロジー」と「自己のテクノロジー」に関する分析を企図するなかで、フーコーは、それらが権力の唯一の局面だと提唱しているわけではない。事実、権力領域に関連して、彼は四つのテクノロジーを提示している。生産のテクノロジー、記号システムのテクノロジー、権力のテクノロジー、そして自己のテクノロジーである（Foucault, 1988a）。

本稿において私は、「ポジティヴな」近代的権力システムのテクノロジーを強調するフーコーに従っているが、ほかの権力分析——社会的権力システム構造に関するブルデューの思想に関連した権力や、そのような構造が人々の人生スタンスに及ぼす構成的影響も含めて——も、セラピストが直面する日々の状況について考えるうえで非常に重要性をもつと信じている。

権力領域に関する他の考察に含まれるのは、初期の君主権力システムを代表する構造のいくつかがいかに未だに存在しているのか、そして社会制度的不平等（構造的特質と機会の不平等に関連するものを含む）がいかに私たちの文化を支配しているのかということである。

事実、ベンサムのパノプティコンに関するフーコーの分析では、抑圧の中核にある構造に注意が向けられている。不平等という観点からこの構造の含意を考察する際、私は他所で、私たちの文化においては男性がよりしばしば規格化する判断の「装置」になりやすく、女性がよりしばしばその視線の対象になりやすいと示唆した（White, 1989)。これは、ほかの著者によっても指摘されている（たとえば、Hare-Mustin, 1990)。

権力実践の脱構築

セラピーにおいて、身近なあたりまえの権力実践の客体化は、その脱構築におおいに貢献する。これは、人々に、実践について外在化する会話をしてもらうことで達成される。権力実践が暴露されるにつれ、人々は、自らの立場を取り、人生と関係性における権力実践の影響に対抗することが可能になる。

外在化する会話は、人生における権力実践の影響について人々に説明してもらうことからはじまる。その会話では、権力実践が、自己との関係および他者との関係に関して人々に指令することに、特別な強調がおかれる。

外在化する会話を通して、人々には以下のことが可能になる。

(a) 権力実践が自身の人生同様他者の人生をもいかに構成しているかを理解し、
(b) 自身の人生同様他者の人生をも荒廃させる自己および関係性の実践を特定し、
(c) 人々が自身の人生を監督するよういかに徴集されてきたか、そして他者の人生をも監督するよう誘う性質について認証すること、
(d) ローカルな関係性の政治学の性質を探求すること。

人々が、自身および他者との正統なありかたを代表するものとして権力実践を経験しなくなるのは、外在化する会話を通してである。人々は、もはやそうした実践と自分が同じだとは経験しなくなり、それらを疎遠に感じ始める。人々はそのとき、自身と関係性についてのオルタナティヴな好みの実践（対抗実践）を展開する立場にある。セラピーにおいて、私は、以下のことがらに関連するものも含め、さまざまな権力実践に挑戦するために人々に参画する。

(a) 自己のテクノロジー／特定のありかたに沿った、身体、魂、思考、そして振る舞いの規律訓練（性別化された知識に沿って身体を形成するさまざまな操作を含む）による自己の服従支配。

(b) 権力のテクノロジー／孤立化や監視のようなテクノロジーによる、また間断なき評価と比較による他者の服従支配。

そして私もまた、社会構造の様式を取る権力領域における人生の特別な状況の構成的効果を、人々とともに振り返ることによって、人生や思考の特定の様式の脱構築に参画する。これに対して、人々は、これらの影響に挑戦すると同時に、不平等と考えられる構造に対しても挑戦することができる。

例

おそらく、エイミーとロバートのストーリーにすこし戻るのによいタイミングだろう。エイミーは、自己支配のある実践（「自己のテクノロジー」）に徴集されていた。彼女はそのような実践を、自己コントロールの一形式として、それが自らの人生を許容範囲に変容させるのに必須のもの——彼女に成就を告げるもの——として理解していた。彼女は、自身の人生の服従支配活動への参加を、解放活動として解釈していたのである。

エイミーに、人生におけるアノレキシアの現実的影響を探索してもらい、アノレキシアを外在化する際、彼女は、——身体の規律訓練という——自己支配のさまざまな実践と、アノレキシアに具現化されていた自己の仕様書を特定し始めた。アノレキシアはもはや彼女の救い手ではなくなった。計略は暴かれ、権力実践は暴露される。自己の実践を取り続ける代わりに、エイミーは、それらを疎遠に感じる。アノレキシアはもはや彼女にアイデンティティを吹き込まなくなる。これによって、エイミーがアノレキシアによって構成される現実を転覆させる活動に入るための、そして自己と関係性のオルタナティヴな好みの実践の探求に入るための空間が開かれたのである。

一方、ロバートにとっては、彼の虐待行動という文脈を提供する、未検討で疑問の余地のなかった知識、実践、ないし「権力のテクノロジー」、構造および条件は、すべてあたりまえの——彼はそれを自然の秩序の反映と考えていた——人生と思考の様式の一部であった。これらの知識、実践、構造、そして条件を外在化する会話に入り、彼の人生や他者の人生に対するそれらの現実的影響をマッピングするなかで、彼は、人生と思考に関するこの様式からの分離を経験した。それはもはや、女性や子どもたちと男性の「自然な」ありかたを指示しなくなっている。

その後、入口としてのユニーク・アウトカムを介して、ロバートは、オルタナティヴな好みの関係実践の「考古学」と上演に従事することができた。と同時に、彼は、男性の虐待行動を支える構造や条件に挑戦し始めたのだった。

職業人の規律訓練は、世界の「真理」を手にするのはこの規律訓練であると決定する言語実践とテクノロジーを首尾よく発展させた。これらのテクノロジーは、この規律訓練のメンバーこそが客観的でバイアスがかかっていない現実を手にすることができ、人間の性質についても同様だと人々を信じ込ませることになる。▼原註19

> これが意味するのは、ある種の語り手、ある種の特別なテクノロジーでトレーニングを受けた者——現実に触れることができる知的な権力をもっているとされる人々——が、私的経験の範囲を超えて権威のある話ができるよう特権化されているということだ。(Parker & Shotter, 1990, p. 7)

知識実践

言語実践は、権威的説明とか私的ではない専門家の見方という概念を強調することによって、合理的で、自然で、尊重すべきと考えられている話し方や書き方を導入する。そうした実践は、話し手や書き手の視点や意見を脱具現化する。話し手や書き手の知識の提示には、受け手や読者への情報提供として専門家の見方に関する生産条件が含まれていない。

話す実践と書く実践は、「普遍的で統一された」(Foucault, 1980) とされる知識の説明、この優勢に関連する歴史的悪戦苦闘——それに対する複数の抵抗を含め——を隠蔽する説明を確立する。人々がこの普遍的で統一された知識に挑戦するのが困難なのは、それらを構成する言語実践が、それらの社会/政治/歴史的文脈についてもち上がる疑問への差し止め命令を内蔵しているからである。

このような決定的情報なしでは、受け手／読者は、ある種の「宙づり」を経験する。つまり、表現された見方をいかに「受け取る」かを決定するのに必須の情報がないため、彼らに可能な反応範囲は劇的に狭められるのである。受け手／読者は、専門家知識に自身を従わせるか、それに毒づくしかない。異なる視点についての対話は不可能なのである。

客観的知識に頼る理解の下で働いている職業的規律訓練メンバーにとって、その位置に対する批判的省察は、選択肢のなかにない。それゆえ、彼らは、知識実践の道徳的および倫理的含意への直面を回避することができる。

ひとつの記述がどのような位置から発しているか、その位置についてのいかなる批判的省察も含まない記述は、分析者が自分の対象とのあいだに保つ分析されない関係に結びついた利害以外のものを、原理とすることはできない。（Bourdieu, 1988, p. 15／邦訳、五四頁）

世界の、オープンであいまいで、一時的で刻一刻変化する性質は、これらの真理言説によって、閉ざされて確かな、固定された永遠に不変のものとなる。その他の話し方／書き方は、目に見えないか、価値の低いものと考えられているかのように、おおかた、排除されていく。それらの「価値の低い」話し方／書き方が唯一認証されるのは、保証された話し方／書き方への「適切な」服従が伴うときである。

知識実践の脱構築

セラピストは、自身をオルタナティヴで好みの知識と実践の「共著者」であると考えることによって、そしてセラピーを求める人々がそのような知識と実践の主たる作者として特権化される文脈を確立する努力によって、専門家知識の脱構築に貢献できる。この視点によってもたらされる「治療的」実践のいくつかを以下に示す。これらの実践には無限の可能性があり、デイヴィッド・エプストンと私は他所でも（たとえば、Epston & White, 1990; White & Epston, 1989）この治療実践について議論している。

セラピストは、理解の探求において人々にセラピストを援助してくれるよう絶えず促すことによって、真理への特権的アクセスを自分たちが所有しているという考えを粉砕することができる。これは、セラピストのセラピーへの参画が、いかに人々のセラピーについての経験のフィードバック次第かという考えを人々に提供することによって達成可能である。当人のセラピー経験がセラピーの進行にとって本質的なのは、それがどんな種類の治療的相互作用が役に立ち、どんな種類の治療的相互作用が役に立たないかをセラピストが知るための唯一の方法だからである。これが認証されるわけだ。

それがさらに強調されるのは、セラピストが人々をある種の質問に従事させるときである。たとえば、面接中に浮かぶアイデアのどれかがなぜほかのアイデアよりも人々に興味を起こさせるのか？　人々が自らの特定の視点、理解、そして結論などのなかで何が重要で何が役に立つと発見するのか？　人々の人生にとって、どんな好みの結果が、特定の視点、理解、そして結論などに伴うのか？

セラピストは、以下のように人々を絶えず励ますことによって、自分たちが専門家の視点をもっているという考え方に挑戦することができる。たとえば、人々の人生と関係性におけるセラピーの現実的影響を評価すること、それらの影響がどのくらい好ましい効果をもたらしているか、そしてそれらの影響がどのくらい好ましい効果をもたらしていないかを人々自身で決定させることである。この評価から得られるフィードバックは、セラピストがまじめに自らの実践の道徳的および倫理的含意に直面するのを援助する。

セラピストは、自らが現実について客観的でバイアスのかかっていない説明ができるという考えに疑いを抱くことができる。また、セラピストは、面接についてセラピストにインタビューするよう人々を励ますことによって、上記の考えの押しつけに人々が服従するリスクを消すことができる。これに応じて、セラピストは脱構築が可能となり、自らの反応を――質問、コメント、思考、そして選択肢を含め――自らの経験、想像、そして志向的状態という文脈のなかに位置づけることによって具現化することができる。これは、治療システムにおける「透明性（"transparency"）」[▼原註20]の条件として記述され得るし、それは、人々が自ら、いかにセラピストの反応を受け取るのかをさらに決めることができる文脈に貢献する。

もしセラピストがリフレクティング・チーム[▼原註21]と仕事をしているなら、面接の最後で、そのチームは人々といっしょになって、面接についてセラピストにインタビューすることもできる。セラピストの特定の反応について質問するのとは別に、この時点でチームは、セラピーの面接での現実的プロセスについてセラピストがどう考えるか探求するよう招き入れられる。

脱構築と具現化の治療実践は、リフレクティング・チームの反応にもあてはまる。リフレクティング・チームのメンバーは、精神療法の、時の試練を得た構造主義者的および機能主義者的真理の言説に従事する意欲を下げられ、家族によって好みの展開と特定された展開に反応するよう、あるいは好まれると思われる展開について推測するよう励まされる。[原註22] これを受けて、リフレクティング・チームは、自らのリフレクションをそれが私的経験、想像、そして志向的状態という文脈のなかに位置づけられるよう互いにインタビューしあうことになる。人々が使える選択肢や選択は、リフレクティング・チームの知識が個人的なものだとされることで、最大になる。

リフレクティング・チームの反応の脱構築は、以下のような質問として構造化できる。あなたの注意を引いたことはなんですか？　なぜそれがあなたの注意を引いたのだと思いますか？　それはなぜそんなにも重大なこととしてあなたの心を打ったのでしょう？　ここでそのことについて話すことはどのようにして決めましたか？　そのコメントがどんな影響を及ぼすと思っていましたか？[原註23]　ここでその質問をすることにどんな意図があったのですか？

このような実践の透明性によって、セラピーが望ましい成果を上げるためにはその作用機序は秘密にされなければならないという広く受け入れられた考えは、挑戦を受けることになる。もしも人々がセラピストの目論見を知ったなら、セラピーはうまくいかない、という考えである。人々との実践を振り返るなかで、私が学んだのは、人々が、もっとも価値をおいている人生の変化を達成するなかで、セラピストやリフレクティング・チームの反応の具現化をきわめて重要な因子とみなしていることがしばしばであるということだ。

結論

私が「脱構築的」と呼ぶこれらの治療実践は、人々が「行為体」感覚を達成するのを援助する。この感覚は、人生の「お客さんモード」を脱する経験、自身の人生形成において積極的な役割を果たすことができるという感覚、目的に沿った人生の展開に影響を及ぼす能力をもっているという感覚、そしていかに好みの結果を生み出すことができるかという感覚に由来する。この私的行為体感覚は、ある種の人生および思考様式がいかに私たちの経験を形作るかという気づきの展開を介して、そして私たちが生きる人生と思考様式に関連した選択をする経験を介して、確立される。

私が脱構築と呼ぶ治療実践は、人々が自らの人生や他者の人生を荒廃させると判断した人生と思考の様式から、当人が分離するのを援助する。そして、それはセラピストおよびセラピーを求める人々のなかに、好奇心をかき立てる。それは、彼らがどんな人々なのかのオルタナティヴなヴァージョンに関連している。単なる好奇心ではない。それは、ものごとはほかにどんなふうになり得るのだろうかという好奇心であり、人々が人生について抱いている集約されたストーリーの外側にあるもの、自己と関係性の支配的な実践の外側にあるものについての好奇心なのである。

治療実践における好奇心に対する強調は、決して新しいものではない。一例を上げるなら、中立性というものに再考を促すケチン（Gianfranco Cecchin, 1987）の仕事がある。最後は、このテーマに対するミシェル・フーコーの至言で締めくくろう。

好奇心は、キリスト教、哲学、そしてある種の科学的概念によってさえも、次々におとしめられてきた悪です。好奇心すなわち軽薄というわけです。しかし私は好奇心という言葉が好きです。この言葉が私に示唆してくれるのは、軽薄とはまったく別のことなのです。それは「配慮」を喚起させます。

つまり、存在するものや存在するかもしれないものに対して人が行う気遣いを喚起させるのです。これは現実に対する研ぎすまされた感性です。かといって現実を前にうずくまる感性ではありません。私たちを取りまく奇妙かつ特異なものを見出す敏捷さであり、慣れ親しんだものから逃れ、同じ事物をちがったふうに見ようとするある種の熱意です。起こること、すぎゆくことを捉えようとする情熱です。重要なものと本質的なもののあいだにもうけられていた伝統的ヒエラルキーを、軽妙に揶揄することなのです（Foucault, 1989, p. 198／邦訳、二八九-二九〇頁）

原註

▼原註1　私は「単親（"sole parent"）」という呼び方のほうが「片親（"single parent"）」よりも好きだ。私たちの文化においては、「片（"single"）」は多くのネガティヴな含みをもたされている。たとえば、不完全で、未婚で、失敗した人で、要するにしかるべき成績を上げていないという意味だ。しかしながら、少なくとも私のイメージでは、「単（"sole"）」という言葉は、それとはまったく異なるものを彷彿とさせる。そこには、そうした親が直面する特別な責任、そしてなすべきことをなすために必要な力強さの認識が伴っている。しかも、と同時に、第二の意味を見つけるのも困難ではない。「魂（"soul"）」だ。魂は本質にかかわるものであり、人々は、自身を「魂の親（"sole parents"）」と呼ぶことで、自身が提供する「ハートフルであること（"heartfulness"）」、子どもたちが「その状況をやり過ごす」ために頼りにするそれを認識することになる。

▼原註2　ここでの仕事には、子どもたちが父親によって虐待されたという可能性の探求も含まれていた。ただし、そこでの発見はその可能性を否定するものであった。

▼原註3 部分的には、この仕事は、正統性に関する特定の非本質主義者的説明をもたらすナラティヴ・メタファーの探求を前提にしている。このメタファーによれば、通常、人が正統性の感覚を得るのは以下の場合である。(a)人々が、人生についての主張、特別なセルフ・ナラティヴに関連する主張を行うとき、および、(b)その上演が、彼ら自身、そして／あるいは他者によって目撃されるときである。これが示唆するのは、人々が経験する正統性にはある程度の幅があること、そしてその幅は、人々が人生について抱いているストーリーの在庫によって決定されるということである。

▼原註4 ニュージーランドのオークランド市在住のデイヴィッド・エプストン（David Epston）は、「アンチ・アノレキシア・リーグ（"The Anti-Anorexia League"）」の設立にあたり、アノレキシア・ネルヴォーザでセラピーを求めてきた人々と協力している。このリーグの目的は、アノレキシア・ネルヴォーザの「声」を暴露し、アノレキシア・ネルヴォーザが頼りにする知識や実践に対抗する知識や実践を特定し、文書化し、そして流通させることである。

▼原註5 フィールドワークにおける第一歩にあからさまな野望を抱いてはならない。このような質問は、地味なはじまり方をして、オルタナティヴな自己知識の流通と正統化において徐々に可能性が増すのに貢献する。

▼原註6 虐待をする男性との仕事についての素晴らしい考察が、アラン・ジェンキンス（Alan Jenkins）の『加害者臨床の可能性——DV・虐待・性暴力被害者に責任をとるために（"Invitations to responsibility"）』（1990）（信田さよ子、高野嘉之訳、日本評論社、二〇一四年）にあるので、是非とも参照されたい。

▼原註7 虐待やその他の問題に関連して家族のカウンセリングがほかの文脈でも同時に進行している。

▼原註8 私は、男性がこれまで虐待加害の責任を十分に完全に引き受けたことは一度もないと考えている。以下のことがらにおいても同様である。虐待被害者の経験を特定すること、虐待の短期および長期的影響に触れること、誠実な謝罪をすること、修復可能なことを修復する方法で働きかけること、そして虐待を可能にする行動、条件、および権力のテクノロジーを正当化する態度に挑戦すること。

もしもそれが終わりにきたとして、男性が純粋な深い後悔の念を抱いたとしても、彼は、生きるべきほかのありかたについての知識をもたないので、再び加害者になりやすい。再犯を防ぐいちおうの安全性を確保するためには、これらの男性が、男性のありかたについてのオルタナティヴな知識の特定と上演に従事することが必須だと私は信じている。

▼原註9　代理人は、子どもおよび加害者ではない配偶者によって候補を上げてもらうこと。代理人は、虐待行動の歴史のない親族ないし地元の知人であること。

▼原註10　「秘密からの逃走」ミーティングは最初、毎週開催し、ゆっくり月に一度のペースに落とし、二年間続ける。各回、それまでの期間の出来事を振り返る。過去に虐待のための文脈を提供した態度、戦略、条件、そして構造の再現と考えられる出来事が、特定され、挑戦される。

家族は順に、（しばしば、代理人の援助を得て）ミーティングの議事録を取り、それをセラピストに送る。その責任を果たす家族は、その議事録に秘密についてのコメントをつけるよう奨励される。セラピストは、スケジュール通りに議事録が届かなければ、すぐに連絡をする。ときに、セラピストは、この進展を振り返るためにミーティングに参加する。

この仕事におけるローカルなアカウンタビリティの大切さはいくら強調しても強調し過ぎることは、ない。公式の介入は、虐待の直接的差し止めをするうえできわめて有効であるが、ローカルなアカウンタビリティの構造は、安全な文脈を確立するのに必須である。

▼原註11　虐待という文脈の構造化における秘密の重大さに関する素晴らしい考察として、レスリー・レイン（Lesley Laing）とアマンダ・カムスラー（Amanda Kamsler）の「秘密に終止符を打つ（"Putting an end to secrecy"）」（1990）を推奨する。

▼原註12　他所で私は、行為の風景質問を「ユニークな説明（"unique account"）」質問と、また意識の風景質問を「ユニークな記述（"unique description"）」質問と呼んでいる（White, 1988a）。

▼原註13　もちろん、質問の順序は反転可能である。意識の風景における展開は、行為の風景における好みの展開について明かされることのために、振り返ることが可能である。たとえば、「あなたの性質についての結論へとあなたをいたらせる何をあなたがしているのを見たのでしょう?」「この信念に反映されているものとして、あなたは自身がしている

他に何を見たのでしょう?」

▼原註14
志向的状態の改訂はしばしば、問題に関連した外在化する会話のはじまりと同時に意識の風景質問が導入される前に、はじまる。これは、以下のような質問を介して達成される。「あなたのよりよい判断に抵抗する何を、その問題はあなたにさせるのですか?」「あなたの人生への意図に抵抗する何を、その問題はあなたにさせるのですか?」「あなたが価値をおくことに抵抗する何を、その問題はあなたにさせるのですか?」「あなたが大切だと信じることに抵抗する何を、その問題はあなたにさせるのですか?」

▼原註15
シドニーのマッコーリー大学のダフネ・ヒューソン（Daphne Hewson）は、ナラティヴ理論と社会認知心理学の双方の視点で仕事をしているが、オルタナティヴ・ストーリーの歴史を生み出す手段としての予言質問の展開のパイオニアである（Hewson, 1991を参照）。

▼原註16
言葉のなかに何があるか? 答えは、世界だ! セラピストにとって、「行為」「場面」「行為者」「媒体」「意図」のような劇的な用語は、「何を、どこで、誰が、どのように、そしてなぜ」という用語で導入される世界に、異なる世界を導入すると私は考えている。行為と場面という用語は、世界が構成されたものでありテーマをもっているという感覚を授けるし、行為者と媒体という用語は、特別な「貢献」という考えや、志向的状態に関連した「ノウハウ」を喚起するし、さらに意図という用語は、特定の志向的状態を説明概念として示唆する。

▼原註17
バークレーのデブラ・ミリンスキー（Debra Milinsky）は、そのようなことの歴史に強い関心を抱いているが、彼によれば、空中に浮いた近代的アーチの発展にもっとも貢献したと思われるのは、古代エトルリア人［訳註／前一〇世紀ごろからトスカーナ地方を中心に定住していた民族。前三世紀にローマに征服されたが、建築・衣服や政治制度などローマに与えた影響は大きい。エトルスキ。トウスキ。］である。

▼原註18
私見では、デリダの仕事を研究し、治療実践にその考え方を援用しようとしている家族療法家が何人かいる。ビクトリア州セント・キルダのロン・フィンドレー（Ron Findlay）は、最近、ダルウィッチ・センターで、デリダとセラピーについての彼の考えを提示した。

▼原註19　フェミニスト思想家はこれらの言語実践をきわめて家父長的だと認識しており、文脈を強調するなかで、ケアの倫理でもって、それらに挑戦することを求めている。例としては、キャロル・ギリガン（Carol Gilligan）の『もうひとつの声（"In a different voice"）』（1982）がある。

▼原註20　セラピストの反応でのこの脱構築をもっともうまく表現するにはどうしたらよいかとデイヴィッド・エプストンと議論した際、彼が示唆した用語は「透明性」であった。

▼原註21　リフレクティング・チームという概念の導入には、アンデルセン（Andersen, 1987）を参照のこと。

▼原註22　セラピストの再著述実践と同様に、リフレクティング・チームのメンバーも、ユニーク・アウトカムに対して謎に向かい合うように向かい合う。チームメンバーがユニーク・アウトカムに対してコメントすると、チームメンバーからの質問や認識が続くわけだが、それは、家族の生きられた経験や想像が謎を解くのに活かされるよう意図されている。このようにして、家族はオルタナティヴで好みのストーリーの主たる作者である特権を与えられるのである。

▼原註23　この質問は、スティーヴン・マディガン（Stephen Madigan）が「ダウン・アンダー家族療法奨学金（"Down Under Family Therapy Scholarship"）」でダルウィッチ・センター来訪中に示唆したものである。

訳註

▽訳註1　本項にある「ひとつの家族面接形式」は、ノルウェーの精神科医、トム・アンデルセンによって開発された面接様式、リフレクティング・チームに基づいている。ホワイトは早くから、自らのワークショップという教育的文脈に限定してリフレクティング・チームを採用したが、その詳細は「定義的祝祭としてのリフレクティング・チームワーク」（ホワイト『人生の再著述』収録）とホワイト『ナラティヴ実践地図』の第四章「定義的祝祭」を参照。ホワイトによる構造化は、以下のようにまとめられている。

第一部　インタビュアーが相談に来た人々にインタビューしているあいだ、チームメンバーは、その会話の聴衆となる。

第二部　インタビュアーと相談に来た人々は、チームと役割を交代する。メンバーは、第一部における彼らの経験についてリフレクションしたり、お互いに活発にインタビューしたりする。

第三部　全員が再び役割を交代し、インタビュアーは、相談に来た人々と、第一部と第二部の経験に基づいたインタビューを行う。

第四部　全員が一堂に会して、守秘義務を確認し、セラピー自体の脱構築に取り組む。

本項冒頭から第三段落までがリフレクティング・チームの第二部であり、第四段落が第三部、そして第五段落が第四部に当たる。

▽訳註2

このトリリングの引用は、ホワイトとエプストン『物語としての家族』の第一章（新訳版、一九頁）にもあるが、その意図がややわかりにくい。引用元であるクリフォード・ギアーツの論考でもこれは末尾に置かれ、同様に含みのあるものである。しかし、マリリア・ベイカー（Marilia Baker）によるインタビュー（The Milton H. Erickson foundation Newsletter, Vol.26, No.1, Spring, 2006）において、マイケルは、ターナーやマイアーホッフ、エドワード・ブルーナーらの仕事に影響を受けたと述べた後で、こう語っている。

……クリフォード・ギアーツが、ジェローム・ブルーナー同様、影響を受けた人の一人だ。私たちの人生が、文化と言語によってどのように形作られるのか、私たちは実際に文化を通して人生をどのように構築しているのか、という問いに関連しているんだ。人生を生きているそのときにね。一つ面白い問いがある。ギアーツがどこかで引用していた一八世紀の嘆きだ。「なぜ私たちはオリジナルから出発するのにコピーで終るのか？」これは過去三〇〇年にわたって手を変え品を変え、再生産され続けてきた嘆きだ。でもギアーツは、その問いを反転するよう示唆している。「なぜ私たちはコピーから出発するのにオリジナルで終るのか？」彼の答えはこうだ。「そもそも、創始すること自体、コピーすることなんだよ」。コピーするなかで、私たちはオリジナルにたどり着く。私たちは、このコピーを通して、ちょっと前のじぶんとは異なる者になるんだ。私たちは、アイデンティティと人生についての文化的説明のなかに踏み出し、そのストーリーを生きるとき、そして、「生きる行為」においてそれを再生産するとき、私たちは以前の自分とは異なる人間になるんだ。（White, 2006, p. 17）

第2章　精神病的経験と言説

——ケン・スチュワートによるインタビュー

Psychotic experience and discourse:
An interview of Michael White by Ken Stewart
1995

ケン・スチュワート――一九九〇年のインタビューでは、病理化に関する持論をお聞きしましたが、そこであなたは、こう答えられました。

――その言葉にはビクッとするね！　病理化という言葉で思い浮かぶのは、第一に、臨床医学が人々およびその身体を客体化することに見事な成功を収めたこと。そして第二に、人々を病理化することが、精神保健／福祉という規律・訓練においてもっともありふれたあたりまえの実践となり、心理学における最大の中核的業績にまでなったということです。

答えは今でも同じですか？

マイケル・ホワイト――数年前のインタビューで発言したことを取り消すつもりはありません。今や精神保健の専門家たちが人々の人生を病理化できる機会は、それこそ無数にあります。病理化言説の発展のために湯水のごとく投資したおかげで、私たちは今や、人々と話し、かかわりあう多数の方法を手に入れたのです。その手の方法が主体／客体という二元論を再生産し、その二元論は、私たちの文化における関係性を構造化するためにかなり浸透しています。

人々とのこの手の話し方、かかわり方は、彼らを知の反対側、つまり外側へ締め出します。そうすることで、精神保健の専門家たちは、人々を精神医学という知の対象として構成できるようになり、「知と異なっていること」を中心的特徴としたアイデンティティの概念を推し進めることが可能となるわけです。この手の言説の成功は疑いのないところで、この成果は、現代文化における大いなる周辺化を如実に物語っています。

ケン─私たちの分野では現在、ポストモダン的思考に多大な関心が寄せられています。こういったポストモダンの影響は、さまざまな病理化言説に大きなインパクトを与えていると思いますか？

マイケル─おっしゃる通り、ポストモダンの影響はいたるところに見られます。しかし、たとえ病理化言説が未だ、改訂、精緻化、仕上げの途上にあるとはいえ、ポストモダンの影響が、病理化言説の握っている主導権に挑戦するところまできたかどうかは、定かではありません。

ケン─では、私たちはどうすればいいのでしょう？ 人々を病理化することなく、統合失調症や強迫性障害、演技性パーソナリティ障害およびDSM-Ⅳの第二軸にあるその他のパーソナリティ障害のような、いわゆる精神病という伝統的概念に取り組む方法は、あるのでしょうか？ 社会構成主義的視点を援用している私たちは、精神医学という知の著者にこの領域を残しておいてやらねばならないのでしょうか？ それとも、この領域に留まり、その非を唱えるべきなのでしょうか？ もしそうするのであれば、私たちは、病理分類の該当する現象にどう取り組めばよいのでしょうか？ この点に関して家族療法に何かできることはあるでしょうか？

マイケル─最後の質問から答えていきましょう。病理化言説の維持と再生産において重要な役割をはたしてきた社会制度の批判において、家族療法は、いくつかの理由で自らを免除してきました。家族療法は自らを病理化言説の枠外にあると思ってきたのです。しかし私は、家族療法のこの主張に説得力があるとは思えません。

歴史的に見て、家族療法は、「システム」「ダイナミクス」「構造」などといったメタファーによって情報を得る公式解析体系を採用してきました。これらのメタファーによって、私たちは、人々の人生におけるさまざまな事象と経験に「専門的な」解釈をほどこせるようになり、家族や関係性の「障害」「機能不全」「病理」という概念で理論武装してきました。また、これらのメタファーによって、すでに述べてきた主体／客体の二元論をも再生産するよう、人々とかかわる立場を手に入れたのです。

ケン―病理化言説に対して、この領域の内外を問わず、多くの批判がなされてきました。しかし、その批判にもかかわらず、病理化言説は、オルタナティヴたらんとした多くの言説を凌駕し続けています。このことをどのように理解されていますか？

マイケル―ええ、確かに多くの批判がなされています。おそらく、そのような批判を二、三、ここで再検討しておくのがいいでしょう。

まず第一に、精神保健の専門家たちの自己顕示という問題があります。ほかの人々の人生についての病理化言説的話し方にある程度「精通している」ことを示したり、この言説によってもたらされる他人への振舞い方における一定の技量を披露したりすることによって、仲間内での専門家としての精神的価値が多少上がることが、指摘されてきました。つまり、このような話し方に精通し、ある振る舞い方という技量を示すことで、同僚から評価を得られるわけです。

第二に、このような精通と技量の提示が昇進の機会となり、経済的好機につながることが議論されてきました。つまり、「診断能力」の提示がきわめて見返りの多いものであることがわかってきたのです。お金も儲かり、伝統的権力も得ることができるわけです。それどころか、北アメリカではすでに診断能力を示すことが必須ともなっています。今や、精神保健の専門家たちがＤＳＭ‐ⅢないしＤＳＭの最新版に準拠せずに診療行為で生計を立てることは、現実的に不可能になっています。

第三に、病理化言説が客観的事実の追求を印象づける言語で飾りたてられているので、精神保健の専門家たちが、相談にきた人々との話し方や相手への振る舞い方のもつ現実的効果、ないしその結果も直視しなくて済むようになっていることが、槍玉に上げられるかもしれません。もし私たちの仕事が人々を「真理」に服従させることと関連するのであれば、そのこと自体によって、人生について人々とどのように話すか、そしてどのように本人とのかかわりを構造化していくかということが、どんな結果をもたらすのか見えなくなってしまうのです。つまり、この手の「真理」の覆いによって、私たちは、人々の人生を形作っていく際に、私たちの知的構成物や治療的相互作用が言外に伝えることを何度も考え直す手間を省けるようになるわけです。以上のように、病理化言説は、精神保健の専門家たちがアカウンタビリティを回避し、権力の独占状態を保持し、拡大していくことを可能にします。

今話したことは、誰でも思いつきそうな多くの批判のほんの一握りにすぎません。これらの批判はさておき、病理化言説のきわめて例外的な発展と成功を説明できる理由は、いくつかあります。たとえば、病理化言説は、慰めを得ることがどんどん難しくなっているこの社会にあって、それをある程度私たちにもたらす可能性があります。病理化言説は、援助を必要とする人々の問題をすべて逸脱として定義します。そのため、これらの問題が、きわめて重要な意味で文化的なものだという事実や、私たちの人生様式や思考様式の産物であるという事実を私たちが認めなくても済むようにしてくれるのです。病理化言説のおかげで、私たちは、援助を必要としてきた人々の問題が、ある程度ある種の対人関係実践や自己実践の結果であるということさえ無視できるわけです。もちろん、こうした実践の多くは、「個人主義」という近代的概念によってもたらされたものです。そのうえ、この言説のおかげで、私たちは、援助を求めてきた人々の問題が、ジェンダー、人種、エスニシティー、階級、経済状態、年齢などといったものにからむ私たちの文化における不平等な構造によってしばしば起きてくるということも、ある程度無視してしまえるのです。

もしも人々の援助を必要とするような困難が、人々の生き方や考え方の産物ではなくて、なんらかの逸脱の結果と考えることができるのであれば、自分たちがこのような生き方や考え方の維持にかかわってきたという共犯関係に直面しなくて済みます。そして、自らがほかの人々と共有する世界の構成においても共犯したことを否定することができるのです。つまり、人々の援助を必要とするような問題と、私たちの文化における人生様式や思考様式との結びつきを見えにくくするなかで、私たちは、人生という文脈に取り組む責任や、問題と関連したさまざまな不平等な構造の覆いをはずす責任があることを直視しないで済むわけです。

ケン―わかりました。では、あなたの仕事の具体的なところに入っていきましょう。以前、あなたがラベルづけや投薬治療に反対しているという話を聞いたことがあるのですが。

マイケル―それは興味深いですね。それらに関する私の立場について、まったく同じ意見を聞いたことがあります。

ケン―というと?

マイケル―ときどき、私が話したことのないことでも、私の話として聞かされることがありますし、私の考えていることとまったくかけ離れている解説を読んだりすることもあります。また、ときどき全然身に覚えのないことを私が言ったという話を聞くこともあるのです。

ケン―最後に言われたことについては、どんな例があるのですか?

マイケル―数年前にこんな話がひろまりました。私がカナダでのコンサルテーション面接において、妄想型統合失調症と判断された人と問題を外在化したのですが、その人がこのことに反応をおこして私をぶちのめしたというのです。実際にあったことは、面接中に身体や顔を傷つけられることがないように、暴行に対する介入をしておいただけなのです。これとて、コンサルテーション自体とはなんの関係もないことだったのです。

ケン――なんだかひどい話ですね！　では、ラベルづけや投薬治療に関するあなたの立場を教えてください。

マイケル――薬物に関しては、いわゆる向精神薬反対という原則をとるわけではありません。それよりこの質問に関しては、人びとに権限をもたらす（enabling）のは何かを理解することにずっと大きな関心があります。そうそう、ここではポジティヴな意味で「イネイブリング」という言葉を使っているのですよ。こういったことを考えると、いくつかの具体的な質問が浮かんできます。

- 薬が人々のクオリティ・オブ・ライフ（QOL）を高めるのにプラスになっているのかマイナスになっているのか本人が決定できるよう援助するには、どうしていけばよいのか？
- 薬がどのように権限をもたらし、どのように権限を奪うのかを本人が決定できるよう援助するには、どうしていけばよいのか？
- いろいろな薬の効果あるいは薬のさまざまなレベルにおける効果を、本人がモニターできるよう援助するには、どうしていけばよいのか？
- 本人の人生や対人関係にとっての薬の本当の効果を本人が評価できるよう援助するには、どうしていけばよいのか？

◆このような評価に適した基準を本人が決められるよう援助するには、どうしていけばよいのか？
◆薬のさまざまな副作用について、本人が充分に理解できるよう援助するには、どうしていけばよいのか？
◆どんな人々が薬の処方についてもっともコンプライアンスが良く、またどんな人々がコンプライアンスが悪いのか、そして、これら二群の人々のおのおのの具体的利益は何なのか本人が特定できるよう援助するには、どうしていけばよいのか？

以上は、薬について適切に問われるべき数多ある疑問のうちのほんのわずかな例にすぎません。私が薬物の使用に反対しているという見方が正される方向でこの議論が進んでいってほしいと思います。薬が人々の人生に展望を与えるほど大きな効果をもち、行為の新しい可能性をもたらすように使われるのを見たこともあります。けれども、薬が、第一義的には社会統制の目的で使用されたり、人々の行動の可能性を著しく制限し、人々から選択肢を奪うようなやりかたで使われたりするのも見てきたのです。

ケン─精神保健の分野で用いられているさまざまなラベルについてはどう思いますか？

マイケル─精神医学的診断を下すことについておっしゃっているとしたら、私は、この手の取引にはまったく関心がありません。一般的なラベル自体やラベルをつけるということに関しては、先ほど話してきた薬の件と同じような質疑応答になると思います。

このような疑問に答えるときに、この手のラベルに権限の付与を見出す人々もいるという事実を私は気にかけています。ラベルによる権限の付与は、さまざまに解釈されてきました。たとえば、病いというラベルは、通常の人生を歩めなかった人々が抱いてしまうような、いたらなさやさまざまな自責の念を和らげると思われています。そのうえ、病いというラベルによって、「健康」だとすれば担っていかねばならない周囲の期待というストレスから免れることができるとも言われています。なかでも、精神医学的診断は、しばしば身内が経験する罪の意識を解消し、自虐行為の弱体化や、家族という文脈においてもっと建設的な相互作用を生み出す効果があると主張されるのです。

私はこういった主張を評価していますし、精神医学的診断のポジティヴな効果についての彼らの言い分を認めるのにやぶさかではない一方、その結果は間違いなく私たちの文化に対する興味深い省察を提供してくれます。要するに、人々が自分のいたらなさやさまざまな自責の念、それに私たちの文化に沿った本当の人間になるようにという期待からくるストレス、そして先ほど話した罪の意識から解放されるためには、人々は、「病い」という領域に踏み込まねばならないということです。病いは、私たちの文化の領域にあり、構造化されており、特定の人生様式や思考様式をもたらすのです。つまり、病いというものは、人生を形作る文化の領域にあるのです。

結局、診断は、病いに対する責任を免除してくれるのです。しかしながら、これは、私たちの文化の悲しい反映です。私たちは、人々がドミナントなありかたと考え方を首尾よく断ち切ることができる、この文化におけるオルタナティヴな領域を見つけられるよう援助できることがたくさんあると思うのです。病いになっても責任を免除されず、それでも今までとはちがう生き方が可能になる領域のことです。

そしてとても興味深いことに、この仕事において、別の領域、つまり、しばしばドミナントな文化に対する抵抗の歴史をたどることで定義される領域をいっしょに特定していくと、診断自体はだんだん不適切なものとなっていきます、それに、診断によってもろもろの責任を免除されることも、人生にとって次第に不必要になってくるのです。

ケン―それでは、自分がなんらかの精神医学的診断に該当すると認めている人々からあなたが相談されるとき、どんなことになるのでしょうか？

マイケル―その点は誤解しないでください。仮にこのようなラベルを好む人の相談を受けるときでも、私は、ラベルが役に立ってきたという本人の経験を尊重しますし、何が本人にそう語らせるに至らしめたのか積極的に探求しようと思っています。

ケン―しかし、こうしたラベルは、人々をただちに「知ることができ、見ることができる」「他者」として扱うことで、人々の人生を束縛することに手を貸しているわけですから、私としては、あなたがラベルづけに断固反対しているのだと思っていました。

マイケル―ラベルそれ自体に反対することは難しいのです。言語には名づけがつきもので、誰もが一つか二つのラベルを頂戴しているのが普通ですから。しかし決定的に重要なのは、こうした名づけに関連した言説の性質のほうなのです。言説を考慮すると、名づけに関する具体的な疑問が湧いてきます。すなわち、どのような知識が名づけという特殊な過程において特権をもつのか、そして、どのような知識が名づけの過程において不適切とされたり脱資格化されるのか、意見を述べ名づけを行う資格があるのは誰か、そして、どのような状況下でそれは可能となるのか、名づけや診断という行為には、どのような関係性の実践や権力の技術が関連しているのか、そして、このような実践や技術が人々の人生に与える本当の影響は何か？　といった疑問です。ここで私が強調しておきたいのは、言説のほうが重要視されるべきだということなのです。

もちろん、ラベルをオルタナティヴな言説に取り入れることによって、現在結びついている言説と引き離すことができます。このことはしばしば、周辺化された集団によって達成されます。これらのラベルがとりあげられ、オルタナティヴな言説に挿入されると、ラベルは自分の誇りを示す言葉となり、ありかたや考え方に則った知識やなにかしらのライフスタイルの選択を示す言葉となります。このことは、周辺化された集団のなかにいる人々を服従支配してきた主流の言説からラベルを完全に引き離す効果があるのです。

ケン—たとえそうだとしても、私はどうしても病因論を意識してしまいます。病因論に対するあなたの立場はどうなのでしょうか?

マイケル—ここ二十数年のうちの一七年間にわたって、私は主流となっている精神医療事業に公式にかかわってきました。州立の精神科病院にもいましたし、児童青年期の精神医療事業にもかかわっていました。それに、ある大きな州立精神科病院にはコンサルタントとしてかなりの期間かかわっています。さらに、ダルウィッチ・センターで、地域の小規模な精神保健プロジェクトを行っています。さて、これを聞いて驚かれるかもしれませんが、この時期全体を通して、さまざまな精神医学的文脈を経験したのですが、病因論という考え方が知見をもたらした仕事は、脳損傷など器質性疾患が疑われた少数のケースに限られているのです。薬物選択でさえも、試行錯誤するしかないのです。ここで何が驚きかというと、病因論という考え方が全般的に不適切であるにもかかわらず、主流となっている精神医療事業にかかわっている人々は、このさきずっと病因論という考え方に莫大な時間と労力を割いていかねばならないということなのです。

さて、このことについてどう結論づければいいのでしょうか? たぶん、このような病因論という考え方が精神医学という知識の上演を保証しているのです。というのは、病因論という考え方があってこそ、精神医学という知識を科学とする機会が与えられるからです。

ケン―それでは、あなたは病因論という立場をとらないわけですね？

マイケル―その質問には、こう答えるのがいいでしょう。私は一貫して、いわゆる精神障害の病因論を支持する立場に抵抗してきました。事実、病因論に踏みこむことや、病因論に基づいた議論や活動をする誘惑は、はねのけてきたのです。病因論の概念の多くを考慮していこうとは思いますが、率直に言って、病因論という考え方は、ほかの人々にとって私の考え方が不適切なのと同様、この仕事において私のしていることには不適切だと思っています。

ケン―今の話は、統合失調症と言われる状態の病因論における現在の生物学的知見に関して、あなたはそのいくつかを受け入れようとさえしているということですか？

マイケル―もちろんです！　もちろんですとも！　私がしていることに病因論が適切ではないというだけのことなのです。

ケン―それでは、あなたは何をするのでしょうか？　あなたの立場を精神医学的言説のなかに求めるとき、結局、精神医学の分野から締め出されてしまうリスクはないのですか？　そうなると、あなたの努力が無になるのではないですか？　あなたは何も言えなくなってしまうのではないですか？

マイケル―そんなことはないですよ。私は単に、精神医学という知識によって定義され、病理化言説によって構造化された領域の外側に立とうと言っているだけなのですから。人々や彼らの経験――そこには病理化言説に取り込まれた経験も含まれます――を無視しようと言っているわけではないのです。

ケン―わかりました。では、私たちはどうすべきでしょうか？

マイケル—精神医学という知識から主導権を取り返せるよう人々を援助できると思います。私たちは、彼らが自らの人生についてどの程度「知っている」か本人が特定できるよう働きかけることができます。そして、彼らが自らの人生について知っていることに敬意を表し、その博識さの歴史をたどる会話に彼らを誘いこむことができます。さらに、私たちは、彼らが人生についての知を確立する機会を提供する会話に入ることができます。それに、困難とされた経験に彼らの博識さを応用する計画を立てられるよう人々を援助する会話に入ることもできます。

私たちが責任をもって彼らとコラボレーションできることは、人々に個人的能力を実感させ、自らが人生の権威であると経験させてくれる、人生についての話し方を特定することなのです。私たちは、人々がこれらの話し方とその他の話し方とを区別できるよう援助することもできます。その他の話し方とは、周辺化を経験させ、個人的能力を実感するのを阻止し、自らを人生の権威として理解させまいとする話し方のことです。

私たちの仕事を、すでに議論してきたある種の公式解析体系に照らし合わせることよりも、むしろ精神病的現象も含めた人々の人生経験にもっと照らし合わせて仕事を展開していく努力をすべきなのです。私たちは、人々の人生経験にもっと直接的にかかわる方法を見出すことができるはずです。

私たちは、人々とともに、先ほどお話しした主体／客体の二元論を推し進める権力関係にも挑戦できるでしょう。

ケン—最後の点について、それがどのように達成されるのか、もう少し教えてください。

マイケル—ひとつ例が浮かんだのですが、それは、「視線」を投げ返す、ないしは視線を放たれた位置に戻すというアイデアと関連しています。たとえば、病棟回診を受ける側にとって、自分たちが逆に病棟回診を調査することは、とても力を得るものとなります。この調査において吟味されるのは、誰が口をはさむことができるのか、彼らが話すことができるのはどんな状況か、どんな話し方なら認められ、どんな話し方が脱資格化されるのか、誰の権威が特権化されているのか、その人の声を特権化するとどんな効果があるのか、などなど。多くの人々はこのアイデアに惹きつけれるので、たとえ公式にとりあげられなくても、ポジティヴな効果が生まれます。思いもよらないことを考えるだけでも、それまで従ってきた周辺化の影響から抜け出す方法へ人々を向かわせるのです。もちろん、視線を投げ返すには、ほかにもいくつかの方法が可能です。

ケン──これは、今まで伺ってきたなかでも、かなり転覆をねらったアイデアですね。

マイケル──ええ、そうかもしれません。しかし、視線を投げ返す実践は、隠れて行う必要はなく、精神医療施設のスタッフの努力に必ずしも反対するものでもありません。事実、この実践は、癒しの文脈を確立しようという精神保健従事者の努力に協力するものです。視線を投げ返す実践は、精神医学的文脈において、さもなくばあたりまえとされていたであろう多くの考えや実践を、クライエントにも包み隠さず見せるという効果があります。援助を求めてきた人々の人生に、精神保健従事者が実際にどうかかわるかということの人々の人生に対する影響が実感されることになり、自らの道徳的かつ倫理的責任に直面しているスタッフにとっては、その点でこの実践がおおいに役立つわけです。精神保健従事者は、自分たちが仕事のなかで、人々が援助を求めている問題の文脈を、再生産しているのではないかと疑問をもったとき、視線を投げ返す行為がもたらすフィードバックやなんらかの行動可能性に、一種の安堵感を覚えることでしょう。

ケン──あなたは精神病的状態と定義された人々にかかわる際に、より経験重視でいくべきだともおっしゃっています。統合失調症とかかわるときに、この経験重視の仕事はどういった形になるのか例を上げていただけませんか？ できれば、こういった現象に対する一般的アプローチとどこがちがうのか補足してもらえませんか？

マイケル──一般的に受け入れられているアプローチに関して言えば、精神病的経験に対して強い偏見があるのに気づいています。これは、反経験的な偏見です。精神病的経験について本人と話をするという発想は、過去数十年にわたって、むしろ悪評を立てられてきました。そういう文脈では、精神病的エピソードの主体的経験について本人と話そうという私の提案が不安をひきおこしても、不思議ではないのです。

ケン──たぶん、妄想から逃れるよう人々を説得する代わりに、妄想を現実的なものとして扱うことに対して、恐れがあるのだと思います。この手の反応は、あなたの仕事にどう影響してきますか？

マイケル──実際のところ、影響はありません。確かに精神病的経験にかかわる私の診療に対して懸念を表明する人もいますし、ときには、私が彼らの精神病的経験をさらに探求していきたいとはやる気持ちを抑えかねている姿を見て心配する人もいます。しかし、そのような批判は、すべて説得力を欠くものでした。

ケン──あるワークショップで、あなたは、人々が自分の幻聴、そう言って悪ければ、彼らの「声」との関係を改訂するよう援助する仕事に触れましたね。この仕事は精神病的経験の探求から生じた成果のひとつなのですか？

マイケル──ええ、そうです。人々が声との関係を改訂するよう援助することは、統合失調症と診断された人々と私との相互作用において、通常とても重要な役割を果たします。この関係を上手に改訂することは、決まって彼らのQOLを高める効果がありますし、私の経験では、再発を防ぐ上でも、通常かなりの役割を果たしていると思います。

ケン—もしそれが本当なら、精神保健従事者がもっととりあげていい方法ということになりますね？

マイケル—ええ。私が親交をもつ多くの精神保健従事者は、こういった考えを独自な文脈と独自な方法でとりあげています。精神医学的診断が下された人々や「慢性の病い」と考えられている人々のグループとかかわる際に、こういった考えがどのように生かされているかという例として、シドニーのゲイ・ストッケル（Gaye Stockell）とマリリン・オニール（Marilyn O'Neil）が率いる「議論の価値（Worthy of Discussion）」というグループを紹介しておきましょう。彼女らとその同僚たちは、リハビリテーションの文脈においても、より協力的なアプローチを確立してきています。また、私が親交のある人々のなかには、これらの考えと実践に自分たち独自の努力を加えて、この領域における、より確立された考えと実践とのあいだにも橋渡しをしようと熱心に探求している人々がいます。その治療の例として、ニューヨークのクリス・ビールス（Chris Beels）とマーガレット・ニューマーク（Margaret Newmark）、それにメイン州ポートランドのデイヴィッド・モルツ（David Moltz）がいます。

さらに、私が知っている何人かの行政官や管理者、それにクリニカル・ディレクターは、ここでとりあげた考えや実践といくつかのこれに関連した考えや方法を統合することで、拡がりつつある精神医療の外観を変化させてきました。精神病の領域で大きな成果をあげてきた人で、語るにたる人として、シドニーのアラン・ローゼン（Alan Rosen）がいます。

しかし、今あげてきた人たちと一線を画す独自な人々もいます。最近の例としては、スティーヴン・マディガン（Stephen Madigan）、デイヴィッド・エプストン（David Epston）とアンチ・アノレキシア・リーグがブリティッシュ・コロンビアにおいて共同で行っている仕事がありますが、私はその仕事が摂食障害の治療方針に大きな変化を与えることになるだろうと考えています。

ケン—そういった成果を聞くとワクワクしますし、もっと知りたいと思います。そうすると、あなたは精神病の領域においてガックリきているわけではないのですね？

マイケル—ありえません。何年にもわたって、私は多くの人々から支援と励ましを受けてきました。だからこそ続けてこれたのです。

しかし、こうしたやりかたをほかの人々ともっと共有しようとしても、人々が私の仕事について抱くものは複雑な反応だったようです。それでときどき、ものごとはそう簡単に進まないことがわかったのです。

ケン—その例をあげてください。

マイケル—そうですね。何年か私は、あるグループで、人々と幻聴との関係を改訂する仕事を進めていましたが、自分の知見を発表するのには抵抗を感じていました。これらの抵抗のいくらかは、懐疑主義とか疑念、それに政治的な性質によって生まれてきたのです。

しかし数年前、統合失調症という診断を下された人々の主体的経験を考慮する必要性や、人々と声との関係の質的意義に注目した論文が、メジャーな雑誌のいくつかに掲載され始めました。事実、ある雑誌などは主体的経験の探求という特集さえ組んだのです（一九八九年の *Schizophrenia Bulletin*, Vol.15, No.2を参照）。これらの論文には、人々が自分と声との関係を改訂していく可能性に貢献していく過程については記載されていないのですが、知見のいくつかは、私が行っていることを支持していました。私自身、こういったたぐいの論文が掲載されてから、精神医学的文脈で自分の仕事を語るのがいくぶん楽になりました。

ケン―ところで、声とどのような関係をもつかということが精神病的エピソードの重症度を大きく左右し得ることは、どのように説明しますか？

マイケル―そのいくらかは、文化と関連しています。私たちが考えたり信じたり、行ったりすることのおおかたは、文化によってもたらされるという考えを受け入れるのは、さほど難しくはないのですが、精神病的現象も同じく文化によってもたらされるという考えを受け入れるのは、それよりずっと困難だと思うのです。つまり、病因論がいかなるものであれ、幻聴のような精神的現象の内容や形式や表現のありかたが文化によって形作られるという考えは、受け入れられにくいのです。そうした考えを受け入れやすくなれば、統合失調症というものの内実がなんであれ、それを抱えた人々の人生をどのくらい文化が形作っているのか、私たちにもわかるようになるのです。

ケン―例をあげてください。

マイケル―生理学や遺伝学は、統合失調症の声が女性主体をその性に見合ったやりかたで攻撃したり、男性主体を「弱虫」と呼んだりすることについては、何も教えてくれません。生理学は、統合失調症の声が、他者を敵とみなしたり、主体を声の所有物とみなしたりすることについて一言もないのです。人々にとってもっともやっかいな幻聴は、態度や権力の技術という点でしばしば明らかに家父長的なものです。これが、いわゆる男を困らせたり、女を困らせたりする声の手口なのです。これらの声は、情け容赦なく人々を評価してきます。つまり、声は、人々を批判し、脱資格化していくのです。声は、人々に求めることは大であるのに、人々の成果を誉めることはないのです。

ケン―これらの声はきわめて家父長的だとおっしゃいましたが。声の話し方について、もう少し話してくれませんか？

マイケル―いいですよ。けれども、統合失調症の声をここですべて紹介できるわけではないことは、知っておいてください。この仕事の基本は、人々が、支配的で優越的な声と、支持的であるか、少なくとも支持してくれる可能性のある声とを区別できるようにしてあげることなのです。

ケン―わかりました。そのちがいについては、あとでお聞きしましょう。

マイケル―これらのやっかいな声は、非常に独断的で、かなりの説得力があるのです。声は、印象深く語りかけ、絶対的な権威として登場し、客観的な知の向こうを張り、自分たちこそが本人の性質や欲求、意図における真理を把握できるものだと主体を説き伏せるために、特殊な仕掛けをもっているのです。

ケン―その仕掛けについてもう少し話してください。なんだか恐ろしいのですが。

マイケル―今述べた印象深い話し方というものは「捉えどころのない」もので、「脱具現化された」話し方とでもしておきましょう。この手の話し方については、このインタビューの読者はよくご存知でしょう。この手の話し方を脱具現化された話し方と呼ぶ理由は、こういった話し方が、文脈を参照することをいっさい拒否し、文脈から独立した知識の申し立てを許すからです。さらに、この手の話し方には、特殊な知識の申し立てを確信や「真理」の段階にまで引き上げる効果があり、より状況に即した話し方で表現されるような知を脱資格化する効果まであるのです。

ケン―ああ、そうですね。文脈に関係なくあらゆる状況において成立する「真理」を主張する声がありますね。私たちの多くが曝されてきたあまりに身に憶えのある経験です。この分野での最近の発展も、相変わらず「確信性の誘惑」を暴こうとしています。文脈を欠いた話し方についてもう少しお話しください。

マイケル―この仕掛けは、「専門家の」話し方と関係しています。そのなかには、(a)人々の話す行為と関係している動機や意図をあいまいにすること、(b)知識の申し立てを生み出す個人的経験を無視すること、(c)人々にとっての好ましい現実を構成する際の個人的および対人的困難や葛藤についての情報を排除すること（ここには知識の申し立ての成立をめぐって論争した個人的経験の消去も含まれる）、(d)ジェンダーや人種、文化、階級、職業、性的嗜好性などといった社会的位置づけによりもたらされる個人的資質から注意を逸らすこと、(e)「包括的な（global）」知識の申し立てを取り巻く論争と異議申し立ての歴史を削除することなどが含まれています。

ケン―あなたが今言われたようなことが、この仕事について言外に伝えることはなんでしょうか？

マイケル―まず、脱具現化された話す行為は、それに服従する人々からまさに力を奪います。完全に人々の心を奪い、厳重に人々の応答を制限してしまうのです。しかし、このような話す行為の説得力と印象度は、具現化の原理によって打ち破ることができます。話す行為を話し手のさまざまな文脈のなかに位置づけることによって、打ち破ることができるのです。(a)話し手の動機や意図という文脈、(b)話し手が人生経験を意味づける過程において経験した困難や葛藤も含めた個人的経験という文脈、(c)ジェンダーや人種、文化、階級、職業、性的嗜好性などといった社会的位置づけによってもたらされる個人的資質、または話し手の客観的知識の申し立てを取り巻く論争の歴史を生み出すことでもたらされる個人的資質という文脈などです。

ケン―私見では、あなたには、真理の申し立てを暴き、脱構築する興味深い質問がいくつかあるようです。

マイケル―ええ。私たちは、具現化にこだわり、話し手に自分の意見を位置づけてもらう質問をするのです。

ケン―そういった質問の例をあげていただけませんか？

マイケル―いいですよ。話し手が自分の意見を自分の目的という文脈に位置づけるよう励ますためには、次のように質問します。「私が何をすべきか、あなたにはしっかりした意見がおありですね。それを声にして答えてほしいのですが、『あなたは、ご自分のしっかりした意見が、私のすることにどのような影響を与えればよいと思いますか?』」「もしもあなたが今回私のすることに影響を与えることができるのなら、それは、私の人生に対するあなたの目標全体にどのようにフィットするでしょうか?」「あなたがご自分の意見によって私が今していることをどのように形作りたいか、私もいくらか理解しているつもりです。そのことは、私の人生に対するあなたの一般的目的にどのようにフィットするでしょう? そのことは、私の人生に対するあなたの計画にどのようにフィットするでしょう?」

話し手が自分の意見を生きられた経験に位置づけるよう励ますには、次のようにやってみます。「その意見を形作るのに中心的役割をはたしてきた、あなた個人の人生経験について話していただけませんか? これは私にとって役立つと思うのです。というのは、私は、あなたの意見をどのように受け取ればいいかもっと知りたいですし、そうすれば、あなたの見方と私の見方でフィットする部分を確認できるでしょう。ことによっては、私も自分の人生経験をいくつか披露して、その人生経験から得た結論のいくつかをあなたと共有できるかもしれません」

話し手が自分の意見を社会における立場という文脈に位置づけるよう励ますには、次のようにやってみます。「この種の意見は、どのような団体のなかで強く支持されるでしょうか?」「どのような団体であれば、全員がこの意見を受け入れるでしょうか?」「もしもこういった人々のなかで私たちを支持してくれる人がいるとすれば、どのようにあなたの意見を支持してくれるでしょうか?」「もしもこういった人々の前で、あなたが異義を唱えたとしたら、どのようなプレッシャーを経験するでしょうか?」「あなたがそれに従わないときは、どんな結果が待っているでしょうか？」

ただし、これらは、脱具現化された話す行為によって擁護される「真理」を脱構築できそうな質問の例にすぎません。さらに強調しておかなければならないのは、これらの質問は答えが返ってこなくても有効だということです。このような質問に答えるうちに、脱具現化された話す行為に服従している人々は、わずかたりとも奪われた心を取り戻し、新しい行為の可能性を目の当たりにするからです。

ケン―質問自体に意義があるわけですね！　すぐにひとつ使い方を思いつきましたよ。私のチームのメンバーは、社会福祉や医療という枠のなかで人々と出会うわけですから、これらの質問は、完全にフィットします。こういった考えは、幻聴を経験している人々にかかわるときの質問に結びつけることもできますか？

マイケル―すでに述べたように、これらの声がもっともやっかいになるのは、声が印象深く説得力をもって話しかけるときです。声がもっともやっかいになるのは、声が権威や客観的知識をもとに話しかけていると主体にまんまと確信させるときです。つまり、声が人生や世界について真理を話し、主体のアイデンティティについて真理を話し、他者の動機について真理を話している場合なのです。これらの印象深い声は、しばしば主体の心を奪うのに成功し、主体の人生の特別な知識の価値を貶めるのに成功します。そして、声と関係した人々すべてを傷つけ、力を奪うわけです。

こういった状況では、これらの印象深い声の権威を失墜させ、声の力を奪うことが大切なのですが、これは、声の「真理」を具現化することで達成することができます。私たちは、声に従属する人々が、声にその要求や意見、その見返りなどを具現化することを迫るよう励ますのです。このような具現化は、主体の立場にある人々がこれらの声を声の意図や経験、歴史という文脈に位置づけられるよう援助することによって達成されます。

ケン──これらの声がまるで独立した実体かのようにおっしゃいますね。

マイケル──そうです。事実、この仕事では、声の「真理」というものを脱構築するには、擬人化によるのが一番なのです。こう言い換えたほうがいいかもしれません。声の主体である人々が、その面接に先立って、声を擬人化していることは、よくあることなので、脱構築は擬人化のさらなる推進によって達成されるだろうと。ただし、声の意図がこのときまでにすべて明らかになっていない場合です。

ケン──一般的に、あなたの仕事は何よりもまず、外在化する会話の観点から理解されています。つまり、問題はただ外在化されるだけでなく、独特な方法で擬人化されるわけです。この点は、内在化された声や「対象（関係）」、あるいは人生における重要な他者や人間関係の表象について語る他の理論家や臨床家とも合致するところです。ところが、それに加えて、あなたは、それまで内在化され投射されてきたものの、より有害な隠れた側面を外在化するわけです。問題を擬人化するこのような方法は、あなたのいつもの臨床実践なのでしょうか？

マイケル──こんなふうに答えさせてください。この擬人化という臨床実践は、問題をリ・ヴォイシングするひとつの方法にすぎないのですが、私にとっては、問題をリ・ヴォイシングすることが、仕事における肝心なところになります。もしも私たちが人々と協力して、彼らが相談してきた問題をリ・ヴォイシングできたならば、このことは、彼らにも私たちにも、人生の経験という政治学を理解する機会となるのです。

ケン──ところで、実際の臨床では、どのように問題のリ・ヴォイシングを進めているのですか？

マイケル──たいてい、以下の公式化された質問を使います。

◆声は、そのときにあなたに何を信じさせようとしているのですか？　声は、あなたに何を語りかけてくるのですか。それは、あなたの人生に対する声のもくろみのすべてとどのようにフィットするのですか。
◆声は、その断定や「命令」があなたのすることにどのように影響するのを期待しているのですか？もしも声が自らの意志をあなたの人生に押しつけるのに成功すれば、あなたの人生は、どのように方向づけられるか想像できますか？
◆声は、あなたが自分の意見をもったり、何を望むのか知ることに対して賛成していますか？　それとも、あなたが自分の意見をもつのに反対していますか？
◆私は、声があなたを混乱に陥れていると理解しています。この混乱は、誰の仕業なのですか？　この混乱は、あなたの人生に対する声の目標に役立つのですか、それとも、この混乱は、あなた自身の目標に都合良く働き、目標を明確化するのですか？

お察しの通り、このような質問をすることで、欲求、意図、意志、目的などにおける区別が可能となります。この区別によって、それらがどの程度ドミナントな声の計画とフィットするのか、どの程度当事者にとって好ましい計画とフィットするのか人々が決定しやすくなるのです。混乱でさえ、人の仕業というよりも声の仕業とわかるのです。このような区別をつけることで、当人は、自分が人生に求めていることについて好ましい説明をある程度明確化でき、もはや途方に暮れる必要がなくなるのです。

ケン―こういう質問はいいですね。質問は、声を外在化するだけでなく、いろんな問いを導くのですからね。

たとえば、声はその人の好みの意見を支持するのかどうか。もしも支持しないのであれば、声は異なった意見、つまり往々にしてその人の好みではない意見を支持するのかどうか。私があなたの仕事や著述に惹かれる理由のひとつは、あなたが関係性の政治学と権力の技術に関心を払っていることなのですが、こうした考えを仕事にもちこむ余地がおありなのでしょうね？

マイケル─もちろんです。声が何事か成し遂げようとするために使用している戦略を暴き、描写することは、とても役に立ちます。こういった戦略には、ある知識をほかの知識に対して特権化するようなものはすべて含まれます。そして、いざというとき、つまり権威が危険に曝されるとき、この戦略は、虐待、脅迫、ごまかし、裏切り、不機嫌などといったさまざまなかたちをとるのです。

ケン─興味深いですね。いったいあなたは、どこまで問題のリ・ヴォイシングを進めるつもりなのですか？あなたは、どこまで行く用意ができているのです？

マイケル─繰り返して言いますが、声は、影響力をもつために、昔からの脱具現化された話す行為を頼りにします。声は、自分自身の実体は見せずに、他者の動機に注意を惹きつけるのです。しかし、声の擬人化がある程度進むと、こうした全体を脱構築し明確にする可能性が開けます。このような方法で声の意図を見透かすうちに、人々は、声との関係を改訂するよう援助されるのです。この擬人化によって、人々と声との関係を改訂する過程での進歩をモニターできるようにしてあげるのです。

◆まさにそのとき、声は、自分が暴かれることに対して、どのように対処してきますか？　このように声に話しかけたり、声を白日の下に曝すことは、声にどのように影響しますか？　このことは、声の影響を減らすのに一役買っていると思いますか？　それとも、逆に声の影響を増していると思いますか？

◆声は、この議論に抵抗していますか？　この議論は、声をビビらせますか？　この議論は、声を脅かしますか？　声は、この脅威に対してどのように反応してきますか？　声は、「勝負に打って」出るでしょうか？　声がこの会話によって脅かされるということは、何を意味すると思いますか？

◆声は、あなたの声が変わったことを、どのように聞いているのでしょうか？　声にとって、あなたが声を軽蔑して信じなくなっていくこと、つまり、あなたが声の説得のトリックに気がついたことをどのように感じているのでしょう？　このことは、あなたの人生における今の立場にどのように影響しますか？　このことは、あなたの立場を強めるでしょうか、それとも弱めるでしょうか？

といったようなことです。

ケン—ほかの人々から見ると、この臨床実践はかなり変わっているのではないでしょうか？

マイケル—ええ。と同時に、すでに述べてきた通り、この臨床実践はなんらかの不安をかき立てるという事実があります。それは、私が幻聴を証明するのに一役買った以上、幻聴の強化という点で咎められるべきだと言うのです。幻聴が問題なのは、それがすでに外在化されているからであり、人々は幻聴を支配し統合する必要があると議論されてきました。つまり、統合失調症の声は、もともとその人が統合すべきその人の一部であるとか、折り合いをつけるべきその人自身の考えなのだと主張されてきたわけです。しかし、こういった批判は、「自己」というものがすべての意味の中心であり源泉だという近代的概念に基づいています。

つまり、単一の本質的な自己というものが存在するという考えです。ところが、私は、この自己という近代的概念の継続が希望につながるとは思っていないのです。

ケン―そうですね、私の理解が正しければ、あなたは、声に立ち向かうよう人々を励ますわけですから。ゲシュタルト療法でよくやるエンプティ・チェアのようなかたちを取ることもあるのですか？

マイケル―いいえ、決してありません。私は、その手のアプローチとは対局にあるものを提唱しているのです。すでに述べたように、私が言及している仕事は、自己という近代的概念によってもたらされるものではないですし、「統合」によって達成される「全体性」という流行の文化的概念によってもたらされるものでもありません。

それに、直面化などないのです。声と差し向いになる葛藤的状況は避けられるのです。私がこの議論で要旨を述べてきた臨床実践において、行き詰まりというものはありません。強烈に感情的であったり、ストレスのかかる相互作用は、進めるべきではないのです。そういったことはまったく逆効果だからです。むしろ、この仕事は、人々が自分たちの人生を観察したり、自らを振り返ったりできる立場にいてもらい、声との関係において起こる出来事の語り手になってもらうよう人々を励ますのです。仕事としては、人々が声を「見つけ」られるよう援助することから始めて、明らかになったことをつなぎ合わせてもらうよう援助します。

ケン―そうなると、単一の「自己」のいわゆる「分離した」部分を統合していくゲシュタルト療法や精神分析のようなアプローチとは逆に、あなたは、人々の人生から声を排除していこうとしているように聞こえますが。

マイケル―この仕事の目標は、敵対する声を取り除くことではなくて、人々が声との関係を改訂できるよう援助し、声の影響を減らしていくことなのです。人々が敵対する声に服従する立場にある場合、わたしたちは、悪化や再発のコースをたどると予想できます。一方、人々が服従する立場から降りるか、声が服従する立場になる場合、わたしたちは、人々のQOLが改善され、再発も減少すると予想できます。

しかし、この仕事が進んでいくと、人々が、敵対する声はかなり長い期間にわたり人生から立ち去ったと報告し始めることは、ありふれたことになってきます。幻聴の消失をはっきりとした目標として掲げなくても、こういった種類の結果は、この仕事の副産物として出てくるのです。

ケン—直面化の話に戻るのですが、直接、直面化することが必要だったり有用だったりする場合はないのでしょうか?

マイケル—ごく稀だと思います。あったとしても、戦いや競争といった形は取らないでしょう。もちろん、時に、人々は争いへの強い誘惑を経験するのですが、それは声が非常に不機嫌なとき、特に声の立場が脅かされているときです。つまり、声が当人の人生における「足場」を失いそうなときなのです。しかし、人々は、報復するよう励まされたりはしません。その代わり、争いから身を引き、アイデンティティについての文書を参照したり、セラピーの逐語録を読んだりして、声の不機嫌を放っておくのです。人々がさまざまな抵抗のかたちに気づくのは、こういった立場、つまり争いの外側からものごとを眺めるときなのです。

ケン—あなたは、支持的ないしせめて支持してくれそうな声と、敵対する声を人々が区別するよう援助することが役立つとおっしゃいましたね。このことについて、もっと話してください。

マイケル—心的外傷を与える精神病的現象にさらされている人々は、得られる限りの支えを得るべきだと思います。たとえ、その支えが精神病的経験と呼ばれるものだったとしても。こういった状況にある人々が、自分たちの経験している声のなかには真に自分たちの健康を心配してくれているものもあると報告することは、珍しくありません。たとえ、時にはその心配のほうがいくらかトンチンカンだったとしても。となると、友好的ないし友好を結んでくれそうな声と敵対する声を人々が明確に区別できるよう援助することや、支持的な声ともっと強力な同盟を結ぶことは、あながち間違ったことではなくなってくるのです。というのは、人々は、そうした声を聞くなかで、自分にとって一番役に立つことを知ることもできるからです。

このような同盟は、人々を支え、目的に向かう連帯経験を提供する点で、重要な役割を果たします。そうなれば、人々は不安定さに傷つくことが少なくなるのです。この不安定さこそが、敵対する声や優位に立つ声によって挑発されるものであり、声がその人の人生に対する影響力の源泉としてあてにするものなのです。

ケン――人々は、より支持的な声とさらに強い同盟を結ぶために、どうするのでしょうか?

マイケル――そうですね、友好的ないし友好を結んでくれそうな声が特定されると、人々は見えない友達がアイデンティティを持つまで、声の性格について念入りに理解するよう援助されなければなりません。

ケン――ただ、人々が友好的な声の性格について何か言うことができるほどになると、声もより深みを増して複雑となり、より容易に維持され育ってしまうことにもなりかねません。ここが鍵になるのでしょうね?

マイケル――そんなことはないですよ。いたって役に立つものです。ただし、それは不可欠というわけでもありません。もちろん、このような友好的ないし友好を結んでくれそうな声を経験していない人々もたくさんいます。

ケン――敵対する声に傷ついている人々を援助するような同盟の展開法はほかにはないのでしょうか。たとえば、友好的ないし友好を結んでくれそうな声を経験していない人々の役に立つような方法はありませんか?

マイケル―たくさんあります。たとえば、見えない友達との関係を築く可能性を探求することができます。人々といっしょになって見えない友達を捏造することは可能ですし、ときには、人々が見えない友達との関係をよみがえらせることさえ可能なのです。あなたは、どのくらい多くの子どもたちが見えない友達と友情を結んでいるか想像できますか？……訊ねてまわるといいですよ。子どもたちに訊ねたり、身内の大人や友人に、子どもの頃、見えない友達がいたかどうか訊ねてみてください。この友達関係が広く見られることに驚くと思います。あなたは、見えない友達との友達関係がどのようなちがいを子どもたちの人生に与えるかわかりますか？

ケン―ちょっと想像つきませんね。

マイケル―私もそうでした。けれども、何年か前に、見えない友達についてのシェリル・ホワイトとの会話がきっかけとなって、このことを人々に質問するようになったのです。彼女が予想したとおり、私の受け取った答えはハッとするものでした。

ケン―見えない友達は、支えてくれたり、元気づけたり、孤独を癒してくれたりするんでしょうね。

マイケル―状況がたいへんなときには、だれでも見えない友達に責任を転嫁することができます。すると、見えない友達はそれ以上のことをしてくれるのです。彼らは、とても共感的で憐れみ深く、子どもたちとともにあらゆる経験をしていくつもりでいるのです。いっしょに苦しんでさえくれます。病いに苦しむ子どもたちが、見えない友達によって、大きな慰めを得ている話は聞いたことがあるでしょう。見えない友達のおかげで、子どもたちは、逃れようのないことをずっと容易に引き受けられるようになるのです。それに、子どもたちは、見えない友達に秘密を明かすことができ、そうすることで、子どもの声の出る幕のないこの大人の世界に自分たちの声を響かすことができるのです。

ケン――それを聞いて、アメリカのある連載漫画を思い出しました。カルバンとホッブズというんですが、カルバンという六、七歳の少年とホッブズという、カルバンの人生で欠かせない役割をはたしている、とてもご機嫌なぬいぐるみの虎が出てくるのです……

マイケル――わたしたちの文化では、ある時点で、子どもたちは、見えない友達との友達関係を語らなくなります。これは、発達上当然だと考えられています。しかし、見えない友達に相当するようなものとの関係を温存する多くの文化とか、ある人の人生に対するそうしたものの貢献を認める文化がたくさんあることを私は心に留めています。

統合失調症の声によって悩まされている人々（あるいはその他の非常に困難な経験をしている人々）との仕事において、私はときどき、その人の子ども時代の見えない友達との関係から学ぶことがあります。私が人々にする質問は、見えない友達は彼らにとってなんだったのか、見えない友達は彼らを支えるためにどのように彼らの人生に貢献してきたのか、そして、その関係が終わりを告げたときの状況はどんなふうだったのかといったことです。私は、彼らが見えない友達の人生に何をもたらしたのかと訊ねたり、見えない友達には別れが何を意味していたかを想像してみるよう言ったりします。私たちは、再会の可能性を探求することもできますし、この再会がお互いをどのようにエンパワーするかを話すこともできます。そうなれば、再会への計画をともに練ることもできるのです。私はこれまで多くの再会に立ち会いましたが、それは感動的で心暖まる場面でした。

このような再会があってこそ、人々は、見えない友達と心をひとつにして、敵対する声の話し方や行為の習性を文書で立証し、敵対する声が優位に立とうとして行う将来の試みを前もって予測したり、一丸となって先手を打つことができるのです。

ケン―最高ですね！　ここまでの話は主に統合失調症に焦点があたっていますが、こういった考えは、他の多くのいわゆる精神障害にもあてはまるのではないでしょうか。

マイケル―あてはまると思います。例えば、双極性障害と診断された人々を取り上げてみましょう。私たちはこういった人々と外在化する会話に入るとき、誇大的思考とうつ病の声の両方の脱構築を狙います。この過程において、うつ病の人々は、この思考とうつ病の声からある程度距離を置くことができるようになり、気がついてみると自分の感情状態をよりうまくモニターできるようになっていて、この思考や声による不安定化の影響から自分の人生を再生させる早期介入の技術を磨き、急性のエピソードに耐性を獲得していくのです。でも、これは別の話です。

ケン―最初のインタビューで、健康／正常性に関しての持論をお聞きしたとき、こう答えられましたね。

健康と正常性に関する理論はすべて、何かしら問題があると思っています。理論の起源がなんであれ、結局、人生と人間関係を規定することになり、たとえおおかたは偶然にせよ、すべてが征服の対象となるのです。実証主義的視点やユートピア的概念をもたずして正常性の理論を抱くことが不可能な以上、このような理論が長続きするとは思えません。健康／正常性という概念の歴史を少し振り返れば、その手の考えからは腰が引けるでしょう。

あなたが話しているお仕事は、健康や正常性という確立された概念のほとんどと相容れないわけですね？

マイケル—そうだと思います。けれども、ある意味では、私たちが、健康および正常性という概念がどんな考えであり、どんな実践なのかを知っておくことは、とても役立ちます。この考えと実践を、その目的も含めて特定してあきらかにしておけば、人々は気がつくと、その概念が自分たちの人生に押し付けることがらに抵抗する可能性を認めているということになります。

こういった知識によって、健康および正常性という概念とはフィットしないものの、人々の人生において本人たちが価値を認める側面を、私たちは彼らといっしょに探求することができます。人生のこのような諸側面が人々に見えるようになり、人々がこのような側面をもって援用するようになれば、人々は、健康および正常性というドミナントな概念によってもたらされる考えや実践に自分たちの人生を従わせることを誇りをもって拒否できるようになるのです。

ケン—この拒否を特定し、それに誇りをもつことに関して重要なのは、なんですか？

マイケル—私が出会う「統合失調症」の歴史をもった多くの人々は、一個人になるという試みが見事に失敗したと自認しています。すなわち、健康および正常性というドミナントな概念によってもたらされるありかたに近づこうとしたのに、失敗したというわけです。結局、彼らのコミュニティの人々も同じように失敗だと考えているわけですから、「統合失調症」や「躁うつ病」といった歴史をもつ人々は、疎外感や周辺化を強烈に経験することになります。

こうしたことに応じて、精神医学的診断を下された多くの人々は、私たちのコミュニティでは誰もがもっているなけなしの道徳的価値も取り上げられたうえ、「何かしでかす」ことのないよう自らに特別につらい時間を課すのです。あたかもこれっぽちのストレスじゃものたりないと言わんばかりに、彼らは往々にして、健康および正常性という概念に合わせて人生を入念に作り上げなければというとんでもないプレッシャーの下に身を曝すのです。ずっと「張りつめて」いなければならないのです。こういった状況が、急性のエピソードの絶好の温床になるわけです。

ケン―ある意味で、私たちは皆、健康／病気、ないし正常／異常という線上のどこかで評価されているのですね。

マイケル―そうです。ただ私たちの多くが、健康および正常として定義されたありかたに近づく機会が多いだけのことなのです。私たちの多くは、なんとかうまいこと自分自身を「真正」な状態にまでねじ曲げ、そうすることで、この文化において尊重されているところの「個人性」を再生産しているのですが、それだって、すべての点において自分たちがひとさまにお見せできるほどには、及第点を揃えているわけではないことぐらい――秘密にはしておくものの――わかっているのです。しかし、精神病的表現は、私たちが「落ち着いた」、「自制心のある」、「自己実現された」などと呼ぶ文化的ありかたにとってタブーなのです。この文化においては、精神病的経験のある人は、人間性の達成という事実を勝ち取ることはできないのです。

ケン―あなたは、人が人生のある側面に誇りを持てるような仕事について話されました。それはその人自らその価値を認めたものであり、健康や正常性というドミナントな概念にフィットするものではない。また、こういった人生の側面を拒否のかたち、あるいは抵抗の行為として彼らが読みとれるように解釈することの重要性についても話されました。あなたのおっしゃるように、「人間性という賞金」を取り戻すことができるのでしょうか？

マイケル―もちろんです。一個人であることの証の別ヴァージョンを達成するという賞金を得るのです。

ケン―外在化する会話は、ここでも使用されるのですか？

マイケル―そうです。例えば、健康および正常性というドミナントな概念に関連した考えや実践は、「期待」や「野心」として外在化することができます。こういった期待や野心を満たすための必要条件、期待や野心が煽動するさまざまなことがら、そしてそれらが人々の人生に対して用意する言葉を探求していくのです。外在化によって、人々は、自分たちの人生とアイデンティティを、くだんの考えや実践から切り離し、それまで失敗だと解釈されてきたことを抵抗ないし抗議として再解釈できるようになるのです。健康および正常性というドミナントな概念によってもたらされたありかたから自らの人生を解き放つことで、人々は、世のなかにある異なったありかたを探求する自由を経験するのです。

ケン―今までとは違ったありかたを探求する自由を得ることで、人々の人生から多くのストレスが軽減されるでしょうし、将来的には急性反応に対する閾値も上がることでしょうね。

マイケル―ストレスはきわめて軽減されるでしょう。

ケン―外在化する会話は、一連の質問から生み出されるわけですね？

マイケル―そうです。その質問過程は、この仕事の最初から最後まで続けられます。人々が進歩と思うような出来事についても同様です。例えば、「あなたは、このことを期待に合わせてやっているのですか、それとも自分のペースでやっているのですか？」と質問するわけです。

ケン―『物語としての家族（"Narrative means to therapeutic ends"）』において、あなたとデイヴィッド・エプストンは、人々が自らの人生を好ましいストーリーに沿って再著述できるよう援助する治療的手紙やその他の文書をたくさん紹介なさっていますす。あなたは、外在化する会話にも手紙や文書を使用するのですか？

マイケル─もちろんです。ストレスを感じるとき、つまりなんらかの強制を強いられて、逆境に直面するとき、わたしたちは、博識さから遠ざけられて傷つきやすくなります。そうなると、わたしたちは、自分のおかれた状況に対して想像力を使って対応できなくなります。つまり、通常の問題解決の技量はわたしたちの手から滑り落ち、行為の選択肢もなくなってしまうようなのです。わたしたちが注意を払える範囲はぐっと狭くなり、アイデンティティの感覚も失い始め、強いられたストレスに待ったをかけることができなければ、わたしたちは麻痺するしかないわけです。

ところで、精神病的エピソードを経験してきた人々は、博識さから疎外されたり、好ましいアイデンティティの感覚を奪われたりすることに、それまで以上に傷つきやすくなっています。個人的なひどい不安定さや悩みの経験を準備するのが、この剥奪であり、その後の急性のエピソードにも至らしめるのです。それゆえ、こういった人々が、いつも自らのアイデンティティの文書をもち歩くことは、おおいに意味があるわけです。つまり、そのような文章があれば、自らの博識さを見失ったり、自らのアイデンティティ感覚が危機に曝されたりしても、人々はそれを参照できるわけです。

ケン─こういった文書は、どのようなものですか？

マイケル─こういった文書には、さまざまな側面がありますし、さまざまな様式があります。そこには、自分のために自らの人生に介入する能力についての歴史的説明も含まれます。これは、個人の能力についての説明であり、その人の「行為体的自己（agentive self）」と呼ばれるところのものを強調した説明なのです。この説明には、その人が、行為体的自己の上演において何に対抗してきたのか、そしてそうせざる得なくさせる背景に対して何をしてきたかという細部が含まれ、人生がいかにあるべきかについてその人が一家言もつにいたる最近の進歩の重要性が強調されているのです。

こういった文書は、希望に基づいています。たとえば、人生がはじまった頃にはその人に備わっていた個人的性質や特徴についての細部が含まれ、これらがどのように、いつ、どういった状況下でその人のもつ計画や目的のなかに顔を出すのかという推測も含まれてきます。この手の文書は、その人がここ最近どのような問題解決の技術を手にしたかということも含まれます。

こういった文書に表現されているアイデンティティの宣言に対する他の人々の反応はとても重要なので、その人のアイデンティティのオルタナティヴな説明に対する格好の聴衆になってくれそうな人々は、文書のなかに具体的に盛り込んでおくのがいいのです。よい聴衆を得るには、聴衆の反応をまるっきりの偶然にゆだねないことです。つまり、聴衆から肯定的反応を引き出すように言葉を選ぶわけです。

こういった文書は、相談する人にとっていつも有用ですが、特に、ストレスを感じているときや危機に直面したときに価値があります。つまり、文書に価値が出るのは、自分たちの博識さを奪われるリスクがその人にもたらされたときなのです。文書の参照を促進するためには、たいてい以下のようなパラグラフを文書に盛り込みます。自己言及的パラグラフ、正体をばらして声の力をそぐパラグラフ、そして声との関係をさらに改訂することで危機に対応するようその人を誘いこむパラグラフです。しかし、それだけではありません。ここで、そういった文書の一例をお見せしましょう。

ベヴは、自分の文書が声を経験している他の人々のなんらかの可能性に貢献することもあるだろうと考え、自分の文書をここに提示するのを許可してくれています。ベヴは、この文書がどう受け取られたのか関心をもっていますので、差し支えなければ、このインタビューの読者は、ダルウィッチ・センター付けで彼女にフィードバックの手紙をください。

このアイデンティティ文書は、ベヴの要求に沿って作られました。文書はいつもこういった様式を取るとは限りません。例えば、ポイントの列挙という形を取ることもあります。

ケン―こういった文書は、いつもコンサルテーションに有用だと言われましたね？

マイケル―そうです。私に相談にきた人々が、このような文書を肌身離さずもっていることは、よくあることです。そうすれば、いつでも文書に相談できるわけです。これによって、毎日の生存という苦難に直面している人々の不安はかなり軽減され、急性のエピソードに対する閾値も上がるのです。

ケン―ここで語っていただいた多くの考えや臨床実践は、人々が自らを失敗と考えるリスクを減らすのに本当に役立つように思えます。人々は、自らの人生についてのオルタナティヴ・ストーリーの手書きの証明書をもっているわけです。けれども、人々が急に入院を要する危機に見舞われたとき、いったい何が起きるのでしょう。どうなるのでしょう？

マイケル―あなたのおっしゃる通り、私は、人々が自らを失敗と感じる可能性を減らすことを重視しています。私たちの文化では、失敗を経験する機会は数限りなく、どこにでも転がっています。そしてすでに議論してきたように、人々のなかにはより傷つきやすい人々がいて、彼らにとって失敗の経験は、いわゆる再発の閾値をぐっと下げるわけです。以上のようなことが、ＱＯＬやその後の人生全般に対して計り知れない影響を及ぼすのです。

このことを考慮すると、人々が世のなかに対する自らの反応を失敗と受け取るリスクを減らすように、責

ベヴのアイデンティティ文書

先週、ベヴは、困難にもかかわらず頑張り通し、大いなる挑戦では、資源を手に入れて、うまく難局に対処しました。彼女はついに優位に立ち、自分自身の人生領域を取り戻したのです。大事なテストに合格し、ベヴは自分に10点中6点をつけました。ちなみに、マイケルは7点を、ロージーも7点を彼女につけました（ベヴが評価を頼んだのです）。

ベヴが頼りにした個人的資質という点からこの達成を振り返ってみると、**忍耐心**と**力強さ**が、すぐに思い当たりました。これらの資質は昔から役に立ってきたもので、困難な時期を切り抜けるたびにベヴが頼りにしてきたものでした。これらの資質が再び浮上したという事実は祝福すべきことです。

ベヴの役に立ってきた他の歴史的資質として、**不屈の精神**、**勇気**、**回復力**（resilience）、そして**気力**が挙げられました。これらの資質に再び脚光があたり、ベヴが声という偽の権威にさらに挑戦することが期待されています。以上の資質はすべて、ベヴのお母さんやお父さん、そして二人の姉妹によってその価値が認められています。

これに加えて、新しい個人的技量が育っていることが、最近の出来事によって示唆されました。それは、**努力**、**自己理解**、**自己擁護**の領域にわたっています。ベヴのお母さんや姉妹は、この知らせを聞いて喜び、ベヴの個人的達成の重要性を認めています。

ベヴは、お父さんが亡くなってから、長らく悲しみの淵にありましたが、そこから立ち直ったことを示す進歩もありました。これが重要なのは、ベヴが、亡くなったお父さんへの思いは大切だけれども、それに自分の人生を脅かさせてはいけないことを理解したからです。

真実というものは、敵対する声を弱めるのにとても効果があるので、声が挑んでくるときにはいつでも、ベヴは声に対してこの文書を読み聞かせたらいいでしょう。文書を読み上げることで、声の主張は偽りの下らないものだと言えるし、自分の人生において目立たないところへ声を押しやることもできるはずです。

任をもって私たちの仕事の文脈を構造化するのは、意味があることなのです。他の文脈同様、入院という文脈にもこれはあてはまるでしょう。しかし残念ながら、精神科病院への入院に対する受け取り方の多くは、突然に、退行としての長期入院に至る出来事といったものです。人々は「急変」の結果、入院させられます。つまり、「代償不能」とされるわけです。入院に際して、人々の人生上の出来事は、たいていネガティヴな意味を帯びるように解釈されます。突然の入院に至る危機を退行として解釈すれば、入院する人々の絶望や士気阻喪、そして悩みは一挙に加速するわけです。もちろん、その家族や親類、友達に至るまで同じ目にあうのです。親類や友達は、入院させられた人に「もっと何かできたはず」と至らなさを経験しますし、その時点で罪悪感に苦しむことも決して稀ではありません。同様に、入院に関するネガティヴな意味づけは、誰彼かまわず、将来に対する絶望感と、個人的不安をかき立てます。この個人的不安というのは、入院させられている人との関係において、この先、現実化してくるであろう精根尽き果てるような経験を予言することによって、もたらされています。ですから、突然に入院に至らしめる危機を退行として解釈することは、当事者たちの人生と人間関係においてしごくネガティヴな影響を及ぼすわけです。

ケン―しかし、だからと言って、入院することについてのオルタナティヴ・ストーリーを提案するのに、長期入院が祝福すべきものとして理解されるとは言わないわけですよね？

マイケル―ええ。決して言いません。危機に際しては、人々の悩みを適切に理解することが、重要です。それに、失敗という感覚、それに関連した絶望や士気阻喪という経験、これらは、こういった類いの入院の結果としてしばしば起こるのですが、これらとて、避けられないことはないと思うのです。実際、私は、これらの経験はたいてい避けられると信じています。私たちは、こういった入院に対して今までとは違った受けとめ方を確立できるはずです。つまり、突然の入院に至らしめる危機に対してオルタナティヴな解釈を生む受けとめ方、すべての関係者にとってポジティヴな結果を生む受けとめ方、そして人々がこういった状況下で絶望や士気阻喪、それに失敗という感覚を経験しなくて済むような受けとめ方のことです。

結局、入院につながる出来事と関連した悩みの経験や長期入院そのものからくる悩みの経験が、有効なものとして認められる場合に、このような入院と関連する意味を協議することが可能だとわかってきたのです。事実、状況にかかわらず、意味はいつも協議され、協議から得られた特別な意味は、結果にきわめて重要な影響を与えるのです。

ケン――あなたがおっしゃっているオルタナティヴな受けとめ方の例をひとつ上げていただけませんか？

マイケル――「通過儀礼」のメタファーがひとつの受けとめ方を示してくれます。▼原註1 このメタファーに対する私の理解は、人類学者であるファン・ヘネップ（van Gennep, 1960）とターナー（Turner, 1969）の仕事によっています。この仕事によると、人生における移行を促進する通過儀礼には、三つの段階があります。つまり、「分離」期、「過渡」ないし「境界」期、そして「統合」期です。

ここは、二人の人類学者の仕事を詳細に紹介する場ではないでしょうし、彼らの仕事の多くは、伝統的文化における人生の移行を促進する構造についてのものです。ですから、通過儀礼メタファーについては少しのコメントだけに留めておきます。

このメタファーによると、通過儀礼の第一期では、共同社会の儀礼過程をたどり、修練者は、自らのステイタスないし社会体制における位置づけから分離、ないし独立します。人生のある「状態」からの分離と呼んでもいいでしょう。第二期では、修練者は、すでに知られている世界のあいだ、つまり中立地帯へと入っていきます。そこは、以前とは何もかもが違う空間であり、混沌を主とした状況で、かなりの混乱と失見当識が経験されるべきところです。修練者がそれまで当然としてきたことが、もはやそうではなくなるのです。しばらくして修練者は、なじみの世界に復帰する準備ができますが、その社会秩序においてそれまでとは違う地位につき、それによって、新しい責任と自由、そして新しい思考と行為の習慣がもたらされます。これが統合期であり、伝統的文化においては、儀式を通してコミュニティに認知されるわけです。修練者はもはや、それまでのような修練者ではなくなり、以前の彼らには手の届かなかった人生の立場につくのです。コミュニティによる認知は、統合と関連した新しいアイデンティティの宣言の確認、および証明にきわめて重要な役割をはたしているのです。

もしも私たちがこのメタファーを入院の受けとめ方に使うとすると、入院は退場と名を変え、退院は入場となるでしょう。入院の時点で、その人はそれまで占めてきた社会における特別なステイタスや地位にふさわしくないとされ、そこから退場すると仮定されるのです。それが、その人は何から分離しようとしているのかという一連の質問をもたらすのです。そのような質問は、期待や役割、責任、職務、義務、習慣的思考と行為、友好関係、人生における特別な状況や条件といったことがら、つまりいかなる理由からであれ、もはや適切ではなく受け入れられなくなったことがらに関するものです。ストレスが突然のエピソードの重要な特徴である以上、質問の多くは、何がその人の人生にストレスを与えているのか、そして何が彼らを限度を超えて駆り立てているのか特定するよう設定されます。

私がここで紹介してきたような質問は、入院時の家族および友人たちとのミーティングで行われます。緊急の危機にある本人がこの集まりに「参加」できないこともありますが、そういった状況では、質問に対するその人の答えを推測しておき、後日、本人と吟味してみれば、質問はさらに「役立てる」ことができます。

ケン―通過儀礼メタファーをあなたのように使えば、長期入院ないし「入院患者」期に対する人々の理解の仕方とは、明らかな違いを生むでしょうね。

マイケル―このメタファーによって、危機に際して人々が必ずと言っていいほど経験する混乱と失見当識に再解釈が可能となります。というのは、「入院患者」期が、過渡ないし境界期と見なされるからです。そうなると、人々は、出発点と到着点のあいだにはいつもそれなりの距離があるという事実を理解するようになりますし、そのあいだには混乱と失見当識の状態があることは無理もないことを理解するようになります。この受けとめ方の文脈では、こういった経験は退行とは読み取られず、人生に新境地を拓くうえでの不可避の結果とされるのです。

入院期間中のこういった経験の読み取りを促進するために、スタッフは、本人やその親類、友人たちと時間を割いて、以下の点について考えることができます。(a)その人が何から分離しつつあるのか、(b)どのような人生の状況が本人にとってより適切で、QOLを向上させるのか、そして、(c)本人がこの特別な移行を遂げるために使えそうな人生の知恵を提供する手がかりは何か？

ケン―退院は「統合期」にあたるわけですね？

マイケル―そうです。家族、友人、知人、そしてスタッフなどが、再入場ミーティングという名前のもうひとつの集まりに招待されるのです。このミーティングでは、本人が自らを自分の人生の権威として話す機会と、自分の人生という旅を報告する機会が与えられます。その人のQOLを高め、個人的にもしっくりくる人生の状況に関して、ミーティングの場で明らかになる情報というものもあります。この文脈では、他の参加者は、本人が自分の人生についての権威であり、博識さを備えた人であると相手に伝えるやりかたで答えるよう励まされます。と同時に、この集まりのすべての参加者は、こういった変化に適応するために必要とされる人間関係上の調整を探求するよう励まされるのです。

ケン—こういったことは、多くの人々が体験する長期入院の道のりにどのように影響するのですか？

マイケル—望み通りにいかないことが多いとはいえ、このように受けとめる文脈の構造化が可能な場合には、明らかに、入院の長さと回数を減らす効果がありました。ただ、ケースは多くないですし、ここ数年フォローアップができていません。

このオルタナティヴな受けとめ方を確立する意義は、人々が今までとは違った形で悩みや混乱という経験を読み取れるようになることです。それに、シューブと呼ばれるほどの精神病的現象ではない経験、つまり長期入院の必要のない経験に対して、今までとは違った対応ができるようになります。こういった経験は、過渡期を意味するものとされ、人々が自分に適したライフスタイルを決定するために新たなステップを踏む可能性を開きます。これによって、絶望や不安定さ、パニックといったものはきわめて減少しますが、それらこそ精神病的経験を強化して、状況をこじれさせるものなのです。この絶望や不安、パニックの代わりに、移行の結果に対するある種の好奇心や、人々がこれらの危機を乗り越えるのに役立つある種の希望が育っていきます。

ケン—先々の長期入院の場合はどうでしょう？　長期入院だと、この通過儀礼メタファーの妥当性は減るのではないですか？

マイケル—先々の長期入院は予測できないとはいえ、ある程度は可能です。人生が移行の連続だという考えは、私たちの文化ではちっとも新しいものではありません。となると、通過儀礼メタファーによってもたらされる文脈で長期入院を経験している人々は、分離期、過渡期ないし境界期、統合期という、さらなる移行を経験していくと大っぴらに仮定できるわけです。それに、もしもその人の長期入院の状況が好ましいものであるならば、長期入院が、人生の過渡ないし境界期を協議するにあたって、さほど悪い文脈だということにはならないのです。

ですから、人々にたび重なる頻回入院の過去がある場合、精神病的エピソードが起こる前に入院してしまう賢さについてじっくり話し合っておくのは、時に大きな意味があります。この予定を決めるには、過去の入院を振り返って入院までの平均経過時間を割り出し、それより早めに入院を予定することになります。

ケン―それでは、入院中はどうなるのでしょうか？　そういう予定はどのように構造化されるのでしょうか？

マイケル―それは、すでにお話ししてきたのと同じやりかたです。入院とは、自らの人生を振り返って、人生のどの側面が本人に最適な生き方と相容れないのか決定するために時間をかける機会だと見なされるのです。この認識によって、人々は、人生のどのような状況が自分にストレスを与えているのか、そしてそのような状況のどれを自らの人生から切り離す用意ができているのかを特定する機会を得るわけです。

ケン―つまり、人々はこれまで以上に、結局、何度も入院させられるという意味ではないのですね？

マイケル―私たちがこのインタビューで話してきた治療実践は、入院回数を減らす可能性のあるものです。私の予定入院という臨床実践でも、同じことです。私が提案しているこのような入院は、現実に、急性エピソードに対して効果があります。それに、人々は、無力にされるエピソードを経験する回数が減ると、入院期間を短くしたり、入院までの期間を延ばすことで、予定を修正し始めるのです。

ケン―精神科病院のような施設が、結果的に自分たちの手順をひっくり返すことに関心を抱き、それを行うことができると考えるのは、どのくらい現実的なのでしょうか？

マイケル―これを達成できる可能性は大きいと思います。多くの管理者や臨床家が、実行可能なオルタナティヴを探し求めているのです。長期入院という確立された臨床実践に対して、臨床奉仕の受け手である人々のＱＯＬに寄与する確率の高いオルタナティヴ、それにこのような施設のスタッフによって経験される、ひどい沈滞や士気阻喪を容易に扱えるオルタナティヴが求められているのです。

ケン―アメリカでは、保険会社が治療一般に関してかなりの発言力をもっていて、入院の決定や入院期間についても口をはさんできます。そのような状況は、あなたが示唆している臨床実践の可能性に対してどんな影響があると思いますか？

マイケル―アメリカで起こることについてお話しできるほど、私はその「裏」「表」に通じていません。ただ、私がここで提案していることは、明らかに、他の関係者同様、保険会社の関心にもなり得るわけです。しかし、この知恵が保険会社にどのくらい受け入れられるかは、私にもわかりません。

ケン―このインタビューを通じて、精神保健の専門家がこの仕事を活用できる可能性というものが、しっかりと私には伝わってきました。しかし、あなたがこのインタビューで示してくれた可能性を精神保健の専門家が受け入れたくても、所属施設から受け入れられず、権力的な地位にもない場合、どのような選択があるのでしょうか？

マイケル―ごくごく稀にしか、私たちの文化における施設は、純粋は一極支配の状態を確立することに成功しません。このため、たいていの施設では、勤務者が自分の道徳的能力を表現できる空間ないしすきまというものが、見つかるのです。そして、そのすきまに踏みこむなかで、私たちは、自分の働く施設の変容に参画できるのです。

私たちは、施設の境界を超えればよいのです。私たちは外に出かけていって、人々と会うことができるのです。そして、彼らが自分たちの人生についての二つの話し方に区別をつけるよう励ますのです。つまり、自らの知識を誇りにできるような話し方と、この博識さを周辺化し脱資格化してしまうような話し方の区別です。私たちは人々とともに、施設に情報を提供するという考えを展開していけますし、人々がもっと個人をエンパワーすると考えられる臨床実践の展開に施設の積極的な参加を促すという考えも展開できるのです。私は、精神医療サービスの「消費者」である人々が、当該施設のスタッフに対して大いなる善意と共感をもって、この教育的役割を担っているのを見たことがあります。

ケン―かなり長いインタビューとなりましたが、もうこのあたりで終わりにしたいと思います。最後に何かありますか？

マイケル―ええ。長いインタビューにもかかわらず、この仕事の一部しか紹介できませんでした。その他にも考慮すべきことがたくさんあります。

ケン―では、簡単に紹介だけしてください。

マイケル―はい。精神医学的に診断された人々に対して適切なコミュニティ・サポートを用意することは、とても重要です。この問題を調べてみたいと思っていながら、まだはじめていない読者には、クリス・ビールス（Chris Beels）の『見えざる村』（"Invisible Village" 1989）にあたってみることをお勧めします。出発点として、相当良いものです。

ケン—とてもいいインタビューとなりました。マイケル、あなたが述べてきた多くのことは、種々のありかたに敢然と挑戦するものです。いわゆる精神科患者のラベルのされかた、避けられかた、分類のされかた、記述され尽くされかた、それに周辺化のされかたに。あなたの言葉で言うなら、服従支配のされかたということになるでしょう。服従支配という言葉を使うと、全体の過程に、より政治的な要素が感じられます。これこそ、あなたが新しく私たちの注意を向けてくれたものだと思います。感謝します。

マイケル—私こそ、あなたとまた話ができて、この仕事についてさらに議論できたことを感謝しています。

原註

▼原註1　このメタファーは、居住ケア施設への入院のための受付枠組みを修正するために、同様の目的で他でも援用されている（Menses & Durrant, 1986を参照）。

NARRATIVE THERAPY CLASSICS

第3章 もう一度こんにちわと言う

悲嘆の解決における失われた関係の取り込み

Saying hullo again:
The incorporation of the lost relationship in the resolution of grief
1988

フロイトによると……喪の過程の完遂には、遺された人が失われたものをもはや含むことのない新しい現実を発展させることが必須である。しかし……それは補足されなければならない。喪からの完全な回復とは、失われたものを修復することであり、そこでは、失われたものが現在に取り込まれ維持されなければならないのである。完全な回想と記憶は、思い出の放棄と同様に回復と幸福に決定的な重要性をもっている。(Myerhoff 1982, p. 111)

ここ何年か、私は、「こんにちわと言う(saying hullo)」メタファーについてじっくり考え、悲嘆の仕事への応用についても可能性を探ってきた。この探求は、「遅発悲嘆(delayed grief)」とか「病的な喪(pathological mourning)」とどこかで診断された人々とのセラピーにおける特別な経験によって、促進されてきた。これらの人々の多くは、悲嘆過程に関する規範的モデルによって方向づけられた治療を受けたり、人生の問題に対して強力な薬物療法を長期にわたって受けてきていた。

おおかたの場合、そのような人々は、悲嘆地図についてはよくこころえていて、自分たちの経験をそのなかに位置づけることができた。彼女たちは、悲嘆の仕事において、自分たちがしかるべき場所に到達し損ねたことを誰よりもよく知っていた。そこに到着したことは、「さよなら」の十二分な経験、愛していた人の喪失が永遠に続くものであることの受け入れ、そして、その人から切り離された新しい人生を続けていきたいという願望によって証明されるであろうことを、彼女たちは「わかって」いた。

「遅発悲嘆」ないし「病的な喪」を経験している人々は、初対面のとき、愛していた人だけでなく自分自身の「自己」を失っているように見える。彼女たちは、問わず語りに、自分たちの虚脱感、無価値感、抑うつをあらわにして、自分の経験した喪失やその人生への影響についてセラピストに語る。セラピーの始まりで私がしばしば圧倒されるのは、彼女たちのその絶望である。そのような人々から、「さよならと言う」メタファーによってなされる「同じことを繰り返すだけの」会話に加わるように誘われても、たいてい見分けはつくので、多くの場合、それを辞退することは可能であった。

そのような状況で規範的モデルによる「悲嘆の仕事」を続ければ、そのような人々に力を与え、人生を豊かにするどころか、状況をさらにこじらせるのがおちであろう。そのような人々が経験している寂しさは筆舌に尽くし難いものなので、セラピーにおいて喪失した関係を内包する文脈を確立することの方が、その関係を巻き上げてしまう努力を重ねるよりも、はるかに必要とされるように思われる。私の「こんにちわと言う」メタファーの吟味は、このような考えによって促進されたのである。

このメタファーに導かれて、私は、人々が喪失した愛する人との関係を彼女たちが取り戻す可能性を拓く質問というものを公式化し、セラピーへ導入した。虚脱感や抑うつの解決においてこれらの質問が果たした効果は驚くべきものであったので、私は、このメタファーをさらに探究することとした。この過程についてより完全に理解すれば、愛する人の死に関して自分をどのように位置づけ直すか、つまり、それほどに強く熱望されていた安堵の念をもたらすような位置づけ直しという点で人々をもっと効果的に援助できるようになるのではないかと、私は期待したのである。

マリー

マリーは、自ら「未解決の喪失」と称した問題で私に援助を求めてきたとき、四十三歳だった。その六年ほど前に、夫のロンが心不全で突然亡くなっていた。それは、まったく予期せぬ出来事であった。それまでマリーは順風満帆だった。彼女とロンは、お互いにきわめて高く評価する、「豊かで愛に満ちた」友情を謳歌していたのである。

ロンの死によって、マリーの世界は一気に崩れさった。悲嘆に打ちのめされ、それ以来「無感覚」になり、彼女は「生きているふりをしているにすぎなかった」。少しも慰めなど得られなかったのである。彼女の「無感覚」は、カウンセリングによる悲嘆の「徹底操作」の試みをものともしなかった。薬物療法も同様であった。それにもかかわらず、マリーは、さらに五年間ものあいだ、セラピストに相談し、「受容できるよう作業」することで、いくらかなりとも健康になろうと努力を惜しまなかったのである。

私が最初にマリーに会ったとき、彼女は、見かけだけでも健康になれないものかという希望だけは捨てられないと語った。彼女は、別れを告げることなどできないと考えていた。マリーが私に彼女の絶望を打ち明けた後で、私は、ロンの死による「あまりに深刻な」結果から逃れるよう彼女を誘い込んだ。

私が声にしたのは、そもそもさよならと言うのは得策なのだろうか、ロンにこんにちわと言うほうがましな考えなのではないだろうかという疑問だった。さらに、私は、彼女が痛いほど感じている寂しさは、もしかして別れの告げ方が上手すぎたということを意味しているのではないだろうか、とも言った。マリーの反応は、戸惑いと驚きの範疇に入るものだった。それは、自分の考えを改めて他人から聞かされたということではないのだろうか？　そこで、私は、もう一度自分の考えを述べた。彼女の顔には、きらめきが浮かんでいた。続けて私は、彼女に訊ねた。ロンにこんにちわと言う実験に興味があるかどうか、それとも、そんな実験をするには彼は深く埋められ過ぎていると思うか、と。マリーは泣きだしたが、それは絶望からくるものではなく、穏やかな泣き方だった。私は黙っていた。一〇分か一五分だっただろうか、彼女が突然にこう言った。「そうね、彼は私のなかに深く埋められ過ぎたのよ」。彼女は微笑み、そして「あの人を少し掘り出すのもいいかもしれないと言った。そのとき私がした質問のいくつかを以下に示そう。▼原註1

◆もしもあなたがたった今、ロンの目であなた自身を見るなら、あなたが評価できる自分自身というものについてどんなことに気づくでしょう？

◆もしもあなたがたった今、自分自身についてそのことがらを評価するなら、自分の感じ方にどんな違いが生まれるでしょう？

◆楽しめる部分が戻ってきたときに、あなたが気づくであろう、ロンも知っていた、あなた自身というものは、どんなものでしょう？

◆もしもあなたがこの理解、つまり自分自身についてのそのような理解を毎日の生活のなかで活かすことができるなら、それはあなたにどんな違いをもたらすでしょう？

◆このように感じることは、あなたが人生を取り戻すために必要な次のステップにどんな違いをもたらすでしょう？

◆ロンにはあきらかであったことで、あなたもわれながら気に入った自分自身についての発見は、どうやって他人に知らせることができるでしょう？

◆過去六年間、あなたには見えなかったことがらに気づいたことで、あなたは自分の人生にどのように介入していくのでしょう？

◆あなたが今、自分自身について知っていることを知っていれば、次のステップにどんな違いが生まれるでしょう？

◆この次のステップを踏み出すのに、あなたが知っておくべき自分自身についてのことがらには、他にどんなことがあるでしょう？

マリーは、ひどく悲しむかと思えばものすごく喜んだりしながら、これらの質問に答えていった。さらに二回の面接で、彼女は、自分が自分自身について、そして人生について再発見しつつある重要なことがらを私と共有した。一年後のフォローアップで、マリーは、こう語った。「変かもしれないけど、ロンは私のために死ななくてはならないわけではないとわかったら、そして、私が彼と別れなければならないわけではないとわかったら、彼のことは頭からすーっと抜けていったの。そして、私の人生はもとのように豊かなものになったわ」

ジョン

ジョンは三九歳のときに、長年「悩んできた自己評価」について相談にきた。彼は、自分自身に対して批判的な態度を取らなかった場面を思い起こすことさえできなかった。その半生において、彼は他人からの支持と認証を飽くことなく求めてきた。その結果、彼は以前にも増して自分を嫌悪するようになった。人として自分には何かが欠けていて、それが他人には火を見るより明らかなのだと信じて疑わなかった。

ジョンは、妻と子どもたちからは愛されていると感じていたので、夫として父親としての役割に没頭すれば、自分自身に疑いの目を向けることもやめられるのではないかと考えたが、それは十分功を奏するには至らなかった。彼の自身への疑いのまなざしは、自分でも些細なことだと思う生活上のことがらによって、あまりに容易に惹起された。彼は、さまざまな機会において専門家の助言を求めたが、自分の求める安堵が得られることはなかった。

自己を拒絶するというジョンの長い歴史を視野に入れながらも、私はさらに彼の人生の細部について質問を重ねた。彼によれば、七歳という幼い時期に母親が亡くなるまでは、幸せな子ども時代であった。八歳の誕生日の直前に、母親は亡くなった。家族は誰ひとり、このことにうまく対処できなかった。父親は一時、誰にとっても、もちろん父親自身にとっても、いないも同然の人となった。ジョンは、母親の死にまつわる出来事を鮮やかに記憶していた。彼は、かなり長いあいだ、母親が死んだとは信じることができず、いつでも、ひとつ先の角を曲がったら、母親とバッタリ出会うのではないかと思っていた。彼はあまりに深く傷ついていた。そうこうするうちに、父親は世話をしてくれる人と再婚した「が、決して、元通りにはならなかった」

私はジョンに、もしも元通りになっていたとしたら、あるいはもしも母親が亡くならなかったら、今の自分自身についての考えにどんな違いが生まれるだろうかと訊ねた。ここで、彼は涙ぐみ始めた。彼は、母親があまりに長く自分の人生から失われているとは考えなかったのだろうか？　母親が彼の人生からいなくなったままでいることは、本当に役に立つことだったのだろうか？　彼は驚きをあらわにした。「もう少し質問を続けても構わないかな？」と訊ねると、彼は「どうぞ、続けて下さい」と答えたので、以下のような質問をした。

- あなたの母親は、あなたを愛に満ちたまなざしで眺めるときに、何を見ていたのだろう？
- あなたについてのそのようなことがらを、彼女はどのようにして知ったのだろう？
- そのことを母親に語ったのは、あなたのどの部分なのだろう？
- ここ何年かのあいだあなたに失われていたことがらで、今は、自分自身のなかに見ることができるものはなんですか？
- もしもあなたがその知識を毎日の生活のなかでいつも携帯できるとしたら、あなたの他人との関係にはどんな違いがもたらされるのだろう？
- そのことは、あなたが、他人のためではなく、自分自身になるのを、どのように容易にするだろう？
- あなたの人としての新しい自画像を他人に紹介するのに、何ができますか？
- あなたの人としての新しい自画像を他人に見てもらうことは、あなたが自分自身をもっと慈しむことを、どのように可能にするだろう？
- そのようにあなた自身を慈しむ経験は、あなたの自分自身との関係にどのような影響を与えるのだろう？

私は隔週でジョンに三回面接を行い、八か月後にフォローアップをした。そのあいだに、彼は、母親の「イメージ」を周囲の人たちに知ってもらうためのいろいろなステップを踏んでいて、自分自身との新しい関係を確立することになった。それは、自己を拒絶するのではなく、自己を受容するものであった。彼は、以前なら自己に疑いの目を向けさせたであろう出来事にも、もはや傷つくことはなくなっていた。

考察

経験の経験

「もしもあなたがたった今、ロンの目であなた自身を見るなら、あなたが評価できる自分自身というものについてどんなことに気づくでしょう?」

このような質問は、人々が重要な人間関係を取り戻すのを援助するうえで最も役に立つように思われる。つまり、本人が、亡くなった人はどのように自分をポジティヴに経験していたのか詳しく話すよう誘いこむ質問である。詳しい話をしてもらうことで、亡くなった人の経験のある側面をその人が経験したままに表現できることになる。そして、このような質問には、目に見えるほどの迅速な効果があった。彼女たちが正確に描いた記憶は、歴史的出来事の事実としての説明だけではなく、経験の鮮やかで完全な生き直し、つまり、その人のさまざまな感覚や情緒を内包するものであった。

このような詳しい話において、過去の自己を経験し直すきっかけが生まれるのは、明らかであった。自己についての喪失、ないし忘れられたさまざまな知識が、人々によって表現されるまでに蘇るのかもしれない。この過程は、どのように理解されるべきか？

人生を了解しようと努めるなら、私たちは、出来事の経験を時間軸にそって並べるという課題に直面するが、その際、自分自身についての一貫性のある説明が得られなければならない。過去と現在の出来事、そして未来に予測される出来事についてのある特定の経験が、その説明を作り上げるように結びつけられる。そして、その説明が、ストーリーとかセルフ・ナラティヴと言われてきたものである。

過去、現在、そして未来は、因果律でなくとも体系的に規定される直線的順序のなかで、構成されるのみならず結びつけられる。私たちがどのようにしてあるひとつの分節を拾い上げるかは、全体に関する私たちの考え、つまり私がストーリーとして思い描くことを決めたものに関連しているのである（Bruner 1986a, p. 141）。

この課題をうまく達成することによって、私たちの人生における意味の連続感が得られる。私たちは、毎日の生活の秩序化やさらなる経験の解釈を行うのに、この感覚に頼っている。しかしながら、この感覚にも代償を払わねばならない。ナラティヴは、ターナー（Turner, 1986）が「生きられた経験（lived experience）」と呼んだところのものの豊かさを決して再 - 現できないのである。

……人生の経験は言説よりも豊かである。ナラティヴの構造は経験に意味を与え組織化するが、必ず、ドミナント・ストーリーによって充分には包み込まれていない感情や生きられた経験が残る。（Bruner, 1986a, p. 143）

ナラティヴの構造化とは、私たちや他者が私たちについて抱いている現在進行形のドミナント・ストーリーにフィットしない出来事を私たちの経験から取り除く選択過程である。それゆえ、ときが経つにつれ、生きられた経験のうちストーリーに加えられなかったり、一度も「語られず」表現されないものがたくさん蓄積してくる。

しかしながら、ある状況においては、人々が、生きられた経験のないがしろにされた側面を未編集の形で生き直すことも可能になる。その際、時間軸上の出来事の配列は一時的に中止され、マイアーホッフ(Myerhoff, 1982)が「同時性(simultaneity)」と呼んだものによって置換される。それゆえ、「その人の歴史となってきたすべてとの一体感が得られる」(p. 110)わけだ。

私の信じるところでは、ある種の質問が人々に、この同時性を獲得させる。例えば、人々に故人は自分たちのことをどのように経験していたと思っているのか詳しく話すよう誘う質問である。人々は経験に戻るなかで、以前には失われていたオルタナティヴな知識は、居場所を与えられ、再 - 演されることになる。そして、人々を豊かにする新しい、自己についての認証と正当性が、人々にもたらされるのである。

オルタナティヴな知識の選択

「楽しめる部分が戻ってきたときに、あなたが気づくであろう、ロンも知っていた、あなた自身というものは、どんなものでしょう?」

経験の生き直しによって得られるオルタナティヴな知識を人々が手に入れるよう励ますには、上記の質問以外にも役に立つものがある。そのような質問は、経験をふりかえり、自己についてのオルタナティヴな知識を位置づけるよう人々を誘う。そのような知識が、最も人に訴えかける自己についての「事実」を提示するのである。言い換えると、その「事実」が、人々とその周りの人々に彼女たちの人生についての新しいストーリーを「書く」よう援助することになるわけだ。

そのような質問は、以下のような気づきの展開においても人々を援助することになる。

すべての語りは、記憶の流れにおける意味の恣意的な押しつけである。そうすることで、ある種の原因を引き立たせ、ある種の原因を無視する。つまり、すべての語りは解釈と言える。(Bruner, 1986b, p. 7)

自己‐知識の流通

「ロンにはあきらかだったことで、あなたもわれながら気に入った自分自身についての発見は、どうやって他人に知らせることができるでしょう?」

「自己」が演じられた自己である以上、オルタナティヴな知識の生き残りは、本人が手にした新しい考え方や新しい意味が流通されてこそ、確実なものとなる。「苦労して手に入れた意味は、話されなければならないし、描かれなければならないし、踊られなければならないし、演劇にされなければならないし、もちろん流通されなければならない」(Turner, 1986, p. 37)

そのような流通を確立するには、新しい意味の上演のための聴衆が必要である。それゆえ、聴衆を特定し、集めてくるような質問がされなければならない。新しい意味を「読む」とき、聴衆は、フィードバックを介して、その人の自己の新たな生産に参加することになる。自己の生産は回帰的過程である。なぜなら、その過程において、その人の経験の選択された側面が上演され、まさにその上演が、自己 - 知識が由来するところの出来事についてのその人の経験のストックに貢献するからである。

生産を生産する意識

「あなたが今、自分自身について知ったことを知っていれば、次のステップにどんな違いが生まれるでしょう?」

「この次のステップを踏み出すのに、あなたが知っておくべき自分自身についてのことがらには、ほかにどんなことがあるでしょうか?」

彼ら自身の自己の生産を生産することにおいて、彼らの役割をさらに十分楽しめるよう人々を励ます質問が続けられる。生産を生産する意識によって、人々が自分自身の方向性を決定する新しい可能性が拓かれる。人々が自分が自分自身の上演における上演者でもあり聴衆でもある過程に気づくとき、彼女たちに共同可能な自己に関するオルタナティヴな知識について、新しい選択が可能となる。つまり、彼女たちは自分たち自身を「自分自身の作家(“the authors of themselves”)」(Myerhoff, 1986, p. 263)として経験するのである。

その他の応用

幼子との死別

あまりに幼い子どもを亡くした両親にとって「こんにちわと言う」メタファーが役に立つことがわかったが、そこには、流産による子どもの死も含まれている。この考えにふれると、彼女たちは、亡くなった子どもが自分たちを両親としてどのように経験しただろうかと推測することにそれほどの困難を経験しなくても済むようになり、その推測を自分たちの経験とすることができるようになる。

児童虐待

このメタファーは、深刻な虐待を何度も繰り返し受けてきた歴史のために「施設に引き取られた」子どもたちにも応用できないものかと試行錯誤され、役に立つことが判明した。そのような虐待の結果、子どもたちはたいてい自己と憎しみを結びつけていて、失敗に向けて全力を尽くすのに余念がない。多くは破壊的行動によって自らの人生と将来を台無しにする。

このような状況において、私は、子どもと施設職員とともに「ユニーク・アウトカム（unique outcomes）」を位置づける仕事をしてきた。ここでのユニーク・アウトカム（White, 1988a）とは、大人たちがその子どもにとってネガティヴで有害ではなく、ポジティヴで、しかも役に立った機会を特定するものである。

このようなユニーク・アウトカムは、歴史的なものとしても現在のものとしても位置づけられ得る。たとえばそれは、ある学校の先生がその子どもに対して特別親切であったこと、あるコミュニティ・ワーカーがその子の境遇に特別な関心を示したくれたこと、さらには、施設職員が最近その子についての重要で喜ばしい観察を行ったことである。

いったんユニーク・アウトカムが確立されれば、その子が意味の上演によってユニーク・アウトカムを重要なものと考えるよう誘いこむ質問をすればよい。そのような質問によって、ユニーク・アウトカムと関連した自己についてのオルタナティヴな知識が推測されるようになる。以下にその例を示そう。

「(君を虐待した大人)には見えなかったけれど、君の先生にはちゃんと見えた、君のある部分というのは、なんだったのだろうか?」

「君の先生にそれを知らせたのは、君のどの部分だったのだろうね?」

「その先生にもわかった君の一部のうち、君にもわかることは何だろうか?」

「もしも(虐待した大人)が、そんな事実に目を向けて、君の人としての部分を見逃していなければ、あの人たちの君に対する態度にはどんな違いが生まれたのだろうか?」

こうした質問や、オルタナティヴな知識の流通やその人自身の生産を生産することについての意識を励ます質問によって、子どもの自己嫌悪や人生と将来を台無しにする行動をやめさせることができる。

成人の自己虐待

私は、児童思春期における情緒的／身体的虐待の結果、成人後に自分自身に対してあまりにネガティヴで拒絶的な態度を取り続ける男女との仕事において、このメタファーのヴァリエーションを導入した。自己の拒絶は、彼らが、虐待加害者の態度を自分たちのなかに取り込んだ結果である。

このような人に居場所はない。彼らは虐待加害者の態度に従って絶え間なく自己を操作し規律・訓練するよう強要されているように感じている。彼らは、人生において出会うかもしれない、人間的にもっと好ましい自己というものを決して信じることができない。

ユニーク・アウトカムにこのような人々の目を向けさせるよう誘うのは、役に立つことである。つまり、最近、「自己受容」の断片を自分自身のなかに見いだしたとき、あるいは、虐待加害者によって確立された自己についてのドミナントな特徴づけに服従することに抗議できたときを特定するのである。

いったんユニーク・アウトカムが特定されれば、児童思春期の頃の経験について具体的に詳しく話すよう励ます質問が導入できるようになる。自己受容ないし抗議の歴史的エピソードを位置づけるような質問が導入可能となる。そのような歴史的エピソードが起こったときのその人の年齢に焦点をあてることもできる。自己との本人の関係を改訂できるよう諸個人を援助するうえで、さらに質問を重ねることは役に立つ。

「あなたがたった今、その一〇歳の少年の目で自分自身を見るなら、彼が本当に評価するような部分というのは、あなたのどんなところだと思いますか？」

「あなたが人として成長していくのに、彼にとって最も重要なのはなんだと思いますか？」

「もしもそのことに気づいていたら、彼は、あなたが別の誰かになるように励ますだろうか？　それとも、今のあなたでいるように願うだろうか？」

「なぜ、彼はあなたを人として好きなのだと思いますか？」

「もしも彼があなたを親としてもったなら、彼の人生にはどんな違いが生まれると思いますか？」

「（虐待した大人）の態度ではなく、この一〇歳の少年のあなたに対する態度に味方するには、あなたにはどんなことができるでしょうか？」

「そのことは、あなたの自分自身との関係、たとえば、あなたがどのように自分自身を取り扱うかという点で、どのような違いをもたらすでしょうか？」


以上のような質問に答えることで、オルタナティヴな知識を取り戻し、上演することができるし、「自己推測」による自己との新しい関係を生み出すことも可能になる。

別離

「こんにちわと言う」メタファーは、死別以外の関係の喪失という状況においても適切に応用される。多くの場合、そのような喪失は、別離を決心した側でない人、つまり、その関係が続くことを望んでいる側の人にとって痛烈なものとなる。

このような人々に共通してみられる反応は、パートナーに裏切られたという感情であり、深刻な自己疑念に打ちのめされる。ときには、ひとりよがりの怒りにのめりこむ場合もある。いずれにしても、こうした反応は、たいてい、自分は他人から本当に愛されたことなどなく、「ただ、だまされていただけなんだ」という新しい理解と関連している。私は、この新しい理解を「二番目のストーリー」と呼んでいる。

このような反応が継続している場合、二番目のストーリーの影から「最初のストーリー」、つまり、他人から愛される人であるという経験を内包するストーリーをもちこむ質問が導入されるべきである。その質問には、最初のストーリーの組み込みを誘い、それと積極的に共同していく作業を招くものである。うまく組み込めれば、自己疑念やひとりよがりの怒りは消失する。

結論

未解決の悲嘆に関連した問題について相談してきた人々の多くは、「こんにちわと言う」メタファーとそれによって引き出された質問が役に立つことを実感した。私も引き続き、「病的な喪」や「遅発悲嘆」として定義された問題が、失われた関係を取りこむことによって解決されるのを見てきている。この取り込みを達成することによって、人々は、自己との新しい関係に到達する。彼らの自己への態度は、もっと受容的で自己をやさしく包みこむ態度へと変わり、自分自身をとびきり親切に共感の念をもって遇するようになる。

本論で描いた例によって、このメタファーの利用法がわかってもらえるだろう。しかし、これらの例は決して、応用範囲を限るものではない。

ここで「こんにちわと言う」メタファーに焦点をあてたからといって、さよならと言うメタファーの利用に挑戦するつもりはない。実際に別れを告げなければならない対象にはこと欠かない。物質的な満足であるとか、希望や期待までもが、そこには含まれる。だから、私は、悲嘆の過程というものは「さよならと言ってからこんにちわと言う」現象だと信じている。

喪失経験はどれをとってみてもユニークなものであるが、それと同様、すべての喪失の解決に要求されることがらもユニークなものなのである。いかなるメタファーも、それが、このユニークさを認め、ユニークさの表現を促進し、しかも、人々を規範的特徴に従わせない限りにおいて、役に立つのである。

原註

▼原註1 もちろん、本稿に紹介された質問は、セラピストによって雨あられとなされるものではなく、共同‐発展の過程の文脈のなかでなされるものである。各質問は、その前の質問に対する相手の答えに細心の注意を払って合わせせられたものである。

第4章 リ・メンバリング

Re-membering
1997

メンバー化された人生のイメージは、「クラブ」というメタファーを活用する。つまり、人生クラブというものが喚起されるのである。このメタファーは、人生クラブがどのようにメンバー化されるか、その人生クラブがどのようなメンバーシップ（会員身分）によって構成されるか、そしてクラブのメンバーシップはどのような地位やランク付けをもつか探究する選択肢をいくつも提供する。さらにこのメタファーは、リ・メンバリング実践という行為のユニークな可能性も示唆している。この実践は「特殊なタイプの回想」であるが、まずマイアーホッフ（Myerhoff, 1982）をここで引用しておこう。

この特殊なタイプの回想を示すには、「リ・メンバリング」という用語を用いるのがよいでしょう。なぜなら、その人の人生のストーリーにかかわっている人や、以前のその人自身、それにストーリーに登場する重要な他者といった、メンバーたちの再集合に注意を向けやすいからです。つまり、リ・メンバリングは目的をもった重要な統合なのであって、通常の意識の流れのなかにあるもろもろの活動に伴うような、受動的で継続的なイメージや感覚の断片的ゆれ動きとは、かなり異なっているのです。（p. 111）

このリ・メンバリングという概念やクラブメタファーは、人々が人生クラブのメンバーシップ改訂に従事する可能性を示唆する。これに従事することで、人々は、人生クラブの具体的なメンバーシップについて発言権をもつ機会を与えられるのである。また、リ・メンバリング実践を介して、人々は、ある特定の会員の資格を一時停止したり昇進させたり、取り消したり特権を与えたり、降格させたり昇格させることができるようになる。名誉会員のさまざまな階級も定められ、授与されるが、そこには終身会員の身分も含まれる。人々が、自らのアイデンティティに関して誰の声を認めるか、そして誰に発言権を与えるかについて言い分をより明確に主張できるのは、このようなリ・メンバリング実践を介したときである。このように、人々が人生クラブの現在の会員の地位について意見を言えるようにするだけでなく、リ・メンバリング実践は、喜んで参加してくれる人々ないしグループ（つまり、人生クラブの好ましい会員の地位を取得するよう招かれた人々ないしグループ）のなかから新しい会員を選び出す機会をも提供する。

このリ・メンバリング概念はさらに、他者からもたらされる重要で価値ある貢献を人々がより直接的に認める可能性を示唆し、その機会を提供しもする。このような機会がリ・メンバリング実践に取り入れられると、その他者は重要な名誉を与えられたように経験するのが普通である。そのうえ、他者は自らの貢献を自認していくなかで、自分自身の人生がより豊かに記述されていくのを経験する。このような認証行為によって、人々は、自分史のなかに登場する人々と交流を再開し、休止中の会員資格を復活させることもできる。このような行為のなかで、人は自分の人生ストーリーが、ある特定のテーマや共通の価値観および献身をめぐって、他者の人生ストーリーとつながっていることを経験する。そして、それ以上に、リ・メンバリング実践によって、人々は日々の生活のなかでそのような人々の存在を存分に経験できるようになる。亡くなった人や別れた人のように、物質的な意味で存在せずとも、それは可能である。このような形で誰かがいっしょにいてくれるという感覚や、人生がより豊かに記述されたという経験は、世のなかにおける新しい行為の可能性をもたらす。それによって、人々は、逆境に直面して孤独でいる経験にも傷つきにくくなる。つまり孤独感の解毒剤が与えられるのである。

リ・メンバリング実践を通して人生クラブのメンバーシップが改訂されるとき、名誉を与えられたり昇格したメンバーシップというのは、当人にとって好ましい人生の知識や生活技術を生み出す文脈を提供したメンバーシップと見なせる。そのようなメンバーシップはしばしば、当人のアイデンティティについて好ましい説明を引き出すのに重要な、歴史的関連である。また、これらの関連を振り返るとき、知識や生活技術、そしてアイデンティティの説明が特定され、詳細に探求される。つまり、重要な発見や理解、学習、それに問題解決実践などが、より厚く記述されるわけである。これらこそ、知識をもっているという感覚や、人生の行為における新しい提案の形成、それにその提案の具体的表現に大きく貢献する。

リ・メンバリング実践がセラピストの仕事や人生にとって適切なものであることを展望する前に、少しだけ寄り道をしておきたい。つまり、リ・メンバリング実践が、セラピストに相談にくる人々とのナラティヴワークでどのように表現されるか、説明しておきたいのである。この寄り道では、私自身の仕事におけるリ・メンバリング実践の沿革を簡単に振り返る。具体的には、ナラティヴ・プラクティスを三つのストーリーで提示する▽訳註1のだが、一つ目は主に逐語録とした。これらのストーリーはどれもユニークであるが、それは、人生の物語は常にユニークであるという意味であり、セラピーの旅は前もって予測できない方向へ展開していくという意味でもあり、また、どの旅においても思考や実践の新しい領域へ踏み出し得るという意味でもある。しかし、ナラティヴ・プラクティスのその三つのストーリーは、リ・メンバリング実践の一般的効果という点では、珍しいものではない。リ・メンバリング実践は決まって、人生の豊かな記述や、社会関係における行為の選択幅の拡大に、非常に大きく貢献する。

「もう一度こんにちわと言う」

一〇年ほど前、私は、悲しみに「困っている」人々——「遅発悲嘆」や「病的な喪」という診断で私のところへ紹介されてきた人々のこと——との仕事において探求していた考えや実践を整理し、論文にまとめることにした。一二か月後、その考えは「もう一度こんにちわと言う——悲嘆の解決における失われた関係の取り込み」（White, 1988b）として発表された。この論文で提唱した考えは、グリーフワーク（喪の作業）に関する考え方、つまり人々がよく知られている喪の旅を乗り越える援助をすることによって、喪失をついには受け入れて愛する人抜きの人生を続けられるようになるという考え方とは、矛盾するものであった。

「もう一度こんにちわと言う」論文では、「遅発悲嘆」や「病的な喪」について相談を求めてきた人々との面接から導き出した結論をいくつか述べている。(a)人々はすでに深刻な喪失のなかにいる。(b)このことは、失われた関係がきわめて重要なものであり、そこで大きな愛情が経験されていたことの証である。(c)愛する人を失うことで、アイデンティティに深い穴が開いたような感覚が生じている。(d)これらの喪失に対して、すでに確立されている悲嘆地図に沿って作業を進めていくことは、かえって逆効果である。あまりに多くのものが人々の人生からすでに失われており、故人の声や感触の経験は、すでに当人たちには捉えようのないものになっていたからである。

上記の結論に答えて、私は「もう一度こんにちわと言う」会話を模索し始めた。それは、失われた愛する人との関係を再び取り込み、日々の生活のなかで愛する人の声や感触を経験できるようにしていく会話であった。▼原註1 このような会話への人々の反応は、劇的なものであった。自暴自棄や絶望から立ち直り、彼らの生活の中心を占めていた空虚感を消し去り、以前あった慰めとなるアイデンティティ感覚を取り戻したのである。私が論文のなかで論じている「もう一度こんにちわと言う」会話は、当時「経験の経験」質問と呼んでいたものによって、ある程度方向づけられていたが、今では正式に「リ・メンバリング質問」と呼ぶことが多い。

私の仕事におけるリ・メンバリング実践の歴史について説明するにあたり、愛する人の死にまつわる深い悲嘆が語られる文脈において表現された実践を簡単に振り返ろう。

ソフィアとビル

私が初めてソフィアに会ったのは、十五年前のことだった。当時、彼女は、抑うつと摂食障害に悩まされていて、命も落としかねない状態だった。その苦しみは新たに生まれたものではなかった。何年にもわたり、その抑うつと摂食障害は、彼女を生命に反する行為に走らせ、突然の入院を余儀なくさせていたのである。ソフィアは、もがき苦しむことにうんざりしていた。

はじめ、ソフィアが、私と会うことにも、またしてもセラピーを受けることにもまったく乗り気でないのは、明らかだった。良い結果など端から期待してもいなかったのに、セラピーを受けることを決めたのは、夫のビルのためだった。夫は、ソフィアといっしょにうつ病と摂食障害を克服しようと、くじけることなく努力し続けており、妻がより良い人生を迎えられると固く信じていた。ビルは、ソフィアが生きるための原動力だった。

面接が進むにつれて、ソフィアは自己嫌悪の声や摂食障害の声を特定し、生活からそれらの声を徐々に切り離していった。その後、彼女は自らのアイデンティティを探求し、それまでにない説明に取り掛かった。そこでのビルの貢献は、計り知れないほどだった。彼はいついかなるときでも、ソフィアが、私たちの会話で意味を練り上げたり、そこから得られた生活行為の提案を吟味する手助けをした。その過程で、ビルがソフィアに代わって意見を言おうとしたことなど一度もなかった。ソフィアが人生を受け入れられるようになると、ビルは、彼女との関係における自分のありかたについて綿密に検討し、その結果、ソフィアの人生受容を妨げないよう多くの配慮をした。これがソフィアにとってのチャンスである以上、必要ならば山を動かすことも、ビルは厭わなかっただろう。ここでの会話におけるビルの存在は、私をも温かく支えてくれた。

ところが、ソフィアにとって、人生受容は、人生を取り戻すことではなかった。彼女は、人生が自分の思うようになったことはそれまで一度もなかったと固く信じていたからである。ソフィアは人として「天性のもの」と呼んで、小さいぬいぐるみ作りに興味を示した。すると彼女は生き生きとし、実際に外の世界との繋がりをもてるようになっていった。ソフィアの人生が波に乗ると、いっしょに喜べる出来事も増えていった。翌年からは、折に触れてソフィアから手紙や電話で連絡があった。このような形で、私は彼女の成長を見守る聴衆の一人となったのだが、そこには、女性学プログラムへの登録も含まれていた。ビルの声もそこにあり、常にソフィアを信じ、常にソフィアを認めるものだった。

私は、ビルが一九九六年に早期退職することを知っていた。ビルとソフィアは、より多くの時間を二人で過ごせるようになると楽しみにしており、ワクワクするたくさんの出来事を人生のその時期に計画していた。しかし突然、九六年の初めに、ビルが心臓発作で亡くなったのである。私は、ソフィアの担当医から連絡を受けた。彼女は病院にいて、大量服薬から回復しつつあった。重症患者のリストからは外れたものの、彼女は医者や病院スタッフが自分の命を救ったとふさぎ込み、怒りさえ露わにしていた。自殺するつもりだった以上、医療的介入など、その場しのぎだということは、誰の目にも明らかだった。ソフィアは、次の機会を必ずものにすると決意しており、医療的介入が死を数週は先送りできたとしても、月単位、年単位には無理だと宣言した。地下六フィートにビルと並んで横たわるのが、彼女の望みだったのである。そこだけが彼女の望む場所だった。電話で担当医から知らされたのは、ソフィアが、私となら話してもいいが、それ以外の人たちからビルの元へ行く決心を諦めるよう説得されるのはとても耐えられないと言っている、ということだった。ソフィアとビルの関係からすれば、彼女の決意は二人のたくましい愛の証であり、互いの人生へのかけがえのない貢献の証だと思えた。

私は病院へ行き、彼女の隣に座った。彼女は心底怒っていて、みじめでさえあった。彼女が淡々と語ったことは、自分の悲惨さ、人生をおおう陰鬱な気分、失われた生きる喜び、ビルのいない人生を続けるのが不可能であること、退職後の楽しみが奪われたこと、彼の隣で横たわりたいという望み、そして自分の運命はいかなる方法によっても変えられないという確信だった。つまり、医療的介入によって今回、彼女の命は救われたが、それはただの先延ばしにすぎないということだった。彼女は、ビルのもとへ行く決意をあきらめさせようとする人と話す気など毛頭ないとも断言した。私はそのような目論見はないと伝えた。しかし、もう一度ビルの存在を感じとれるような方法についていっしょに話すことは了承してくれないだろうか、それは地下六フィートに横たわることを邪魔するものではないのですが、と訊ねた。幸いソフィアは、それを受け入れてくれたので、「もう一度こんにちわと言う」メタファーによる会話が続けられることになった。

以下の逐語録は、ビルの死から九週間後に行われたものだが、一つの転換点となったものである。面接のなかでソフィアは、さまざまな方面から受けた助言について話している。死を悼み、ビルを見送り、死を受け入れ、そして自分の人生を進むように、と。しかし、このような「常識」が自分に当てはまらないことだけは、ソフィアもわかっていた。どうして彼女がこの結論を重んじるようになったのか探求していくと、彼女なりの「ありふれていない常識」を信じて、守り続けてきた結果であることが発見された。

逐語録▼原註2

それは一見、ちょっと非常識と思われるような理解なのですね。誰もわかってくれないと思いますか？

わずかなごく身近な友達以外は、今は前進あるのみで、済んでしまったことは忘れるべきだ、と考えるみたいです。

済んだことは忘れて前へ進めというのが、大多数の人たちが一番大事だと考えそうなことなのですね？

［ソフィア、頷く］

今、何を考えました？

ビルだったらどう考えるだろうって思ったんです。

そうですか。彼ならどう考えるでしょう？

そうですね、母や何人かの人たちは、私が人生を続けようとしなければビルは絶対怒るだろうと言います。でも私には、彼が怒るとはとても思えません。わかってくれると思うんです。怒るなんてことはないと思います。［涙ぐむ］

他の人たちが、自分こそはビルの代弁者だ、というような態度をとると、あなたはどんな感じがしますか？　他の人たちがいろんなことを言うのをどう思いますか？　例えば、ビルはこう言うに決まっているとか、君がそんなふうじゃ怒るよとか。

内心うんざりします。

内心うんざりしますか……

姉の夫が葬儀の日にこう言いました。「忘れなさい、そして強くなりなさい。ビルは君が強くなることを望んでいる。ビルのためにも」と。でも私は、言いました。「違うわ。ビルは私がいつもどおりでいることを望んでいるのよ」

義理のお兄さんが、ビルが望むのは、あなたが強くなって悲しみを忘れることだと言ったのですね？　だけど、あなたは「違うわ、ビルは私がいつもどおりでいることを望んでいるのよ」と言った。周りの人たちがビルの代わりになれるなんて態度でいたら、あなたはそれをなんと呼びますか？　いい呼び名がありますか？

そんなことをする人は、ずいぶんなうぬぼれ屋ですね。

「ずいぶんなうぬぼれ屋」。それでも、かなり思いやりのある呼び方ですね。率直に言って、ひどい態度には、かなり優しい表現でしょう。ともあれ、あなたの感覚では「ソフィアは自分のために正しいことをやっている」とビルが言うだろうというわけですね。もしもビルがここにいたら、そう言うだろうと？

［ソフィア、頷く］

もしも彼がここにいたらほかになんと言うと思いますか？　つまり、もしもここで私がビルに「ソフィアが言ったことのなかで一番大切なことはなんですか？」と訊ねたら、ビルはなんて言うでしょう？

彼は、私が必要だと思ったことはなんでも、やってほしいのです。

つまり、「ソフィアは自分が必要だと思うことをすれば、それで正しい」と彼が言うだろうと。ところで、ビルの声を自称する人や、あなたにとって何が正しいかを知っていると装う人たちへのあなたの抵抗について、彼はどう言うでしょう？　抵抗について、彼はなんと言うでしょう？　それを支持するか、それとも……

おおいに支持してくれるでしょう。

どんな風に支持するのでしょう？　なんと言うでしょう？

自分自身の声を聴きなさい、と言うでしょう。

自分自身の声を聴きなさいと言うわけですね。

はい。

あなたの抵抗を支持するようなことを、他に何か言うでしょうか？　ちょっと彼らにも言っておきましょう。［マジックミラーの向こう側にいるリフレクティング・チームの方を向いて］ビルはあまり口数の多い方ではなかったけれども、彼の話にはとても深みがありました。彼なりの話し方というのがあって、それはとても力強いものでした。とても簡潔だけど……力強い。そうでしたね？

はい。

あなたの抵抗を支持する、簡潔で力強い言葉をビルから聞くことができるとしたら、どんなものでしょう？

私にとって何が正しいかは、私だけが知っている、と彼は言うと思います。

こう言うのですね、「ソフィアにとって何が正しいかは、ソフィアだけが知っている」と。

［ソフィア、頷く］

他に、ビルが言いそうなことは、何か思い浮かびますか？「自分自身の声を聞きなさい」と「ソフィアにとって何が正しいかは、ソフィアだけが知っている」ということ以外に。

彼はいつも、あなたらしくいなさい、と言っていました。

あなたらしくいなさい、ですね？　わかりました、もう少し質問させてください。でも、その前に、ここでの会話があなたにとってどんな感じか知っておきたいですね。今ここでの私たちの会話では、話し合うべきことを話しているでしょうか？

はい。

なぜそう思うのですか？

なぜなら、自分のしていることが正しいかどうか、疑問に感じ始めているからです。

あなたのしていることが正しいかどうか、疑問に感じ始めているからという理由ですね。ところで、私たちの会話は、その疑問に対して何をしているのでしょう？

周りの人の意見ではなくて、自分自身の声を聴くべきだという信念が強化されました。

他の人の意見ではなく、あなた自身の声を聴くべきだという信念が強化されたのですね？

私は長いあいだずっと、他の人たちからこうすべきだと言われたら、その通りのことをやってきました。自分自身のために何をすべきか自分で考えられるようになるには、ずいぶんかかりました。自分にとって何が正しく感じられるかさえ、わからなかったんです。

そのことを書き留めても構いませんか？　いいですね？　あなたが言ったのは、「自分自身のために何をすべきかということを自分で考えられるようになるには、ずいぶんかかった」ということですね？

［ソフィア、頷く］

他にも何か言いましたね。

私は長いあいだずっと、他の人たちからこうすべきだと言われたことは全て、その通りにしてきた、と。

ビルが私たちの会話にどんなふうに反応するだろうかといっしょに考えることによって、さっきみたいに実際にビルをこの部屋に連れてくるのは、あなたにとってどんな感じでしたか？　肯定的な経験ですか、それとも否定的な経験ですか？　あるいは、どちらでもないとか？　ビルの声をここにもちこむことですけど。

なぜか私は、彼がはじめからここにいるように感じていました。

彼がはじめからここにいるように感じていたのですか？

一階で座っていたときからです。

一階で座っていたとき、彼がここにいると感じていたのですね？

以前、夫婦でここに通っていた頃のことが、思い出されたのです。

そんなふうに彼が実際にあなたといるように感じられるのは、最近のことですか？

いいえ。前にここへ来ていたときも、同じようでした。

そういう経験は、ここへ来るとするわけですか？　彼の肉体的存在を感じるのですか？　ここへ来ると、そのように彼の肉体的存在を感じるのは、どういうものですか？

精神的な支えになります。

精神的な支えですね？　そしてあなたは今も、彼がここにいると感じる……まるで……

はい。いつも彼が座っていた、私の隣に。

あなたのすぐ隣、いつも左側でしたか？

右側です。

右側……そう、右側ですね、こちらから見ると左側、つまりあなたの右側です。そのように彼の存在を感じとれる経験は、他の場所でも起こりますか？　それとも、ここへ来たときだけですか？

ここだけです。

ここだけですか？

私が思うに、ビルはこの場所で、私の自分探しを援助するという、重要な役割を果たしたからではないでしょうか。

そうですね、彼はかなり重要な役割を担っていましたね。少しメモしておきますよ。もしかすると手紙にするかもしれないので。

いいですよ。

もしもあなたがもっと多く彼の存在を経験できるとしたら、つまりダルウィッチ・センターだけでなく、他の場所でも同じように経験できるとすると、それは肯定的ですか、それとも否定的なことですか？　あなたは自分の癒し方をどのくらい知っているのだろう、と思ったのです。

肯定的なことだと思います。

「……それは肯定的なことだろう」［書き留める］

考えると恐ろしくなるのは、彼がもうこの世にはいなくて、この先私を助けてくれることはもうないいん

だ、ということです。

それでも、今ここに彼がいるようにこれからも彼がそばにいてくれたら、それは肯定的なことになりますか？

はい。

今後のあなたへの援助という点で、それはどのように役立つでしょう？　もしもあなたがここで、この部屋で彼の存在を経験できるみたいに、生活のなかで彼の存在を経験できるとしたら、ということですけど。

まるで、ビルがいつでもそばにいるみたいですね。私がいる場所に同時にいる……つまり必ずしも肉体的に存在しなくても……いつも彼が私の心のなかにいるということで、そうなると、本当に安心感が生まれます。

安心感。それがあれば、彼はあなたに付きっきりでいなくてもよくなるのですね。彼は外出もできるようになる。肉体的にはいなくても、彼の場所というのがあって、あなたに安心感を与えられることになるわけですね？

守護天使に少し似ているかな、と思います。

守護天使！　この考えは、癒しについてのあなたの理解を支持していると思いませんか？　つまり生活のなかにビルをもっと多く登場させて、人生に背を向けずになんとかやっていく方法ですね。

そう思いますよ。だって、他の方法だと彼の存在をそう簡単には感じられないですからね。

この部屋や待合室にビルがいたときの感じを話してもらっただけなのに、あなたは本当に……強烈にビルの存在を思い起こさせてくれました……［涙ぐむ］そしてちょうど今、彼の姿が見えます。彼はいつも平手で膝を打っていましたね？　覚えていますか？　いつもやる仕草でしたね、膝を打つのは。いつもやる仕草は他に何かありましたか？　あの仕草はとてもはっきり覚えています。よく膝を打っていました……

足を組んだり、解いたりしていました。

その通りです。足を組んだり解いたり、私も覚えています。それに、少し離れたところから状況を眺めていることもよくありましたね？　いつも何か考えているようでした。

私が話しているときに彼があまり聴いていないように感じることがよくあって、「あなたは私に今の話を続けてほしいの？　もしかしてそんなことそれほど知りたくはないの？」と言ったものです。すると彼は「ずっと聴いていたよ」と言うので、「じゃあ、私、なんと言ってた？」と訊くんです。すると彼は、私にきちんと説明してくれます。ずっと聴きながら、同時に考えてもいるようでした。

それを聞いて、私も思い出しました。ここでビルに話しているとき、彼は上の空のように見えて……

でも違った。

そうです。私が「ビル、聴いてますか？」と言うと、彼は「ええ、聴いています」と言いました。それで、「では、ソフィアは今なんと言いましたか？」と訊くと、彼は一言も間違えずに答えることができました。

［ソフィア、頷く］

今、私がどんな気持ちでいると思いますか？

喪失感でしょうか。でも、完全な喪失ではないような。［涙ぐむ］

図星です。自分でもどうして完全な喪失にならないかは説明できたのですが、あなたのおかげで、そのことを経験することができました。私の言う意味がわかってもらえますか？　言葉で話すことと実際に経験することは、別なのです。今、何を考えていますか？

ときどき、私には完全な喪失のように思えるのです。

ときどきはそうでしょう。確かに……あなたはここで、彼の存在をとても力強く呼び起こしました。私もそれを経験しましたが、あなたはそのやりかたを知っているのだろうかと思いました。知っているのですか？　ここでのビルの存在というのは部分的なものなわけで、ビルといっしょに行ったことのあるほかの場所へ行ってみることもできますね。ところで、どうやってそれをなしとげたのでしょう？　数か月ほど前、セラピーを再開した日に、待合室で彼の存在を経験したと言いましたね。どうやったのかわかりますか？　ここへ来る前に思いついていたことなのか、それとも来てみたら偶然起きたことだったのか……？

私が待合室に入って座ったら、偶然起きたんです。

そのとき、どんな精神状態だったから、それが可能になったんだと思いますか？

ビルのことを考えていただけです。彼のことを考えていたら、彼がここで私と並んで座っているような気がしてきたんです。

ということは、喪失感が生まれないような方法で彼のことを考えていたということですね？　しかも、彼の存在を思い起こさせるような形で。

ビルのことを、彼の存在自体を考えていただけです。この世には、もう彼の肉体はない、ということは考えていませんでした。

つまり、彼がもういないことを考えるのではなく、彼の存在自体を考えていた。ということですね？　それが他の場所でもできるとしたら、つまり待合室に座っていたときのように彼の存在を考えることができるとしたら、それは肯定的なことですか、それとも否定的なことですか、それとも……？

肯定的なことだと思います。

私にとっても肯定的だったと言えます。感情がかなり揺れましたが、あのような方法であなたが彼の存在を採り入れることは肯定的な経験になりました。彼があなたのそばにいるという感覚をここから他の場所にもっていく方法、つまりどうしたらそれがあなたにできるようになるのか、私たちに見つけられるでしょうか？　彼の存在がここで呼び起こされたのは、偶然ではないですからね。あなたが人生や声をもつのにビルがはたしていた役割を知ってようやく、なぜあなたがここで初めてビルの存在を経験できたかが、私にも理解できました。どうしたら他の場所でもそれが可能になるでしょうか。それについて、何かいいアイデアがありますか？　あなたがさっき言ったのは、ここへ来たときは考えていなかった……何を考えていなかったと言いましたか？

ビルについて、喪失と結びつけて考えてはいませんでした。ただ、彼のことを考えていたのです。

つまり、彼の存在についてだけ考えていた……存在自体について。

彼が死んだということは特に考えませんでした。

あなたのようにビルの存在を実際に呼び起こす技術について、もっとよく知るために、いくつか質問をしたいと思います。あなたがどのようにしたのかをもっとよく知りたいのです。私にわかっているのは、あなたがここへ来て、待合室に座って、彼を失ったことではなく彼の存在について考え始めたということですが、それだけではないはずです。まだ今でも彼の存在を感じていますか？

彼はこの部屋では常に存在しています。

この部屋では常に存在しているのですね。わかりました。では、彼があなたについて知っていることも同時に存在していますね。あなたという人間についての彼の本当の大切な理解も、存在しているということですね？

［ソフィア、頷く］

そのような理解、つまりあなたに対する彼の理解について、実際にはすでにいくつか話してくれました。あなたの人生や、あなたにとって何が役立つかということについての、彼の理解です。

怖い気もします。自分がうまくやっていけるか自信がないので。

うまくやる自信がないということですか？

私一人、彼なしで……

いますよ。ね。

彼の支えや励まし、それに理解の姿勢。必ずしも常に理解されなくとも、受け入れてもらえるだけでいいんです。

受け入れ。あなたはここで、彼の受容を再び経験しているのですね？　あなたへの受容、それに理解ですね？　彼が理解していなかったことも受け入れる、ということですか？

［ソフィア、頷く］

このような受容を経験することは、あなたにどのように影響しますか？　例えば、今ここで、受容を経験することにはどんな意味があるのでしょう？

全面的肯定みたい……私だけ。

あなたに対する全面的肯定ですね？

どんなことが私に起きようとも、どんなことで私が苦しもうとも、ビルは、私は私であって、私ならどうにかやっていけると肯定してくれます。それが私を駄目な人間にすることはありません。ちょうど今日の私みたいに。

結局、他の場所でも、ビルはあなたといることができるようです。一方、彼を存在させるためのなんらかの技術があなたにあって、だから、私にとっても彼が存在した。ところで、このような技術についての話を続けても構いませんか？　興味がありますか？

［ソフィア、頷く］

なぜ興味があるのですか？

他の場所での私の助けになるからです。まったく希望のない世界に入り込んだときでも、その技術を試しに使って、頼れるようになるかもしれません。

そうですね。それは理にかなっていますね。ビルが亡くなったのは二か月前、でしたね？

今日で、まる九週間です。

今日で九週間でしたか。

彼が生きている姿を最後に見た日から九週間たちました。彼が実際に亡くなったのは、水曜の朝でした。

九週間前の水曜日の朝。彼によるあなたの受容は消えることなく、あなたという人間についての彼の理解もあなたとともに存在していました。それゆえ今日この部屋へ、あなたはそれらのことを現に再びもちこむことができた。

ルペート

しばらくのあいだ、私たちの会話は、ソフィアがビルの存在を生み出すための理解と技術について続けられたが、その後、彼女と私は、リフレクティング・チーム／アウトサイダーウィットネス・グループのメンバーたちの反応を聞く聴衆となった。彼らによって豊かに語り直されたソフィアとビルの人生物語は、二人の関係が確かなものであり、お互いが相手の人生に深く寄与していたことを認証した。その語り直しには、私たちの会話がリフレクティング・チームのメンバーの人生にどれほど強い影響を与えたかということ、そして彼ら自身の人生で愛する人を失ったときのリ・メンバリングの選択肢を提供したという説明も含まれていた。

リフレクティング・チーム／アウトサイダーウィットネス・グループの語り直しとそれに対するソフィアの反応の後、私はソフィアに、ビルの存在のシンボルとなるようなもので、もち帰れそうなものをこの部屋のなかで探してみてはどうかと言ってみた。私はルペートを念頭に置いていた。ルペートはぬいぐるみだったが、私のリフレクティング・チームの一員でもあった。ルペートは、十五年以上前にソフィアが私に贈ってくれたものである。当時彼女は、ためらいながらもやっと人生への一歩を踏み出したところだった。ソフィアはルペートの創造主なのである。ルペートは驚くべき態で、人生の問題から自由になりたいという人たちを支えるチームの一員として、十五年以上も素晴らしい貢献をしてきていた。

私の勧めに応じて、ソフィアは部屋のなかを見回したが、「ここには役に立ちそうなものはないですね」と言った。私はもう一度探してみるように言った。すると、彼女は「ルペートはここにいますか?」と訊ねた。彼はいた。彼は、ある一家の男の子のところへしばらく行っていたが、ちょうどダルウィッチ・センターへ戻ってきたところだった。しかし、戻る途中、災難にあっていた。一家の車の窓から顔を外に出していたとき（彼はそれが好きだった）、彼はバランスを崩して車から落ち、バスに轢かれてしまったのである。幸いルペートは丈夫な素材でできていたので、すぐになんとかもとの形に戻すことはできた。それでも、耳の修理には、ベア・クリニックを予約しなければならず、まだ予約待ちの最中だった。

ソフィアはルペートを膝のうえにのせ、愛情を込めて抱いた。

逐語録（続き）

今、なんと言いましたか？

彼［ビル］**はとてもうっとりしています。この子は連れて帰って、耳を直しましょう。**［ルペートの怪我のこと］

彼を連れて帰って耳を直してくれるのですね？　もちろん、ルペートは……

私たちはよく彼を、おバカなルペートと呼んでいました。［笑う］

「おバカなルペート」ですって！　ここへ来るたくさんの子どもたちにルペートがしてくれたことを、あなたに話しませんでしたか？　どうでした？　なぜ彼がこんなにくたびれているかわかりますよね？

愛されたからですよね。［今は微笑んで］

彼は愛されてきました。ここへ来た子どもたちの家へ行き、彼らの問題が解決するよう手助けしてきました。実に興味深いことに……あなたはビルの受容について話しましたが、こどもたちがルペートといっしょにいてどんな経験をしたと思いますか？　受容です。子どもたちが何をしても、ルペートは彼らが頑張っていることを知っていて、それを誉めたのです。

彼はおバカさんなどではないですね。

そう、彼は全然おバカさんじゃないですね。ビルの仲間だと思います。ルペートとビルは、仲間のようなものだと思います。

私の作ったルペートとは違う、別のテディベアみたいです。ルペートはおバカそうな熊だといつも思っていたので、おバカなルペートと呼んだのです。［大きな声で笑う］

彼はとても利口そうな顔になりました。彼が自分の知恵を吹聴することはありません。自分のなかにしまっておくのです。無口だけれど、その言葉は、とても力強いのです。

ビルみたいに！

そうです。

［ソフィアはルペートを優しくなでている］**ビルの温もりを本当に懐かしく思います。**

ルペートを連れて帰ることは、他の場所でもビルの存在を感じるのに貢献すると思いますか？

追記

その後の数週間のあいだに、ソフィアは飛躍的と言える進歩をとげた。彼女は庭にいるとき、とりわけビルのお気に入りだった低木の手入れをするときに、ビルの存在を経験できるようになったのである。彼女がどうやってそれを達成したのか、私は不思議に思った。ソフィアは、こう答えた。「誰にでもできます。ごくあたりまえのことなんです。邪魔な考えを取り払い、自分自身の力強さを取り戻すだけですから」。私はソフィアに、その力強さにどんな名前をつけるか、そして他に役立ったものはないのか訊ねた。「他の人でも、同じような力強さを名づけられるかもしれません。しかし、その力強さがあるとわかっていても、亡くなった愛する人の声を経験することは、なかなか達成できないことです。何をきっかけにしてその力強さを発揮できるようになったのか、いくつか質問してもいいですか?」。ソフィアが興味をもったため、ビルの存在を生み出すために彼女が考え出した技術や理解を特定するための会話が始まった。

その会話のなかで、ソフィアは生まれて初めて、ある事実を意識した。彼女の父親は二八年前、まだソフィアが幼かった頃亡くなったのだが、それ以来、人生で父親の声を聞くことがあるという事実に、ソフィアは初めてはっきりと気づいたのである。この気づきと父親の人生について話したとき、ソフィアは父親の姉妹、つまり彼女の叔母たちの話をそれと結びつけていた。叔母たちはオランダにとどまったため、ソフィアは一度も会ったことはなかったが、人生の困難にぶつかると、その叔母たちのイメージがたびたび彼女を励ましてくれていた。「あなたは叔母さんたちと一度も会ったことがないのに、なぜそんなによく知っているのですか?　そのことをどう思いますか?」と私は訊ねた。すると、ソフィアは、オランダでの父親の生活について話してくれたが、その話のなかで父親の姉妹たちは重要な役割をはたしていた。父親の語りのなかの何が、叔母たちのイメージをそれほど強く蘇らせたのだろう、と私たちはしばらく話し合った。そして、ソフィアは次のような結論に至った。彼女の父親はおそらく、オランダの姉妹や自分の生まれ故郷から遠く離れて生活するなかで、姉妹の声をいつでも聞くことができるような理解や技術を獲得し、それによってオーストラリアでの彼の生活はずっと励まされたに違いない、と。彼はまた、父親がその理解や技術を彼女に伝えてくれたおかげで、人生がどんなにつらくても父親や叔母たちの声を聞くことができたのだ、と述べた。彼女は会話のなかでさらに理解を深めていき、そのような理解と技術を生かすことで、面接室や家の庭にいるとき、ビルといっしょに過ごしたいという願いを叶えられたのだと語った。

二人の会話を振り返り、私はソフィアに訊ねた。「もしもあなたが父親の声を聞くのに二八年間、この技術や理解を使っていたのだとしたら、ビルとの結びつきを保ち続けるためにそれを同じように使えると思いますか？　もしもそうだとしたら、あなたが何歳になるまで、ビルとの別れを心配しなくて済みますか？」。ソフィアは、その理解と技術が少なくとも二八年間は有効だと信じていたので、七二歳になるまではビルとの別れを心配する必要はないと見積もった。これは驚くべき認識であり、これにより彼女は大きな安心感を覚えた。ソフィアが最も怖れていたことは、自分が歳をとるにつれビルを置き去りにしてしまうことだったからである。

わたしたちの会話がルペートの功績に及んだとき、私は、ソフィアがすでに自分の技術を孫娘のラトゥーヤへ伝えていることを知った。ラトゥーヤはルペートが大好きで、二人でいっしょにいるときにはいつも、ソフィアに自分の「ポピー」の話をしていたのだった。その後の数か月間で、ソフィアがビルの存在を経験できることは、徐々に増えていった。ビルは、彼女の人生にリ・メンバリングされたのである。

原註

▼原註1　「もう一度こんにちわと言う」メタファーで方向づけられたこの仕事は、スピリチュアリティの概念によってもたらされているとみなされることもある。スピリチュアリティは、内在型あるいは上昇型に分けられるが、異界であるとか別の地平ないし次元に属する力に関連したものである。それらの概念がこの仕事の進展をつくり出したのではないし、私が意図的に提案したものでもない。むしろ、「もう一度こんにちわと言う」メタファーによって志向される仕事では、その人の関係における重要な経験を復活させ表現する技術が展開できるよう援助するのである。そのような経験とは、人々が生き抜いた経験である。つまり、生きられた経験の蓄積の一部なのである。

▼原註2　この逐語録が得られた面接には、リフレクティング・チーム／アウトサイダーウィットネス・グループが同席していた。ソフィアはとても静かな声で話すため、私は、リフレクティング・チームのメンバーにわたしたちの会話が聞こえるよう、彼女の言ったことのほとんどを繰り返して言うことになった。

訳註

▽訳註1　本章は『セラピストの人生という物語』の第二章「リ・メンバリング」からの抜粋であり、ソフィアとビルのストーリーの後に、ジェームズ（邦訳七五‐八六頁）とルイーズ（邦訳八六‐九二頁）が続く。

第5章―子ども、トラウマ、そして従属的ストーリーライン展開

Children, trauma and subordinate storyline development
2005

子どもは、トラウマの苦しみをよく知っている。地球上のおおかたの社会において、児童虐待の発生率は、それに対処する国や地域の多くの組織的試みにもかかわらず、依然として高い。そして、戦争、疾病、移動、および経済的混乱に関連した惨事を経験している多くの地域において、子どもは、生命を脅かすほどの苦難やトラウマにもっとも傷つきやすいままである。地元の児童保護機関で難民家族と働く援助提供者や、戦争や災害で荒廃した地域の人々と働く援助提供者は、被害を受けたトラウマの影響から子どもが回復できるよう援助することの重要性には痛いほど気づいているであろう。若者の生活史において、そして多くの環境において、身体的安全をほとんど確保できなかった子どもに対して、彼らの身体的安全を保証できない場合であっても、心理的および情緒的安全を確保するかたちで援助をすることの重要性に、援助提供者は痛いほど気づいているものであろう。

この安全に注意することの重要性は、トラウマを経験した多くの子どもたちがそのトラウマ経験について話したがらないことによって、強調されるべきである。この気乗りのなさに関する理論はいくらでもある。たとえば、否認および抑圧という心理的メカニズムが働くというものだ。虐待のトラウマが暴露されたら起こる報いだとか、これについて声を与える分脈においてトラウマを生き直す潜在的リスクに関する心配は、子どもがトラウマ経験について語りたがらない理由のリストにおいて、かなり高い位置にあると思われる。トラウマ経験に表現を与えることにおける再トラウマ化遭遇の心配は、本稿の議論における重大な焦点のひとつであろう。

私見では、この心配に十分な根拠があるのは、子どもが、トラウマ経験を語る際に、再トラウマ化したり、自ら生きたトラウマ経験の直接性の罠にはまったり、さらには、この経験を生き直すことに陥れられたりする被害が潜在的にであれ、いつでも起こり得るからである。子どもが、自らのアイデンティティや人生について抱いているネガティヴな結論を強化する形で、トラウマ経験に声を与えるとき、私たちは、まさに、このような結果の証人になる。これは、次にたいてい、恥、傷つきやすさ、絶望、荒廃感、そして不毛感覚のエスカレーションと関連してくる。もしも、子どものいわゆる「心理的および情緒的安全」を確認する文脈が十二分なケアのもとで構築されないのであれば、子どもは、トラウマ経験の表現を鼓舞されるに応じて、気がつくと自らが受けたトラウマによって再定義されていることになる。

この主張は、「安楽椅子」での観察に基づくものではない。何年ものあいだ、私は、子どもにトラウマ経験に対処するよう援助する試みであるまさにその努力によって再トラウマ化された多くの子どもたちと多くの文脈で出会ってきた。そして、ときには、自分がその「治癒実践」の管理様式に影響を及ぼすことのできる立場になかったときなど、そのような再トラウマ化の進行を指をくわえて見ているという身を切られるほどの痛みを経験した。

立場の取り直し

トラウマに曝された子どもとの仕事において、心理的および情緒的安全という側面に注意を払うことは、いくら強調してもし過ぎることはない。子どもが耐えてきたことについて話す文脈において、再トラウマ化の経験に傷つくリスクは低いのだと、どうすれば請け合うことができるのか？　この問いは、子どもが自らのトラウマ経験を語るための空間を拓く際の、子どもの「心理的な立場」について考えるよう奨励する。別の言い方をするなら、この問いは、子どもが虐待経験を表現する際に立つべきアイデンティティ領域について、私たちに考慮を求めるのである。もしもそのアイデンティティ領域が子どもが被害に遭ったトラウマによって包囲されているなら、子どもにトラウマ経験を表現するよう単純に求めることは再トラウマ化となるだろうし、傷つきやすさの感覚が再燃する一因ともなりかねない。

子どもがトラウマ経験を表現できる安全な文脈を提供するための、子どもの立場の取り直しのような選択肢への取り組みにおいては、子どもたちの従属的ストーリーラインを特定し、豊かに展開させることのできるナラティヴ・プラクティスが、援用可能である。従属的ストーリーラインが展開するとき、子どもがトラウマ経験を語るのに頼ることのできるオルタナティヴなアイデンティティ領域が提供される。本章では、従属的ストーリーラインの展開のための選択肢や、それがトラウマに遭った子どもの安全領域をどのように確立できるのかに焦点を当てることにする。

この焦点を強調するからといって、私が、トラウマ経験について話すよう子どもを支持するのだと誤解しないでいただきたい。子どもにとって、トラウマとその影響について話す機会を得ること、それまで話せなかったことを言葉にするよう支持されることは、明らかに大切である。私がいつも発見するのは、子どもが安全を提供される既述のアイデンティティ領域を得るとき、彼らは決まって、トラウマ経験とその影響について力強く表現するということだ。そして、それらは――再トラウマ化の文脈において決まって強化される、――恥とか絶望、荒廃感や不毛感といったものの解毒剤となる表現なのである。

従属的ストーリーラインの展開

従属的ストーリーラインの展開[原註1]の端緒は、トラウマへの子どもの反応において見つけ出されるべきである。子どもは、トラウマの性質にかかわらず、決してトラウマの無抵抗な受け手ではない。とりわけ、子どもは、トラウマへの暴露を最小限にし――自分が遭遇したトラウマティック・エピソードを修正するか、人生に対するトラウマの影響力を修正する方法を発見することによって――、傷つきやすさを減らす行為に出る。しかし、子どもの人生におけるトラウマに対する子どもの反応が認証されることは、稀である。このような反応は、気づかれないか、罰せられるか、あるいはトラウマの文脈においてあざけりを受けたり名誉を傷つけられたりすることで、脱資格化されることのほうがよほど多い。

トラウマやその影響に対するこのような反応は、子どもが価値を見出しているものや、彼らが人生において大切にしているものに基づいている。よって、それらの反応は、以下のものについての知識、およびそこにある技術を反映している。

(a) 生命を脅かされる文脈において生命を守ること、
(b) 敵対的環境において支えを見つけること、
(c) 安全ではない場所で安全な領域を確立すること
(d) 人生を脅かす環境において、人生の可能性に食い下がること、
(e) そのような反応を貶める状況においても、他者への養育的反応を展開すること、

(f) 孤立した場面でも他者との結びつきや帰属意識を見出すこと、

(g) トラウマの再生産を奨励する環境において、他者の人生におけるトラウマを訪れることを拒否すること、

(h) 好ましくない条件下であっても、トラウマの影響から治癒すること、

(i) 自己拒絶を推奨する雰囲気のなかでも、自己受容を獲得すること、

(j) その他。

このような知識と技術は、トラウマに遭った子どもによって、単独で構成されたり展開することは稀である。むしろ、このような知識や技術は決まって、他の子どもたちや、虐待を受けている大人、あるいは虐待経験のある大人との関係のなかで構成されたり展開するのが、事実である。そして、さらに言えば、このような知識と技術の構成と展開におけるコラボレーションは通常、特定の家族、コミュニティ、そして文化的エートスによって大きく形作られる。

トラウマへの子どもの反応というテーマに注意を払うとき、そしてそのような反応において表現される知識や技術を名づけるとき、私は、トラウマが子どもにとってつらいものではないとか、それに曝された子どもの人生においてきわめてネガティヴな影響を及ぼすわけではないとか、トラウマ経験とその影響は対処される必要もないなどと示唆しているわけではない。そして、子どもというものは、自分が価値を置くものにしがみついたり、既述の知識や技術を発達させたりすることで、十分、この痛みや影響をやわらげることができると示唆しているわけでもない。私がトラウマへの反応の重大性に注意を向けるのは、トラウマのネガ

ティヴな影響が子どもの人生とアイデンティティについてのすべてのストーリーではないという事実を強調し、従属的ストーリーラインの展開にいつでも役立てられる「素材」について説明を与えるためである。従属的ストーリーラインは、トラウマ経験に表現を与えるなかで子どもが拠点とするオルタナティヴなアイデンティティ領域を構成する。そして、オルタナティヴなアイデンティティ領域が、子どものトラウマ経験の表現を可能にすると同時に、その過程において再トラウマ化が起きないようにするのである。

トラウマに遭った子どもとの仕事における従属的ストーリーライン展開は、トラウマへの子どもの反応と、その反応が以下の反映であることを豊かに記述することに貢献する。

(1) 子どもが価値を置くもの／彼らが大切にしているもの――特定の信念、指針、希望、夢、高潔さ、個人的倫理など。
(2) 子どもが人生に託すもの――特定の目的、目標、野望、達成すべきこと、願望、探求、追求、野心など。
(3) その反応に表現された知識と技術――前述の(a)から(j)と関連した知識と技術。
(4) そのような反応の社会的、関係的、文化的な端緒――子どもの生活史における重要な人（友達も含む）の貢献、讃えられるべき特定の家族の遺産、大切な児童文学、教訓的な文化的神話、エスニックな伝統、そしてスピリチュアリティなど。

第四の点に関しては、上述のように、トラウマへの子どもの反応において表現された知識と技術は、子ども単独によって構成されたり発達することはめったになく、他者との関係のなかで発達する。それは子どもが大切にしているものや子どもが人生に託すものも同様である。知識と技術、子どもが大切にしているもの、そして子どもが人生に託すものの社会的、関係的、文化的な端緒が、従属的ストーリーラインの文脈において明らかになるとき、子どもが自らの人生物語を他者の人生物語と新たにつなぐ経験の機会が生まれる。この場合の他者の多くは、子どもの生活史における重要な人物であり、こうした人物の貢献がより目に見えると、新しい機会が提示され、子どもは自分の関係/社会/コミュニティ・ネットワークと結びつく/結びつき直すことができる。これは部分的には、そうした人物の貢献を特定し、明確に認証するよう子どもをサポートすることによって促進される。そのような認証は多くの様式を取り得るが、そこには、子どもとカウンセラー/コミュニティワーカーが共同で開発し書いた手紙や認定証の様式があり、子どもとカウンセラー/コミュニティワーカーが共同で計画した人物を讃えるためのセレモニーという様式もある。

従属的ストーリーライン展開に特徴づけられる、子どもが大切にしているもの、そして子どもが人生に託すものについての説明は、人生概念およびアイデンティティ概念として考えられ得る。どの程度、子どもがこれらの概念を形作っているかは、子どもの発達段階、発達状況次第である。年長の子どもでさえ、これらの概念が十分に形成されていることはめったにない。子どもの従属的ストーリーライン展開に貢献するコンサルテーションでは、こうした概念は、通常、完全に「発見されて」いることはないが、カウンセラー/コミュニティワーカーが会話のパートナーとなる治療的会話の文脈では、さらに発達していく。私見では、そのような概念発達は、子ども自身の人生を形成する介入能力と、他者との関係に影響を与える能力を確立するために、決定的なものである（Vygotsky, 1986）。

繰り返すことになるが、トラウマへの子どもの反応をより見えるようにするなかで、従属的ストーリーライン展開は、子どもが、自らが曝されたトラウマ、およびその影響に対して声を上げる文脈において立つべき安全な場所を提供する。しかし、これがすべてではない。この従属的ストーリーライン展開は、子どもが人生を進める行為のための基礎も提供する。これらの従属的ストーリーラインがより豊かに知られ、経験されるとき、子どもは、彼らが価値を置くもの、彼らが人生に託すものと調和するイニシアティヴ、そして子ども自身の歴史でもある知識と技術によって形作られるイニシアティヴを取ることが、より可能になる。子どもにとって重要な人々との結びつき、および文化と歴史の価値ある側面との結びつきを彼らがさらに発達させることが、より可能にもなる。

本論における従属的ストーリーライン展開のテーマに焦点を当てるなかで、私は、ナラティヴ・セラピーの会話がオルタナティヴ・ストーリーという「真理の」ないし「正統な」ストーリーを明らかにすることを示唆していると誤解されかねないリスクを冒している。しかしながら、これは事実ではない。反対に、私は人生が複数のストーリーによってストーリー立てられていると理解しているし、人生のオルタナティヴ・ストーリーはすべて文化と関係性と歴史に由来する。これらのストーリーはすべて、人生の出来事と経験のあり得る構成物なのである。そして私は、従属的ストーリーライン展開とは、人々が同時に二つ以上の存在領域、二つ以上のアイデンティティ領域に位置づけられる経験の機会だと心得ている。

私的行為体（パーソナル・エージェンシー）

トラウマへの子どもの反応を、私なりの仕方でより見えるものにするなかで、従属的ストーリーライン展開は、子どもの私的行為体感覚を修復する。これは、人が自身の人生の形成に何がしかの影響を及ぼすことができるという知覚に関連した自己感覚である――つまり、自身の人生に対して、価値を置くものに関するエージェントとして、そして自身の意図に関するエージェントとして介入できるという感覚であるし、世界が少なくとも最小限のところであれ人の存在という事実に応答するという感覚のことである。

トラウマに曝された子どもとの仕事において、私的行為体感覚の修復、そして／あるいは発達は、決定的に重要である。私的行為体感覚の修復、そして／あるいは発達は、人は人生の力に無抵抗な受け手であるという知覚によって特徴づけられる、自らのアイデンティティについてのきわめて無力な結論に対する解毒剤を提供する。そのような知覚は、人がこれまで過ごしてきたことによって「ダメージを受け」「ぼろぼろにされ」たという結論の展開において、そして、「傷つきやすさ」と「毀れやすさ」という普遍的ながら深刻な形で人を身動きできなくさせる現象の発展に対して、強い影響力をもっているのである。

しばしば子どもが引き出すネガティヴなアイデンティティ結論に対して、従属的ストーリーライン展開が成す解毒剤としての貢献は、決定的に重要である。特に現代では、被害者言説がトラウマに曝された人々のアイデンティティ構成において強い影響力をもっているため、なおさらである。この言説は、専門家の心理学にも、大衆心理学にも顕著なものであり、無力化されたアイデンティティ構成を促進するばかりでなく、重大なトラウマに耐えてきた人々の弱体化と周辺化をもたらす関係性実践をも形成している。このような関係性実践においては、重大なトラウマに曝されてきた人々は「他者」になっている。つまり、このような関係性実践の文脈において、彼らのアイデンティティは「台無しになった」ものとして構成されるのである。

援助提供に関して言えば、援助者が、子どもが曝されたトラウマ、およびそのトラウマの影響にのみ焦点をあてるよう奨励されるとき、彼らは、治療的仕事において被害者言説を再生産する誘いに曝されている。このような状況では、カウンセラー／コミュニティワーカーが、子どもの私的行為体感覚をさらに減弱させ、不注意にも無抵抗な受け手という子どものアイデンティティの状態を強化するリスクがある。トラウマとその影響に対する中核的で排他的な焦点は、アイデンティティというものがどのくらい言語によって構成されるのか、それがどのくらい関係性実践という文脈において構成されるのかということをあいまいにする。そして、虐待に曝されてきた子どもとの仕事においていかにアイデンティティが危機に瀕しているかをあいまいにするのである。

これは重要な問題である。なぜなら、現代の被害者言説は、子どもの発達に深刻な影響を及ぼしているし、人生における「虚無感」や「荒廃感」の長期的確立に大変重要な一因となっているからである。現代の被害者言説は、子どもとの仕事における治療関係にも重大な影響を及ぼしている。多くのセラピスト／コミュニティワーカーが、援助を求めてくる人々における「学習された無力さ」の展開の一因となる条件については気づいているものの、この用語は、被害者言説が若者の人生に引き起こす潜在的破壊を描写するには、あまりに生温いものである。

私見では、カタルシスの概念についての近代的な大衆解釈が、この被害者言説の役割のあいまい化に重大な役割をはたしている。この概念の拡大解釈は、人間の行為が——水力学原理および蒸気機関技術によって作動する——情緒／心理的システムに基づいているという考え方に関連している。そのようなシステムの例を上げるなら、蒸気機関において蒸気が一定の圧力下にあるように、情緒はそのシステムのなかである一定の圧力下にあるとか、適切な「弁」を介する圧力の「放出」ないし「解放」が望ましい結果をもたらすという考え方である。この概念によれば、トラウマの痛みは情緒／心理システムの圧力下にあり、適切な弁を介するこの痛みの放出が、トラウマの影響に関して解決策となるわけだ。カタルシス概念の支配下にあって、カウンセラーはしばしば人々に、トラウマ経験を表現するよう奨励する。その場合、そのような奨励は、そうすることの安全性について考慮することなく、人々の再トラウマ化がこれによって引き起こされる潜在的リスクを熟考するための基礎やそれがどのように人々のアイデンティティを構成するかを理解するための基礎もなく、さらに相談にくる人々の私的行為体感覚の掘り起こし／展開の決定的重要性を把握するための基礎もなしに、なされるのである。

トラウマへの子どもの反応を特定する

これまで、トラウマへの子どもの反応の豊かな記述が従属的ストーリーライン展開において果たす役割について言及してきたが、それらは以下の具体的なことがらに関連している。

(a)　子どもが価値を見出すもの、
(b)　子どもが人生に託すもの、

(c) それらの反応において表現された知識と技術、そして
(d) そうした反応の社会的、関係的、文化的創成。

この指摘には次の問いが必要だ。「そのような反応はどのように特定されるのか？」トラウマへの子どもの反応を目に見えて豊かに描写する治療的質問には多くのものがある。治療的質問に答える方法を三つ提示しよう。

- 潜-在[▽訳註1]（The absent but implicit）を特定する
- 問題解決活動についてのリフレクション
- 自発的相互作用の直接観察

質問に答える方法の一つひとつに基づく治療的相談についての描写も提供しておこう。

潜-在を特定する

「潜-在」という概念は、人生経験を表現しようとするなら、その経験とそれではない経験とを区別しなければならないという考えと関連している。この説明によると、すべての表現は、対照性に基づいて考えられなければならず、それゆえ私は「潜-在」と呼んでいるわけである。これを理解するにあたって、私は

デリダの仕事（Jacques Derrida, 1973, 1976, 1978）に多くを負っているが、それについては別のところ（White, 2000, 2003）でそれなりの長さで議論している。長年のあいだ、私は人々の人生の従属的ストーリーラインの創成においてこの概念が作動するのを見てきた。他の可能性のなかでも特に、「潜 - 在」という概念によって、トラウマへの反応における現在進行形の心理的痛みは、大切にされていたのにトラウマ経験によって障害されたものがもつ重要性の証拠だと考える機会が提供されるのである。（Box.「潜 - 在」を参照のこと）

Box.「潜 - 在（The absent but implicit）」

この理解の含蓄を明確化するために、私はここで「ナラティヴ・プラクティスとコミュニティの任務」（White, 2003, pp. 39-43）の一部を再録する。この考察は、「潜 - 在」という概念から引き出される、心理的痛みと情緒的苦痛に対するオルタナティヴなパースペクティヴを提示している。

証拠としての痛み

人生におけるトラウマに反応した現在進行形の心理的痛みは、当人が大切にしていたもののトラウマ経験によって侵害された物事の重要性の証拠と考えることができる。そこには、以下のことについての人々の理解が含まれる。

(a) 大切にされてきた人生の目的
(b) 受容、正義、そして公平性に関連して賞賛される価値感と信念
(c) 宝物のような刺激、希望、および夢
(d) 世界のあるべき姿に関する道徳的視点
(e) 人生のありかたに関する重要な堅い約束、誓い、そして献身、等々。

もし心理学的痛みがこのような目的、価値観、信念、刺激、希望、夢、道徳的視点、そして献身への証拠だと考えられ得るなら、この痛みの強さは、その志向的状態が人々によってどれほど大切にされてきたのかを反映していると考えることができる。治療的会話の文脈においては、この志向的状態の理解は、特定され、掘り起こされ、そして豊かに知られるようになる。と同時に、この会話のなかでは、人々は、一連のポジティヴなアイデンティティ結論と同一化する経験の機会を得る。その結論とは、人々が曝されてきたトラウマの結果として徴集されてきた多くのネガティヴな「真理」のアイデンティティにとってかわるものである。

賛辞のしるしとしての苦痛

人々の歴史におけるトラウマへの反応としての日々の情緒的苦痛は、彼らの大切にしてきた目的、価値観、信念、刺激、希望、夢、視点、そして献身すべてとの継続的関係を維持する能力への賛辞のしるしとも考えられる。それは、彼らがトラウマという文脈においてあまりに容赦なく敬意を奪われ品位を傷つけられたものや、にもかかわらず崇敬し続けたものから、距離を置いたり、それを放棄したりはしないという決意への賛辞のしるしでもある。

もしそのような情緒的苦痛が、トラウマという文脈において容赦なく敬意を奪われ、品位を傷つけられたものとの継続的関係性を維持する決断への賛辞のしるしと考えられるならば、この苦痛の強さは、当人が大切に思っていることとの関係を崇敬し続け維持する強さの反映と考えることができる。治療的会話の文脈では、容赦なく敬意を奪われたものを放棄しない決断の認証、そしてそのような志向的状態との関係を維持する技術の探求は、彼らの自己像、および人生観に関する感覚をおおいに高めるだろう。

反応宣言としての痛みと苦痛

もしも現在進行形の心理的痛みが、トラウマ経験によって侵害されたものの当人は大切にしていることの重要性の証拠と考えられるならば、そしてもしも情緒的苦痛が、トラウマ文脈において情け容赦なく敬意を奪われ、品位を傷つけられたものと継続的関係性を維持する能力への賛辞のしると考えられるならば、この証拠と賛辞のしるしの詳細を探求することは、人々が曝されてきたトラウマへの人々の反応を特定する基礎を提供する。人々は人生の危機に反応する——彼らを支配していたものが何であれ、逃げ出すにも、それを中止させるにも無力であった状況において被ったトラウマの結果だとしても。虐待的状況下にある小さな子どもでも、その状況がどうであれなにがしかの改善を試みる。人々の志向的状態によって形作られる是正行為は、めったに認識されることも認証されることもなく、それゆえ、それを始めた当人によっても評価されたり、畏敬されることはめったにない。

心理学的痛みと情緒的苦痛が、証拠ないし賛辞のしるしとして定義されるとき、この痛みと苦痛がトラウマに対してどのくらい強い反応宣言でもあるかを探求する基礎が提供される。治療的会話の文脈では、当人が大切にしていること、崇敬し続けていることが知られることとなり、それがそれまでの体験への彼らの反応をいかに形作ってきたかという質問の基礎を提供する。このような質問は、特別な志向的状態に合った私的行為体を反映する行為を強調する。

遺産要素としての心理的痛みと苦痛

心理的痛みと情緒的苦痛は、周囲の世界の無反応に直面して、堅い決定を維持する人々によって表現される遺産要素として理解される。その決定とは、彼らや他者が耐えてきたトラウマには見返りがある、つまり、彼らが耐えきったからこそ、物事は変化するにちがいない、というものだ。この理解によれば、トラウマを負った人は——物事は変化するにちがいないということを誰にも認証されないにもかかわらず——この出来事を忘れないための見張りであり、彼らの経験の価値を下げようとする勢力、他者の人生におけるトラウマを再生産する勢力に守りを固める見張りなのである。

この理解は、心理的痛みと情緒的苦痛の表現に代表される遺産が、おおいに栄誉を与えられ、他者と参画する文脈に貢献する。それは人々が、他者の人生におけるトラウマの結果を認識したり、彼らの人生に触れる共感をもって他者に反応するうえで、トラウマのインサイダーとしての経験を頼りにする方法を認証する文脈にも貢献し、そのことで彼らとの連帯感を喚起する。

ディーン

ディーンは一〇歳だが、彼女が曝されたとても重大なトラウマ経験を表現できるよう援助してほしいという具体的な理由で紹介されてきた。このためにすでに三か所でカウンセリングがなされ、さまざまな努力が払われてきたが、結果はおおかたネガティヴなものであった。これらの努力に反応して、ディーンはかなりの苦痛を感じ、退行し、そして毎回、次のカウンセリングまでの数週、かなり不安定になった。

ディーンとの面接の冒頭、私は本人に、これまで耐えてきたトラウマについて話すことはいっさい期待していないと告げ、その後で、彼女がこらえている苦痛について二、三質問してもよいかと訊ねた。ディーンが承諾したので、私は、彼女の経験した虐待によって害されたもので彼女にとって大切なものは何かという質問から始めた。そこで示唆されているのは、この苦痛の強さが、彼女が人生においてそれがなんであれ大切に思うその強さと対応しているのかもしれないということだ。彼女が人生において価値を置いているものに感じる情熱の程度ともたぶん対応しているだろう。この質問に応えて、ディーンは、自分の耐えてきた不正という感覚について語り始めた。それは、彼女にとってずっと重要であった公平性の原理に関する会話になっていく。やがて、私は、その原理を反映している、ディーンの人生でのイニシアティヴについての話を聞くことになった。そこには、学校である女の子と連帯することになった最近の行為も含まれていた。その子は、いじめに遭い、つらい毎日を送っていたのである。

二回目の面接で、私たちはとりわけ、ディーンの人生における公平性の原理の歴史的探求に乗り出した。ディーンが初めて、自分の公平性の原理という彼女の声と、自分のお気に入りの本である『長くつ下のピッピ（"Pippi Longstocking"）』（Lindgren, 1950）のあいだにつながりを確立したのは、この探求においてであった。三回目の面接で、私は、ディーンがもっとも惹かれるという『長くつ下のピッピ』の一節を朗読してもらったが、そこにはその原理が表現されていた。▽訳註2 この面接は盛り上がり、『長くつ下のピッピ』の作者であるアストリッド・リンドグレーンに手紙を書くよう彼女を援助するところまで進んだ。その手紙は、ディーンの公平性感覚への作者の貢献を認証するものであった。ディーンがこの課題を楽しんだのは明らかだった。

第四回面接では、ディーンの許可を得て、私はアウトサイダーウィットネスとして何人かの若者を招待した。彼らは、以前、トラウマについて私に相談にきて、以後、自分たちの辿った足跡を踏むことになる若者との私の仕事にボランティアで参加してくれる人たちだった。ディーンの話についてのアウトサイダーウィットネスによる力強い共鳴する語り直しは、ディーンの自身のアイデンティティについての結論にとてもポジティヴな影響を与えた。

第五回面接にも再度アウトサイダーウィットネスが参加したのだが、私はディーンに、彼女の公平性の原理がトラウマをサバイバルするのに何か役割を果たしたのかどうか、彼女の考えについて訊ねる機会を得た。彼女の返答は肯定的であり、会話は、この原理がトラウマへの反応を形作った方法へと導かれた。会話が続くと、かなりの情緒的負荷がかかったが、ディーンは、トラウマの具体的詳細をオープンに語り始めた。そこには、その結果としての再トラウマ化ないし退行に彼女が遭遇しているという気配はなかった。またしても、アウトサイダーウィットネスの語り直しは、ディーンの話と力強く共鳴した。今度は、語り直しの焦点は、ディーンのトラウマ経験、その影響、そしてそれに対する彼女の反応に当てられていた。

第六回面接では、ディーンの虐待経験の直接表現からくる不安定要素が彼女にはないことが確認できた。

むしろ彼女は、人生を思わぬポジティヴな方向へ進めていっていた。彼女は、これによって、それまで言えなかったことをもっと言葉にする大胆さを得たのである。ディーンは、それを言葉にしても自分が危惧していたようなことは起こらないと気づいていた。ディーンにとって、これ自体が価値のある学習であり、彼女の私的発達に十二分にポジティヴなリフレクションをもたらした。

アウトサイダーウィットネスの語り直しの貢献をディーンと振り返るなかで、完全に明らかになったのは、彼らがトラウマ、その影響、そしてトラウマへのディーンの反応を認証するうえでかなり重要な役割を果たしたことである。これらの語り直しが、彼女の私的行為体感覚の修復とさらなる発達において重要な役割を果たしたことも完全にあきらかになった。

問題解決活動についてのリフレクション

問題解決活動は、子どもが価値を置いていること、子どもが人生に託していること、そして子どもにとって大切な生活知識と生きていく技術を目に見えるものにする豊かな文脈を提供することができる。子どもがそのような活動に従事している証人になるなかで、カウンセラー／コミュニティワーカーにできることは、課題解決に向けた子どもの反応や、課題対処時の子どもたちそれぞれへの反応を書き留めることだ。それに続いて、子どもたちは自分たちの反応について、そして問題解決活動経験へのさらなるリフレクションについてインタビューされる。

インブラヒム、アミール、そしてアレックス

インブラヒム、アミール、そしてアレックスは、母国からの難民として移住してきていた。彼らは引きこもりがちであることと、移住以前から長期にわたって曝されてきた重大なトラウマにもかかわらず沈黙を守り続けていることを心配されて、紹介されてきた。

私たちは、近くの公園に散歩に出かけることにした。最近、嵐があったせいで、公園の小川の水かさも流れもぐんと増していた。三人の少年たちは、そこを横切ることに決め、さてどうしたものかと思案した。小川は深くはなく、少年たちが流される心配もなかったが、彼らが足を取られずぶぬれになるリスクはあった。公園内で杖の代わりになるものをいろいろ見つけ、挑戦と冒険の精神で、そしてお互い支え合いながら、ついには、三人全員が濡れることなく川を往来することに成功した。

その後で、私たちは座って、課題を成功に導いたものについて話し合った。インブラヒム、アミール、そしてアレックスのリフレクションは、冒険に伴う自慢話とともに、私にインタビューの基礎を提供した。彼らにとって大切なものは何か、自分たちの行為の意図をどのように理解しているのか。このインタビューを形作った質問のいくつかを以下に示そう。

インブラヒムへの質問

インブラヒム、君はある時期、アレックスを恐れていたと言った。自分自身よりもアレックスを恐れていたのだと。そして、それが「他者への警戒」に関連するのだとも言った。

- その「他者への警戒」は、小川の冒険を可能にするうえで君に何をもたらしたのだろう？
- それは、アミールとアレックスに対しては何をもたらしたのだと思う？
- その貢献について君はどんなふうに感じますか？
- そのことは、君にとって大切なものについて何を語っていますか？
- 「他者への警戒」というこの能力を反映している、君の人生物語を何か話してくれませんか？

アミールへの質問

アミール、君はとてもできないと思っていたけれど、それをやり通せたのは、向こう岸にたどり着いたときにどんな気分か知っていたからだと言ったね。

- 状況が困難で恐ろしいときでも、対岸に渡る気持ちを持続させるもの、それに名前をつけるとしたら、何がいいだろう？
- それは、小川の冒険で、以前のような役割をどのように果たしたのだろうか？
- この役割について君はどう感じましたか？
- 私の理解では、それは「試し続けること」と対岸到着時に「いい気もちがすることを知っていること」に関係している。君の人生において、困難なことでもやり通すことで学んだことについて、何か話してくれませんか？

◆困難なことでもやり通すことで学んだことを反映する、君の人生物語をいくつか話してくれませんか？

アレックスへの質問

アレックス、君は自身の目標を立て、それがなんであれあきらめないと言った。君にとって大切な目標をあきらめない能力と、それを見通す能力には、いい名前がありますか？

◆それは君が小川の冒険でしたことにどんな影響を及ぼしましたか？
◆君がしたように、気がつくと目標をあきらめなかったことは、どんな感じですか？
◆それは君が人生に望むことについて何を語りますか？
◆目標をあきらめなかったこととか、人生に望むことに味方するような、君の人生物語を話してくれませんか？

私は、インブラヒム、アミール、そしてアレックスと何回か面接をして、三人の若者が大切にしている関係性／社会的／文化的な歴史について、彼らの行為に関する志向的理解について、そして私たちの会話において豊かに描写された知識と技術について訊ねる機会を得た。この線に沿った質問で明らかになったことのひとつは、インブラヒム、アミール、そしてアレックスが、彼らの人生物語が彼らの文化的歴史において価値を見出しているストーリーと彼らが楽しめるようにつながれていることを理解したということである。

従属的ストーリーラインが十分に展開し、若者たちが住めるオルタナティヴで比較的安定したアイデンティティ領域に役立ったと感じられたとき、私は以下の質問をした。彼らが大切にし、人生に託しているものは、彼らのさまざまな能力、知識、および技術とともに、彼らのトラウマをやり過ごすのになんらかの役割をはたしているのか？　答えは、全員一致で「イエス」であった。これについて説明している文脈では、三人の若者は、トラウマ経験の詳細を鮮明に語った。私は、耐えしのいだつらいことに声を与えるのはどんな感じがするものか振り返るよう奨励したが、あとで知らされたのは、これが「最低だ」と感じることなくそれについて語ることができた初めての機会だったということだ。

インブラヒム、アミール、そしてアレックスとの面接後半は、アウトサイダーウィットネス実践によって構造化された。この面接において、彼らは、自分たちの経験したトラウマ、その影響、そしてトラウマへの反応についての語り直しにおいて、お互い順番にアウトサイダーウィットネスの役割を果たした。語り直しは、トラウマとその影響、そしてトラウマへの反応の認証において大変重要であった。そして、ディーンの場合と同様、少年一人ひとりにとって、これらの語り直しは、私的行為体感覚の修復およびさらなる発達において重要な役割を果たした。

自発的相互作用の直接観察

トラウマに曝された子どもの自発的相互作用の直接観察は、従属的ストーリーライン展開の入口をみつけるヒントを提供する。

ジェイムズ、エミリー、そしてベス

ジェイムズ（一一歳）、エミリー（八歳）、そしてベス（七歳）はまだ幼い時期に重大な虐待とネグレクトを経験したきょうだいである。彼らとの初回面接において、私はジェイムズが二人の妹の世話を焼いているのを何度も目撃した。この世話焼きは、いくつかの点であきらかであり、私がエミリーとベスに比較的簡単なことについてどう思うかと訊ねたときでさえ、彼は二人の考えをはっきりさせようと忍耐強く援助するのだった。

この観察は、とりわけ私がジェイムズ、エミリー、そしてベスに以下のことがらを訊ねる治療的質問の基礎を提供した。

(a) この世話を焼く技術を名づけること、
(b) この技術に表現されたノウハウを描写すること、
(c) エミリーの人生とベスの人生へのこの技術の貢献を定義すること、
(d) この技術がジェイムズの人生の将来において実現するだろう財産について推測すること、
(e) ジェイムズにとって最も大切なことについて、この技術が何を語るのかを省察すること、
(f) ジェイムズの人生においてこの技術が発達した歴史を辿ること、
(g) ジェイムズの歴史において、この技術の価値を見出し評価した人、およびこの技術の発達に関与しているであろう人物を特定すること。

ジェイムズの三年生のときの担任教師が彼の世話焼き技術の発達に関与している人物だと判明すると、その教師は第三回、四回、五回の面接に招待された。アウトサイダーウィットネスの役割を演じるなかで、彼女は、ジェイムズの人生の従属的ストーリーラインの豊かな展開において、(エミリーとベスも同様に)ジェイムズが曝されたトラウマの認証において、そして彼の私的行為体感覚の修復およびさらなる発達において、とても重要な役割を果たした。

ジェイムズの世話焼きに対してエミリーとベスが敏感だということは、気づかれなかった。これによって、彼らがどのくらい自らの心配をさらけ出すことができるか、どのくらい兄妹をサポートできるのかということ、そして互いに結びつきあう技術に焦点を当てた探求の基礎が提供された。

時機を見て、私は、彼らがつらいときを乗り越えるための基礎が提供されるうえで、その技術がなんらかの役割を果たしたか否かを問い始めた。このとき、彼らにもたらされた虐待とネグレクトをサバイバルする技術を彼らがどのように使ったのか説明するなかで、三人の子どもたちは誰も彼もがとても生き生きしはじめた。それは劇的で鮮明な説明だったが、そこには、それまで決して大部分は語られることのなかった、彼らが曝されてきたことの具体的な細部が含まれていた。さらに何回かの面接を経て、ジェイムズ、エミリー、そしてベスが、虐待とネグレクトの経験に声を与える基礎が得られたことは、あきらかだった。しかも、その方法は、彼らが虐待やネグレクトによって定義されてしまうようなリスクを伴わず、それによって彼らが再トラウマ化を受けるリスクも伴わないものであった。

結論

本稿では、トラウマに曝された子どもとの相談における従属的ストーリーライン展開の重要性を強調した。この従属的ストーリーライン展開は、子どもたちがトラウマ経験に声を与え始めるときに本人が立つべきオルタナティヴなアイデンティティ領域を提供する。これは、子どもにトラウマ経験やその影響について語るよう援助する治療方針に反応して再トラウマ化が起こるリスクに、かなりの免疫力をもたせることになる。トラウマにさらされた子どもとの相談に使えるアイデアを描写しもした。このテーマでの次なる論考では、この考察の若者への適切さを描くつもりである。

安全についての考察を強調したからといって、カウンセラー／コミュニティワーカーに代わって、子どもが曝されたトラウマという事実の回避を勧めているわけではない。そして、トラウマに曝された人々との私自身の仕事において、トラウマとその影響を表現することを控えようとしているわけでもない。私は、人々が話す機会のなかったことを話したり、言及できなかったことを言葉にする空間を拓くことに臆病ではない。これは、虐待に曝された人々との面接においてもそうであった。そこには、政治的拷問にかけられた人とか、疫病も含め社会的惨事の結果としてのトラウマと悪戦苦闘している人々も含まれた。しかしながら、私は、人々がトラウマ経験に十分な声を与える文脈を確立するため、私の理解と技術のかぎり十分な配慮をしてきた。それは、そのトラウマの長期に見込まれる影響から彼らの人生をやっとのことで取り戻すものでなければならない。そして、私は、人々が乗り越えてきたことに対処するよう本人を援助する文脈において再トラウマ化が必要だとする意見は、決して受け入れられない。

原註

▼原註1　私が「従属的ストーリーライン」の展開と呼ぶのは、子どもたちの人生のオルタナティヴなストーリーのさらなる展開が、かすかな痕跡、彼らの人生のドミナント・ストーリーの影に発見されるのを記述する場合である。この記述が適切だと思われるのは、治療的会話の冒頭で、このストーリーラインが相対的に目に見えないことが偶然ではないからである。ストーリーラインは、脱資格化、名誉毀損、嘲笑、および周辺化の政治学の文脈において従属化されているのだ。

▼原註2　アウトサイダーウィットネスの参加は、私のコンサルテーションの通常の形である。治療実践におけるアウトサイダーウィットネスの参加のための足場作り、そしてアウトサイダーウィットネスの語り直しを形作る認証の伝統についての説明は、ホワイト（White 2004a & 2004b）を参照のこと。

訳註

▽訳註1　「潜 - 在（The absent but implicit）」について、これまで「欠落しているもののそこに包含されているもの」という訳語を当ててきた。原語では形容詞を名詞化した違和感がこの訳語にはない上、短い原語が長い訳語になるというのも不満であった。今回訳出中、カルヴィーノの『アメリカ講義』の補遺を読み、この概念の文学的表現を以下に見つけた。そこから、当初「未存在潜在」なる仏教用語風造語を発案したものの（声に出すと新手の洗剤のように聞こえるのが難だし）、よく見れば、「潜在」にはすでに absent も implicit も含まれているではないかと思い、それでも but を含意するためにハイフンを二つの漢字のあいだに挿入することとした。

……無限にして多様な潜在性に別れを告げることで、まだ存在していないけれど、制限や規則に従うことによってはじめて存在が可能になる何ものかに出会う瞬間です。書きはじめるその瞬間まで、世界――わたしたち一人ひとりの世界を構成するもの、つまり情報、経験、価値の総体です――はわたしたちの意のままです。このとき世界は、まるごとあたえられた世界であり、時間のない前後のない世界、個人の記憶や、暗黙の潜在性としての世界のことです。わたしたちはこの世界から、なにか役に立つ話や、物語、人間の感情を抽出しようとします。いいえ、より正確に言えば、この世界のなかに自分自身を位置づけられるような、おそらくそんな作業を遂行したいと願っているのでしょう。（岩波文庫、二二〇頁）

なお、本概念については、マイケルが二〇〇〇年に書いた「歴史との再遭遇（Re-engaging with history）」、二〇〇三年の「ナラティヴ・プラクティスとコミュニティの任務（Narrative Practice and Community assignment）」、そして二〇〇五年の本稿が代表的論考である。どれも未訳であったため、日本の読者には馴染みが薄いかもしれない。しかし、マイケルの没後、二〇〇九年にマギー・ケアリーらによって「ナラティヴ実践地図」を補うべく「ファミリー・プロセス（Family Prosess）」誌に論考が発表され、二〇一二年には、ジル・フリードマンがさらに「ナラティヴ・セラピーとコミュニティワーク（*International Journal of Narrative Therapy and Community Work*）」誌に持論を展開するなど、注目すべき動きがある。また、マイケルの遺稿集『ナラティヴ・プラクティス――会話を続けよう』に収録された第九章「再評価と共鳴――トラウマ体験へのナラティヴ対応」は、二〇〇二年アトランタでの講演の読み原稿メモであり、「潜－在」について語られている。

▽訳註2　『長くつ下のピッピ』第二章「ピッピ、もの発見家になり、けんかをする」では、ヴィレという男の子を五人がかりでいじめていたベングトという少年をもちまえの腕力で解決するピッピの姿が描かれている。「あんたたち、ひきょうものよ！　ひとりに五人でかかるなんて。そんなの、ひきょうよ。そのあとで、かよわい、ちっちゃな女の子をつつきまわしたりして。まったく、きたないわ！……」（大塚勇三訳、四六頁）

▽訳註3　児童文学作家、アストリッド・リンドグレーンは、一九〇七年にスウェーデンのスモーランド地方で生まれ、二〇〇二年一月二八日に自宅で他界しているので、本症例はそれ以前のもの。有名作家をアウトサイダーウィットネス・グループに入れるのはマイケルの斬新な試みではあるが、実際、この作家宛ての手紙は一九八〇年代中頃、すでに急増していた。児童たちは、担任教師の勧めで手紙を書いていたという。そして、一人だけ彼女と長年にわたり文通をしていた少女がいたことが最近判明し、その往復書簡が二〇一二年に刊行された（『リンドグレーンと少女サ

ラ――秘密の往復書簡』石井登志子訳、岩波書店、二〇一五年)。一二歳のサラが当時六三歳のリンドグレーンに宛てた一九七一年四月一五日付の手紙で始まり、作家からの最後の返信は、一九九二年二月二八日付で、計八四通(没後追加二通。約七〇通はサラが一〇代のもの)が収録されている。サラはいじめを受け、暗闇恐怖で、思春期病棟で入院治療を体験していた。「人生のもっとも大変な時期というのは、思春期と老齢期だと思います」と書いた作家にとって、サラは放っておけない存在ではあったろうが、このやりとりのなかで彼女自身も救われたはずだ。

一九七二年九月一五日の作家宛の手紙でサラは、物語の形を借りて、父親への憎悪を打ち明ける。すると作家は、その返信において、自分の好きな本の一節だとして以下の文章を紹介する。

静かな叫び声のような、隠されたヴァイオリンのすすり泣きのような哀悼歌、人を恋う人の切望が、人間の世界を通り抜けていく。子どもは、子どもとの時間を持てない両親を恋しく思い、姉や妹は、他に友だちを得た姉や妹を恋しく思い、兄や弟は、尊敬する兄や弟を恋しく思い、友は、つれなくなった友を恋しく思い、男は、まだ親しくなっていない女を恋しく思い、女は、去って行った男を恋しく思い、最後に、もっとも遠慮がちで、もっとも深い愛情を持つ両親は、人生の決まり事どおりに、結婚や子ども自身の家庭といった、新しい関係を結んでいく子どもを恋しく思います。悲嘆にくれるヴァイオリンの弦や、ヒース原野でのタゲリの鳴き声のように、人を恋う人の切望は、人が住むこの世界の中をかけぬけていく。(邦訳、一〇二頁)

そして、「多分、サラのお父さんは、あなたを恋しく思っていて、彼の切望は、ヴァイオリンの弦のように悲嘆にくれているか、ヒース原野でのタゲリの鳴き声のようなのでは? でも、もしあなたがその鳴き声に答えなければ、どうしようもないのではないかしら? そう、わたしは、あなたが、どうしてお父さんを憎むようになったのかが知りたいのです!」と補足している。結局、このやりとりに促されて、サラは父親から身体的虐待を受けていたことを告白する。「説明できたらと思うものが、魂のなかには、たくさんあります。あなたがこの前の手紙で、本のなかから引用してくださった文章を読んだとき、わたしの胸は、もう張り裂けそうでした(まさに!)。書き写してくださってとてもありがたかったです。わたしが書き表わすには、まだ創られていない言葉がたくさん必要でしょう」

ちなみに、上記引用には、リンドグレーンの『パリのカテイ』(一九五四年)にも類似の文章が引用されていると註記があるが、二〇一二年上掲書刊行時にも、サラはその出典がわからないと記している。私はブラッドベリの「霧笛」(一九五一年)の一節をリンドグレーンがパラフレーズしたのではないかと思うが、いかがだろう。サラにメールすると、同意してくれたが。

この水を越えて、彼らの船に警告する声が必要だ。わたしはそういう声を作ろう。あらゆる時間と、あらゆる霧を、一つにこりかためたような声をつくろう。夜もすがら、きみのかたわらにある空っぽのベッド、きみがドアをあけても誰もいない家、葉の落ちた秋の樹木、そういう声を作ろう。南めざして啼きながら飛んでいく渡り鳥にそっくりの音だ。十一月の風に似た音、硬い冷たい岸に打ち寄せる波に似た音だ。だれひとり聞き逃すことはあり得ない音、それを聞いた人の魂が忍び泣きするような音を作ろう。遠くの町で聞けば、家の中にいることが幸運だったと感じられるような音だ。そういう音と、その音を出す機械を作ろう。人はそれを霧笛と呼ぶだろう。それを聞いた人は、永劫の悲しみと人生の短さを知るだろう。(「霧笛」、レイ・ブラッドベリ『太陽の黄金の林檎』(小笠原俊樹訳)所収)

第6章—ナラティヴ・プラクティスとアイデンティティ結論の解明

Narrative practice and unpacking of identity conclusions
2001

ダニエル▼原註1

寂しそうな顔をした一一歳の少年ダニエルは、両親に連れられて面接にやってきた。両親のトムとルーシーは、途方に暮れていた。ダニエルによって人生を台無しにされたというのだ。二人によると、ダニエルは思いつく限りのやりかたで、彼らの人生に「トラブルをもち込んで」いた。彼はすでに二回、退学処分となり、相談時、三つ目の学校も停学になっていた。警察、隣人、友達の親たちともめごとを起こし、家では、暴れまくっていた。ことの詳細を訊ねると、ルーシーとトムがダニエルの行為に強い悪意を見出していることは、明白だった。事実、彼らの説明は、ダニエルのアイデンティティをめぐる一連の完全に否定的な結論と結びついており、聞くに堪えないものだった。たとえば、「ダニエルは家庭崩壊をもくろんでいて」、「見下げ果てた役立たず」で、「自分自身にも他人にも無用な人間」で、「いくら手をかけてやっても無駄だ」と。両親の言い分に対するダニエルの反応はいずれも、学習された無関心に見えた。彼はただそこにいるだけで、自分の人生とアイデンティティに関する両親の説明を肯定するわけでも、それに反論するわけでもなかった。私には、この完全に否定的な結論に彼自身が同一化しているように見えた。

私は、この状況がどれほど失望させられるものか、話の詳細を聞きながらじっくり考えていた、と伝えた。するとトムは語気を荒げた。「そうかい。でも、あんたはまだ、ことの半分も知らないんだよ!」。私はこう返した。「では、あなたがたの人生に対する、トラブルの影響をすべて、私がもっと正確に理解できるよう、いくつか質問させてもらってもいいですか?」。ルーシーとトムが話を先に進めるよう言ってくれたので、ほどなく私は、トラブルが、ルーシーの母親アイデンティティをきわめて否定的なイメージで描いていることを知った。ルーシーが子育てを通じて他の母親たちと結びつくことは、とても困難になっていたのである。そのため、それは彼女を本当に孤立化させていた。また、トラブルは、ルーシーが息子に与えるべきものを阻止することで、母子関係に悪影響を与えていた。「トラブルが、あなた自身の母親イメージにこれほど大きく影響したことは、どんな感じですか？」と、ルーシーに訊ねてみた。さらに、「トラブルが、あなたとダニエルのあいだにこれほど頻繁に訪れることについて、どう感じていますか？」とも聞いてみた。質問に答えるあいだ、ルーシーは、目にいっぱい涙をためた。その涙はいったいどういうものかと訊ねると、ルーシーは母親としてやりそこなったことで深い悲しみを感じていることや、息子のことを思ったように理解できずに欺かれたように感じていることを私に語り始めた。

私はトムのほうを向き、トラブルが彼の人生に及ぼした最大の影響について訊ねた。トムは、はじめ私の質問に戸惑っていて、どこから考えたらいいのかどうしてもわからないと言った。そこで私は、トラブルが具体的には、ダニエルの父親だという彼の感覚にどんな影響を及ぼしたのかと訊ねた。トムは、ダニエルの父親という席に座らせてもらったことは、これまで一度たりともないと答えた。ダニエルがそれを絶対に許さなかったのである。「トム、それでいいのですか？」と聞くと、彼はあきらめ半分絶望半分で、こう答えた。「ああ、おれにも夢はあったのに、水の泡だ」。私がすぐにその夢について聞くと、ルーシーがダニエルを身ごもった時点まで、いっしょに振り返ることになった。しばらくして、私は訊ねた。「結局、トラブルがその夢をどうしたとおっしゃるのですか？」彼は感情を込めて、重々しく言った。「それが、おれの夢を叩き潰したんだよ」

そろそろダニエルと話すべきだった。私はトムとルーシーに、「トラブル全体がダニエルの人生に及ぼした影響について、本人に話を聞いてもいいですか？」と訊ねた。「どうぞ」とルーシーが答えた。「でも、彼から聞きだせるかしら」。私は「ダニエル」と声をかけた。「お聞きの通り、トラブル全体が君のママとパパの人生にどんな影響を与えていたかを話してきました。今から、君にも似たような質問をしたいんだけど、いいかな？」。それを聞いて、ダニエルは肩をすくめた。私は続けることにした。「トラブルは、君自身について君に何を信じ込ませようとしてきたのだろう？　トラブルは君のイメージをどんなふうに描いてきたのかな？」。ダニエルはまた肩をすくめた。私は言った。「肩をすくめるのは、質問を続けてもいいということで、そうでなければ私に知らせてくれるという意味だと受けとってもいいよね？」。またしても、彼は肩をすぼめる。「ありがとう。違う話し方をしない限り、話を進めてよいものと、受けとっておくからね」。ダニエルが協力してくれている感じがして、私は気合いを入れた。

ルーシーとトムに同じ質問をすると、すぐにルーシーが、トラブルはとても陰鬱なダニエル像を描いていると思う、と言った。トムは妻の発言を練り上げて、トラブルは、ダニエルが「やる気のない役立たず」「人として時間を無駄に過ごして」いて、「何もできない愚か者」だと本人に信じ込ませようとしている、と話した。こうした描写は、トムとルーシーが面接の最初で語っていたことそのものではあるが、もはやダニエルの人格としてまとめ上げられるようなことはなかった。こうした描写は、ダニエルを性格づける権限を奪われたのである。

私たちは、なんという旅をしたのだろう！　面接のはじめで、トムとルーシーは、自分たちや他の人たち誰もがダニエルについて抱いていた、数多くの非常に否定的なアイデンティティ結論を、私に示した。そこで私は、ダニエルも、自分がいかに悪い人間で、いかに悪い生き方をしているかという評価に密かに同意しているとにらんだ。つまり、これらの結論が彼のアイデンティティについて真理を語っていると本人も信じており、それに同一化してさえいると疑ったのである。ところが、それから三、四〇分経つと、これらの結論がダニエルの人物像全体を支持してはいないという感覚、そしてダニエルがこうした否定的な結論とは分離した（さらには矛盾してさえいる）アイデンティティをもっているという感覚が共有され、発展した。これらの否定的結論は、もはや、ダニエルが何者なのかという真理を表象しなくなったのである。

これによって、私たちの作業をもっとコラボレイティヴにする扉が開かれた。「ダニエル、こんなに否定的なイメージを信じ込まされるのは、どんな感じだい？」このときばかりは、ダニエルも肩をすくめはしなかった。彼が両親をチラッとみたので、それを合図に、私は二人にこう訊ねた。「あのように否定的な人物像を信じ込まされるのは、ダニエルにとってどんなことだと思いますか？」。トムが答えた。「彼を孤独にさせ、惨めにもするでしょう」。そして、ルーシーが続けた。「ダニエルは、人知れずそれを悲しんでいると思うわ」。「どうしてかと言うと、朝、ときどき、ダニエルの枕のうえに湿った布切れがあるのです。あれはきっと、涙のせいだと思います」。ダニエルがこれを認めるかどうか知りたくて、私は彼の方を見た。すると、思いもよらないことに、彼の目には涙が浮かんでいた。私たちは皆、その光景を目にした。ダニエルは、涙を必死で蒸発させようと、横を向いた。彼が向き直ると、涙はすっかり乾いていた。しかし、この涙を境に、事態は一転した。そこには、まっすぐ前に伸びた道があった。この涙は、他の人たちと同じように、ダニエルも、トラブルについて一家言もっていることの証しであった。今や、どうしていいかわからないほどの窮状から逃れて自分たちの人生を切り拓く努力の下に、この家族がお互いに——私とも——つながる、はじめてと言える機会が、訪れたのだった。

否定的なアイデンティティ結論を解明する

前述のような外在化する会話は、ナラティヴ・プラクティスの数多くの可能性のひとつにすぎない。外在化する会話は、ナラティヴ・セラピーの必要条件などではないし、事実、私のところへ相談にきた人々との面接でも、ごく稀にしか行われない。しかし、人々がセラピーにもちこむ、大変否定的なアイデンティティ結論を解明するのに、外在化する会話はとても役立つであろう。

読者の皆さんは、そのような結論――たとえば、「どうしようもない」とか、「失敗」、「無能な」、「価値がない」、「憎い」、「不適切な」など――に、いくらか馴染みがあることだろう。ひょっとしたら、ご自身の人生のどこかで、こうしたアイデンティティ結論をじかに経験されているかもしれない。たまさか、物事が望み通りにいかなかったときに、本物のセラピストになり損ねたという感覚を、あなたがほんの一瞬味わっただけにしろ！　これは驚くにはあたらない。そもそも、個人的な失敗感覚というものが、現代ほど私たちの手に入りやすい時代はなく、現代ほど多くの人々にそれをいとわずに分配されたこともなかったのである。こうした否定的なアイデンティティ結論を長く抱えると、人々は、それが自分の人生をきわめてうまく表現していると経験するようになる。このような結論が人々の人生の窮状下での行動を麻痺させることは、しばしば見受けられる。そして、人生は宙づりにされ、ある時間に凍結される強烈な感覚がもたらされることにもなる。

外在化する会話の有用性を記述し、論証するとき、私はたびたび、それがどれほど人々の否定的なアイデンティティ結論――（ギアーツの「薄い記述」（Geerts, 1973）にちなんで）私がしばしば薄い結論と呼ぶもの――の解明に貢献し得るかを、例を上げて説明してきた。事実、外在化する会話の主要な達成のひとつは、その人自身のアイデンティティ、およびお互いのアイデンティティに関する人々の薄い結論を解明することにある、と私は確信している。この活動のなかで、これらの結論は、割り当てられていた真理の地位を奪われる。つまり、これらの結論は、それまでの権威を失うのである。私がダニエルや彼の両親と行った外在化する会話のなかでも、そのような成果は、かなりあきらかであろう。ここで、薄い結論からその真理の地位を奪う、外在化する会話の有用性をさらに論証するのに役立つであろう、短い例を、もうひとつ紹介しておこう。

ジェーンは、境界性パーソナリティ障害と診断されて、私に紹介されてきた。紹介医のサラという精神科研修医は、ジェーンの周期的入院を食いとめるために何かできるだろうと期待していた。その入院周期は、リストカット、自殺企図、そして抑うつによって拍車をかけられていた。サラも交えたジェーンとの会話でわかったのは、ジェーンが自分のことを憎しみの強い人間だと固く信じていて、そのせいで自分自身を嫌悪していることだった。そこで、ジェーンの許しを得て、私は彼女の人生における自己嫌悪の影響について、ジェーンとサラに訊ねることにした。面接は、次のような質問によって形作られた。

- 自己嫌悪は、あなた自身について、あなたに何を信じ込ませようとしていますか？
- それは、あなたの人となりについて、あなたの心のなかにどんな種を蒔いていますか？
- それは、あなたに、自分の身体をどのように扱わせますか？
- それは、あなたの身体を慈しむように勧めますか、それとも身体を拒否するように要求しますか？
- それは、あなたの身体に対して思いやりをもって扱わせますか、それとも権力的で規律・訓練的なやりかたを取るよう仕向けてきますか？
◆それは、あなたと他の人との結びつきに対しては、何を望んでいますか？
◆自己嫌悪は、あなたにかかわる人の動機について、何か権威を振りかざしてきますか？
◆どんなふうに権威を振りかざしますか？　それは、あなたと他者との関係にどのような影響を与えますか？
◆自己嫌悪の語り口と自己嫌悪を助長する力を弱体化するための質問をいくつかしてもよろしいですか？

このような質問によって、外在化する会話が導かれ、長きにわたって維持されてきた憎しみの地位を奪う効果が、得られるわけである。私たちがいっしょに行った仕事の第一歩は、ジェーンの周期的入院からの解放、彼女の正義への情熱の発見、そしてより幅広い人生とのかかわりに貢献するうえで、大変重要なものだった。

要するに、外在化する会話の有用性をここで記述し論証することによって、私は、その会話が否定的で人を無力に陥れるアイデンティティ結論を解明するメカニズムについて、いくらか説明したのである。とはいえ、外在化する会話について、これですべてが言い尽くせたわけではない。

再著述する会話

私は、外在化する会話がさらなる会話のための空間を拓く上で果たす役割、つまりもっと肯定的なアイデンティティ結論の創成に貢献する役割にも注目してきた。そして、それ以上に、私がときに「再著述する会話」（たとえば、White, 1992, 1995を参照）と呼ぶ会話は、肯定的なアイデンティティ結論に関連した人生知識と生活実践の特定と探求をも可能にする。（しばしば外在化する会話によって導かれる）再著述する会話が、人々の人生や人間関係についての厚い、ないし豊かな記述は、かつては目に見えなかった世界のなかで、幅広い行為選択を創成することについての厚い、ないし豊かな記述に貢献するのは、まさにこの方法による。人生と人間関係る。人々が自らのアイデンティティの、今までとは違った経験に踏みこむのは、この再著述する会話においてである。実際に、再著述する会話が、人生やアイデンティティを形作ったり、構築するのである。この点を例示するために、ダニエルのストーリーを簡単に振り返ってみよう。

私たちの外在化する会話は、家族全員のために、オルタナティヴなアイデンティティ主張を表現する道を切り拓いた。そのような主張は、問題のしみ込んだ人生ストーリーからくる主張とは、矛盾していた。オルタナティヴな主張は、問題がルーシー自身に信じ込ませようとしていた母親像についての悩みや、彼女がダニエルとの関係においてさもなくば表現できたであろうものを問題がいかに阻害しているかという彼女の嘆きのなかに、含意されていた。一方、どんな父親になれたかということも含め、トムが男性としてどんな人間かというオルタナティヴな主張は、彼の叩き潰された夢をめぐる絶望表現のなかに、含意されていた。さらに、ダニエルのオルタナティヴなアイデンティティ主張は、トラブルが彼の性格について周りの人たちに信じ込ませていたことに関するルーシーとトムの説明のなかに、存在したたし、予想もしなかったダニエルの涙のなかにも存在した。

続く会話において、オルタナティヴなアイデンティティ主張のなかで表現された夢、希望、目的、価値感、そして献身のすべてが、描き出された。とりわけ、父親であることについてのトムの夢の歴史は、彼が一四歳のとき（それはとてもつらい時期だった）に自分自身に誓った固い誓いにまで、さかのぼった。彼は今までそれを、ルーシーにもダニエルにも決して話さなかった。それは、彼が自分の父親にされ続けたことを、自分の未来の息子には決してしないという誓いだった。一方、ルーシーは、ダニエルの子育てと、自分の人生の重要な目的や価値感とのつながりについて語り、それらにつながる彼女の歴史上の人物を特定する機会を得た。さらに彼女は、ダニエルとの関係において自分が握ってきた主導権についても説明してくれたが、そこには彼女の目的と価値感が反映されていた。彼女の目的と価値感は、私たちの会話の文脈のなかで、力強く認証された。そして、ダニエルは、ルーシーとトムの助けを得て、自分の涙に言葉を添え始めた。そこには、これまで認識されてこなかった、両親や周囲の人との「友情」への憧れが、含まれていた。

会話が進むにつれ、これらの夢、誓い、目的、価値感、憧れと関連した、人生についての知識と生活実践が、豊かに記述されていった。これによって、すべての家族員は、お互いの関係において主導権を握る選択肢を提供された。こういう主導権の握り方は、以前の彼らには不可能であった。その結果、三人の人生において、あの問題は重大なものではなくなったのである。

要するに、ここまでで私は、外在化する会話が、(a)否定的なアイデンティティ結論から人々が自由になるのを助け、(b)より肯定的なアイデンティティ結論の探求と創成に貢献するさらなる会話の導入に道を拓く可能性を強調し、例示した。こうした肯定的なアイデンティティ結論は、独立した現象ではない。むしろ、人生についての特定の知識と生活実践に、深く結びついている。多くの場合、最初の質問では、これらの異なる知識や実践は、きわめて薄い痕跡を留めるのみである。しかしながら、私の理解では、そのような知識と実践こそが、世界のなかでの異なるありかたや、人生についての異なる考え方をおおいに形作る可能性をもっているのである。したがって、もしもこうした知識や実践が、治療的会話のプロセスを通して、もっと豊かに記述され得るなら、それ以前には想像すらされなかった行為選択が、相談にきた人々にとって可能になるわけである。

こうした知識と実践の豊かな記述について考慮することは、不可欠だと考えられる。この点を強調するために、虐待を続けるがゆえに私に紹介されてきた男性たちとの仕事について述べることにしよう。たとえば、会話初期の焦点は、彼らがしてきた虐待の責任を引き受けるための予備段階へ進む空間を拓くことと、虐待が他者の人生に与える短期的および潜在的な長期的影響への理解を深めることである。さらに、会話のはじめには、男性が上位にあり権力を与えられているという感覚を形作っているアイデンティティ結論の脱構築と、これらの結論に関連した人生におけるありかたや人生についての考え方にも、焦点を当てる。しかし、これでストーリーは終わらない。それどころか、単なるはじまりにすぎないのである。

もちろん私は、こうした男性たちに、アイデンティティについての「真理」に挑戦する機会を与え、そのような真理と関連した人生におけるありかたや、人生についての考え方を提供すれば充分だ、という前提をもっているわけではない。また、それによって、男性たちに「本来備わっていた」知識の産物である、より深い理解や非虐待的ライフスタイルへ彼らが自発的に踏み込める、という前提を抱いているわけでもない。

むしろ、ここで決定的に重要だと私が理解していることは、こうした男性たちが会話において辿り着いた、新たなアイデンティティ主張に関連する、もっと別な人生の知識と生活実践を探求できるよう援助することなのである。こうして、男性たちの人生の新たな領域の特徴が描き出され、最終的に彼らは、虐待的ありかたを特徴づけ彼らも慣れ親しんでいた領域の外側にある、それまでとは異なる立脚点を得ることになる。個人の責任という重要で永続的な感覚の受け容れは、今までとは異なる知識と生活実践をより深く探求することによってのみ成し遂げられるものだと、私は信じている。

人生とアイデンティティに関する自然主義的説明

ここまでで、外在化する会話の鍵となる二つの側面をうまく紹介できていればと思う。第一に、外在化する会話が、否定的なアイデンティティ結論から人が自由になるのをいかに助けることができるか。第二に、外在化する会話が、再著述する会話のための空間をいかに開き、新たな人生の知識と生活実践についての豊かな記述を可能にするか。次に、外在化する会話についてありがちな誤解を明確化するために、いくらか紙面を充てることにしたい。

誤解の一つは、こうした仕事のなかで豊かに記述された肯定的なアイデンティティ主張が、その人のアイデンティティの「真理」を表しているという考えである。こうした肯定的なアイデンティティ主張を展開していくと、決まって、現代のヒューマニスト的人生理解に陥ることになる。この誤解は、私がナラティヴ・プラクティスについて書き、語るなかで、すべてのアイデンティティ主張の歴史文化的基礎を強調する配慮を示してきたにもかかわらず、依然として存在するのである。

もうひとつの誤解は、再著述する会話において特定されたオルタナティヴな知識と生活実践に関するものである。つまり、それらがしばしば、「本当の」知識で、「本物の」ないし「真正な」生活実践であると受けとられてしまうのである。場合によっては、実際に「本来備わっていた」か「無意識的な」ものと考えられることもある。しかし、私がこれを真相だと考えたことは、ただの一度もない。むしろ、私はいつも、人生の異なる進み方を形作るようなこうした知識と実践は歴史と文化の産物だと考えてきた。それらは、（原家族、義理の家族、あるいは自由意志で選択した家族であれ）家族という制度を含む、文化という多くの制度からなる文脈のなかで、構成され、発展してきたのである。

ナラティヴ・プラクティスが「解放」実践として描かれるのは、上記の誤解の文脈においてである。ちなみに、「解放」実践は、人々の「真性」、「本質的な人間性」、そして「真正性」をより正確に反映した人生を生きるよう人々を自由にするものと考えられている。私が思うに、ナラティヴ・セラピーに対するヒューマニスト的解釈が多くの人々にとってきわめて了解されやすいのは、現代の西洋文化において、多くの人生表現についてあたりまえとされる理解の形成上、ヒューマニスト言説の影響が広く普及しているからである。そして、こうした理解によって、人生とアイデンティティに関する自然主義的説明が提供されることになる。そのなかでは、アイデンティティは、ある性質、すなわち人間性の産物だと考えられている。この場合の人間性とは、その人がいかなる人であるかということの中心で「見出さ」れる、「本質」ないし「要素」から成り立つものである。人生とアイデンティティをこのように解釈すると、人々が経験している問題は、人間性の本質ないし要素を圧迫し、抑圧し、捻じ曲げるような力の結果だということになる。そして、こうした自然主義的見解から提案される問題解決は、圧迫し、抑圧し、捻じ曲げるような力を特定し、それに挑み、そこから抜け出すというものになる。その結果、人々はもっと忠実に本来の自分自身になる機会を得、彼らの人間性をもっと正確に反映した人生を自由に生きるようになる、というわけだ。この考え方でいくと、(問題は人生の道筋のなかでときとともに発展するというように)人々の問題は歴史的用語によって理解され得るとしても、解決の説明は、歴史の外側に置かれることになる。これが、自然主義的説明である。

人生とアイデンティティに関する自然主義的説明を脱構築する

では、この「人間性」とはいったい何なのか？　ひとつ明確なことは、それは、これまで常に存在していたわけではないということである。もうひとつ言えることは、人間性という概念の歴史において、それはいつも一定であったわけでもないということである。事実、人間性の根本的な本質や要素として考えられるものは、時代とともに変遷している。そこで、現代西洋文化のなかで、人間性がどのような役割を与えられてきたかについて、簡単に概観したい。概観と言っても、本論の目的を果たしさえすればいいので、人間性とはいっても、個人的属性と考えられふだんは「資質」とか「強さ」などと呼ばれている、本質ないし要素を強調する説明に、焦点を絞りたい。

もしも私が読者の皆さんに、強さや資質といった類いの個人的属性をもっているかと訊ねたら、私の予想では、多くの方が肯定するだろう。「なんですって？　もちろんあるに決まっているじゃないですか」と。次に、そういう個人的属性があなたのアイデンティティに関連するかと聞けば、これまた多くの方が肯定することだろう。「もちろん。誰だってそうでしょ？ それは、人のアイデンティティが建物だとしたら、レンガみたいなものですよ」と。つまり、強さや資質と呼ばれる「自己」の要素や本質の存在は、今やほとんどあたりまえの事実になっているわけである。しかし、実はアイデンティティについての本質主義者のこうした考えは、世界の文化史においてだけでなく西洋文化史においても、比較的新奇なものなのである。もしかしたら、他の文化との比較が、世界の文化史におけるこうした考えの新奇さについて説明してくれるかもしれない。

ひとつ例をあげよう。私が、オーストラリアの西砂漠地区で、先住民コミュニティから来た年長者たちと座していたときの話。そこには、いつも私といっしょに仕事をしている、二人のアボリジニもいる。私たちは、彼らが依頼してきた任務について、通訳を介して話し合う。その任務とは、彼らのコミュニティ内部の発展に関する、大変重要でありかつ差し迫った窮状と心配に取り組むことである。くだんの発展はどれもが、二〇〇年以上前のヨーロッパ人による彼らの国の侵略と占領の影響によるものである。話し合いのなかで、私は、こうした窮状と心配に対処すべく年長者たちによってすでに握られた、多くの主導権について知る。彼らは、ひどく落胆させられる状況にあっても、そのような主導権を握り続けてきたのだった。

私は、そうした主導権に畏敬の念を抱き、それを認証する方法を見つけたいと思う。畏敬の念を認証する方法を見出す努力は、伝統的アボリジニ文化が人生とアイデンティティの理解について非本質主義であるという事実に関する私の知識によって、形作られる。（年長者たちの個人的な強さと資質について）彼らの主導権によって教えられたことをリフレクティングしている私に、どんな影響が及ぶかを考えれば、この知識が重要であることは、おわかりだろう。状況によっては、キャンプファイア・ミーティングとて、沈黙で迎えられるかもしれない。しかし、もしもそれまでに私たちの結びつきに信頼が生まれていたなら、高齢者たちは遠慮なく、次のように答えるだろう。

自分に向けて、あのヨーロッパ中心心理学のたわごとを続けたらどうかね？　他のすべてと同様、われわれの人生理解も植民地にせにゃならんのだろう？　あんたたちがそういう理解をするということは、われわれの祖先を軽んじるということだ。われわれの祖先はいつもわれわれと並んで歩き、われわれの手を握っている。そして、この仕事を導いてくれるんだよ。なのに、あんたたちは、ドリーミングさえ馬鹿にするじゃないか。

結局、私たちの多くが間違いなく要素や本質というものの存在を肯定し、それを普遍的な現象だと当然のように考えているが、実は、強さと資質をもつことは、世界中で普遍的な現象ではない。他の多くの文化に属する人々は相変わらず、それとは違う仕方で自分たちの人生を理解しているのである。これを別にしても、人間性に本質と要素があるという考え方は、主流たる西洋文化においてさえ、それほど長く存在し続けているわけではない。

個人的属性をもつことは、何世紀もかけて、西洋文化の一般的な現象にまで発展した。それは、西洋民主主義国家の基礎の多くを提供する、近代自由主義理論の発展とともに浮上したと考えられている。近代自由主義理論は、私的属性を所有する個人的権利と、その属性から見出されるだろうすべてのことを独占的に使用し処理する個人的権利を、特別に重んじている。そうなると、個人は、自分の長所を改善するために自分の属性を磨いたり、自分の資質を活用するために自分の属性を掘り下げるようになる。近代自由主義理論において合法とされた個人の土地所有に加え、属性としての自分自身のアイデンティティを個人的に所有する感覚が認められたのである。そして、自己とは、個人に備わった内的属性の現れであり、当人の長所を改善したりなんらかの資質を得るべく自らの外的属性を用いる能力を個人に付与するものだと理解された。自己が特定の属性の現れだとするこの考え方によって、労働の成果を個人が所有することが合法化されたのである。

アイデンティティが個人の所有する属性によって構築されるという理解において、人々は、自分自身を所有することになった。この自己の所有という考えの下、自分の長所を改善するために自分の属性を磨き、自分の資質などを活用するために自分の属性を発掘することが、可能になった。今日、私たちは、自分自身を所有し、自己鍛錬を通して人生を内的に耕し、個人の資質に触れるまで自分を深く発掘するよう企て、さらにはその資質を地表にまで引き上げ流通させ活用するために掘り起こすようにと、あの手この手で促されている。

ここまでで、ナラティヴ・プラクティスのヒューマニスト的再解釈について述べ、しばしば強さや資質と呼ばれる、自己の要素と本質が見出される個人的属性としてアイデンティティが発展してきたことについて述べた。しかし、私がこういうことを述べたのは、このような考えが「間違い」であるとか、「悪いこと」であるとか、はたまた「無用」であるとか言うことが目的ではない、と強調しておきたい。また、人間性についてのこうした見解を述べて、本論の読者に支持されている、あらゆる考え方を地に貶める意図もない。あるいは、私の仕方でヒューマニストの理解を解明して、ヒューマニズムの多くの意義深い功績を傷つけるつもりもない。さらには、私の仕方で人生とアイデンティティについての自然主義的ないし本質主義的理解を述べたからと言って、(私たちの人生の文化的文脈が現代西洋文化であるのに) こうした理解における不正取引から私たちが完全に自由になることができるとか、ましてや日常生活のなかでそれを避けるよう試みるべきだなどと言っているのでもない。そうではなくて、以下のような事実を強調することが、私の目的であった。

(a) 人生とアイデンティティに関するあたりまえの理解を今日形作っている、本質主義的ないし自然主義的な考え方は、歴史上比較的最近、西洋文化の表舞台に躍り出たものである。

(b) 人間性は、現在考えられている内容とずっと同一であったわけではないし、それがどのように考えられていようともそれらはすべて例外なく、歴史と文化の産物である。

(c) 私たちは、自らの個人的属性であるアイデンティティをずっともち続けてきたわけではないし、強さや資質とふだん呼ばれている、本質や要素を所有し続けてきたわけでもない。

(d) アイデンティティと人生に関する自然主義的説明を脱構築する機会を得ることによって、私たちは、セラピーや人生において疑う余地なく受け入れられた自然主義的説明の再生産に縛られずに済むようになる。

本論では、個人的属性と受けとられているアイデンティティについての、自然主義的説明を脱構築することに、焦点を絞ってきた。しかしながら、少し前まではなかったのに今日では私たちの手に入る、アイデンティティに関する自然主義的説明も数多くあるので、関係アイデンティティといった類のことまで含めて、近代のアイデンティティに関する「ものごと」を脱構築する範囲に、限りはないようである。たとえば、「関係力動」を例にとると、私たちは、この概念をずいぶん長いあいだ知らなかった。関係力動概念は、歴史上最近の発展であり、ここ三〇年ほどのあいだに徐々に広まってきた。実際、今や関係力動概念の一般化に疑問を差し挟む余地のないことは、あきらかである。最近では、ますます人々の知るところとなり、本論の読者の多くが、自分自身の関係において関係力動概念の展開を経験していたとしても、驚くには当たらない。

しかしながら、いくら関係力動概念が広まろうとも、「関係力動という概念を手にすることは、良い考えなのか？」と問うことはできる。この問いを立てることで、関係力動概念が現れる一九六〇年代以前には、人々が人間関係において問題や不幸などを抱えたことはなかった、と言いたいわけではない。また、関係力動という構成概念について、賛成か反対の立場を取ろうというわけでもない。そうではなく、この問いを立てることによって、以下のような他の問いに取り組む機会が得られるのである。▼原註2

- どの時点で、関係力動に関する考え方は、私たちの関係性理解の表舞台に登場したのか？
- それを生じさせた歴史的状況は、なんだったのか？
- この考え方は、どのように用いられてきたのか？
- この考え方は、どんなことを可能にするのか？
- 関係力動という概念に関連する限界と危険性は、何なのか？

関係力動よりは少しばかり前に登場した、心理的欲求という概念についても、同じ質問をすることができるだろう。私たちは、この概念を一九二〇年代終わりから一九三〇年代初めにかけて、手にしはじめた。しかし、心理的欲求が本当にもてはやされたのは、ここ四〇年のことである。最近の歴史を展望してみると、こうした概念の莫大な急増が垣間見られる。今日では、誰もが日常のなかで心理的欲求を経験し、心理的欲求と関連づけて自らの行動の多くを理解しているのである。

人生とアイデンティティに関する自然主義的説明の限界と危険性

次に、治療的会話の文脈における、人生とアイデンティティに関する自然主義的説明に関連した限界と危険性を私がどう理解しているか、描き出したい。しかし、そうする前に、人生のミクロな文脈とマクロな文脈において、ヒューマニズムが果たした多くの価値ある貢献をいくつか認証しておきたい。たとえば、ある人のアイデンティティはその人自身の属性であり、そのなかに人間性の本質と要素を見出すことができるという考え方は、支配搾取行為に挑戦する形で使われてきた。一個人が自分自身の声を所有するのだという主張は、その人のアイデンティティについて他者から押し付けられた権威的で否定的な説明に対する強力な戦略になり得る。この戦略においては、ある真理の主張——これもかなり歴史文化的なのだが——が、他者から押し付けられた別の真理の主張に対して挑戦したり拒否する行為のなかで、利用される。重要な社会運動の文脈においてヒューマニスト哲学と解放運動哲学が並々ならぬ用いられかたをされた例は、山ほどあるのである。

ところで、ヒューマニストの数多くの業績を認めながら、なぜ私は、人生の自然主義的説明に基づく一般的なアイデンティティ主張を脱構築することに、興味をもつのか？　主たる理由は、治療的会話という特定の文脈においては、自然主義的説明に関連した多くの限界と危険性が存在し、それらは例外なく、自然主義的説明に関連した可能性を凌駕すると考えられるからである。たとえば、関連する人生についての知識や生活実践とともになされたオルタナティヴなアイデンティティ主張が、人間性を表現していると理解されると、治療的会話の選択肢は、ひどく制限される。この点に関する私の最大の心配は、もしも人々のより好ましいアイデンティティ結論が自然主義的地位を割り当てられるなら、そしてもしも治療的会話が解放の役割を与えられるなら、それによって、治療の名の下に構成されたものに対してセラピストが責任を引き受けるために取るべき選択肢は激減するだろう。話はこれで終わらない。もしもこうした会話によってもたらされるものが、人間性、あるいは人々の人生に関する真正の真理の表現だと理解されるなら、相談にきた人との会話の現実的効果に対して、セラピストが倫理的責任を取ることは、大変困難になる。もうひとつの心配、これはすでに本論のなかで述べたことだが、それは、自然主義的説明が、人生についての知識と生活実践の豊かな記述のための選択肢をいかに奪うかということと関係している。人生についての知識と生活実践は、より好ましいアイデンティティ結論に関連し、より好ましいアイデンティティ結論は治療的会話のなかで創出されるのである。

ここで、人生の自然主義的説明が治療的会話の文脈のなかで引き起こすその他の限界と危険性について、概観しておきたい。

(1)　第一に、人間の行う表現を（その人自身の特質である）なんらかの要素と本質の表面的な現われとして読みとるとき、こうした自然主義的理解は、尊ばれる「単声的」個人性の再生産に私たちを強く結びつける――それが西洋文化の証である。そこには、読者の皆さんがきっと慣れ親しんでいるに違いない、包囲され、相対的に孤立した個人の姿がある。こうした単声的個人性の再生産において、人生とアイデンティティに関する自然主義的説明は、アイデンティティについての「多声」的経験という機会の扉を閉じかねない。アイデンティティということで言えば、アイデンティティの多声的経験とは、その人の人生における何人かの重要な人物の声がよりあきらかになるときに経験されるものである（White, 1997を参照）。

(2) 第二に、アイデンティティの自然主義的説明は、人生についての力強くて一般的ないし普遍的な規範を構成する。その規範は、「健全」とか「落ち着き」、そして「自制心」といった概念を強調する。治療的会話の文脈における一般的規範の再生産において、セラピストは暗に、近代的社会統制を作動させるための担い手役を割り振られている。これは、人々の人生を規格化する判断に基づく社会統制の近代的様式である。この規格化する判断によって、人々は、自分自身の人生を監視する努力へと駆り立てられる。そこでは、健康と発達に関するスペクトラム上で人々が立っている地点と、文化的に構成された規範とのあいだのギャップを埋めることが、目指されるのである。

(3) 第三に、人生とアイデンティティに関する自然主義的説明は、弱さと欠損、さらには障害と病理を作り出す近代的現象に、密接に関連している。たとえば、強さや資質という人間性の要素と本質という考えを引き合いに出すことによって、アイデンティティの理解に貢献する言説は、弱さと欠損という考えを引き合いに出してアイデンティティの理解に貢献する言説と、軌を一にしている。もしも強さや資質という表現がなかったならば、人々は、弱さや欠損という表現で、人生の困難を理解したりはしないだろう。さらに、セラピストとて、もしも人生の自然主義的説明によって提供される対照性がなければ、病理と障害という用語で、人々の表現を理解したりはしないだろう。

(4) 第四に、アイデンティティに関する自然主義的説明には、他者を周辺化する理解を形作る可能性がある。たとえば、「他の人にはできないことでも、私たちには強さと資質があるから、なんとか乗りきることができたのだ」というように。このような他者の周辺化において、自然主義的説明は、人々の人生の文脈をその経験の政治学も含めあいまいにする。そこには、人々から機会を奪う不利な条件と、人々が「乗りきる」のを可能にする必須条件の両方が含まれているというのに。好ましいアイデンティティ結論やその人の生活知識と技術の発達に対する「他者」の貢献のあいまい化に基づいて、自然主義的説明は周辺化を達成するともいえるのである。

(5) 第五に、人々の重要な達成についての自然主義的説明は、驚きを強めるだろうが、好奇心を削ぐことになりかねない。治療的会話の文脈において、こうした驚きが決まって、さらなる探求に終止符を打つのに対し、好奇心は、複雑さの理解に貢献するより広がりのある会話の機会をもたらす。同様に、驚きが人々の人生の望ましい展開に対するセラピストの反応を形作る場合、セラピストは、その展開を認める努力において、判断を特徴とする近代的賞賛実践の再生産に陥りやすくなる。そのような賞賛実践には、「賛同する」とか、「ポジティヴなものを指摘する」とか、「強化する」、さらに各種の「祝辞的反応」が含まれている。そうなると、人々の人生のストーリーの重要な語り直しを特徴づける認証実践——これこそ、彼らのアイデンティティの豊かな記述にずっと貢献するであろうに――への扉は、閉ざされてしまう。

以上、人々の人生の重要な展開に関する自然主義的説明の限界と危険性について概観した。こうした説明によって形作られた治療的会話は、さもなくば豊かな会話になったであろうもの――つまり、すべての生活表現についての多面的で多ストーリー的な性格を目指す会話――を強力に押さえこむ。そうなると、人々の人生のオルタナティヴな領域の多くは、探求されないまま残されることになる。これが、私の主張である。

人生とアイデンティティに関する自然主義的説明を解明する

もしもこうした自然主義的説明が、あらゆる生活表現の多面的性格に向けた豊かな会話を突然終わらせるとしたら、そのような説明がなされるときセラピストにはどんな選択肢が残されているのだろう？　ひとつの選択肢は、こうした説明を解明（unpacking）しそうな会話を始めることである。ちょうど外在化する会話が、人々のアイデンティティの否定的な真理を解明できるように、肯定的な真理の地位を割り当てられてきたアイデンティティ結論は、それを解明する会話に取り込むことができる。

アイデンティティに関する自然主義的説明を解明する過程は、それまで重んじられてきた理解をけなしたり信用を落とすわけではないが、その提案は私たちにしばしば、重大な個人的挑戦となる。私たち自身のより好ましいアイデンティティ主張を解明しようという提案は、神聖化された場所に踏み込み、そこをかき乱す誘惑として経験されるため、ときに、それを根拠に拒否されるのである。それほどまでに、この課題に直面することは難しい。往々にして、そこから顔を背けて逃げたい気持ちにさせられるものである。人生とアイデンティティについて馴染みの、あたりまえの理解のもとで心地よくありたいという願望は、非常に強い。そして、それが自分たちの好みに合わないときには他人のアイデンティティ結論を解明したり、そういう問いを拒否して解明する会話も拒否したりすることによって、自分たち自身の気に入った考えを維持することは、ずっと簡単であろう。ただし、こうした挑戦を拒否し、個人的な心地よさを維持することは、相当な犠牲を払うことになるだろう。それは、薄く生きる人生を導くからだ。

治療的会話の文脈において、アイデンティティに関する自然主義的説明を解明する選択肢を導入しないという決定は、会話を著しく窮屈にする。相談にきた人々の人生とアイデンティティについての豊かな記述に貢献するはずの会話に加わってもらう機会への扉が、閉ざされることになる。それに、人々の人生の他の領域への心躍る探求の可能性が排除されるかもしれない。たとえば、アイデンティティの新たな展望と地平を見わたす喜びや、治療的会話のなかでの思いがけない経験により感じる喜びを失うことになりかねないのである。なぜなら、こうしたアイデンティティに関する自然主義的説明を解明することにおいてこそ、期待を上回る多くの発見ができるからである。さらに付け加えると、この選択肢を探求しないという決定は、私たち自身の人生と仕事が薄く経験されるように導くことだと、私は信じている。

レジリエンスを解明する

ヘレンとの面接場面。会話の目的は、彼女が子どもから大人になる時期に受けた虐待の影響に対処する可能性をさらに探ることである。彼女は、他の人の助力で、すでにこの問題をうまく処理して立ち直ったと考えてはいたものの、人生の取り戻しと彼女が呼ぶ方向へ今なお前進したいと考えてもいた。会話のはじまりで私は、彼女にその苦難を乗りきらせたものはなんだと思うか、また、虐待の多くの影響から彼女なりに立ち直るのを成功に導いてくれたのはなんだと思うか、と訊ねた。彼女は、今の状態を達成できたのは、自分の「レジリエンス」のおかげだと思うと答えた。そこで私は、レジリエンスについてのヘレンの気づきの歴史と、彼女自身は最初それをなんと名づけたのか、そしてこの発見は彼女にどんな意味があったのかを訊ねた。

私の質問に対するヘレンの答えは、ある大切な意味を私に気づかせてくれた。それは、彼女がこれまでずっと手放さずに表現してきたレジリエンスの発見に対して、彼女が見出していた重要性のことである。これは、非常に貴重なアイデンティティ結論を構成した。しかしながら、私がこの発見の意味について自分の理解をリフレクションしはじめると、彼女は「でも、レジリエンスは十分じゃないの。もしも十分なら、今こうしてあなたと会う必要はなかったわけですから」と語った。そこで私は、このレジリエンスをさらに探求すれば、ヘレンが潜り抜けてきた虐待の影響に対処する方策をいくらか提供できるかもしれないと言い、質問への同意を求めた。ヘレンは、いいわよと言った。ここで、その質問の例をほんの少し上げておきたい。質問は矢継ぎ早にするのではなく、ヘレンの反応への微調整によって形作られた。

第一の質問群は、レジリエンスの指標となるありかたや考え方をヘレンが豊かに記述するよう促進した。典型例は以下のようなものである。

- レジリエンスがごく身近にあると、あなたのすることにどのように影響しますか？
- それは、あなたの人生をどのように形作りますか？
- それは、あなたの人間関係において何を可能にしますか？
- それは、人生におけるあなたの前進をどのように助けてくれますか？
- それは、そのときどきのあなたの考えに、どのように影響しますか？

第二の質問群は、ヘレンが、レジリエンスと自分との関係を豊かに記述するようにした。

- あなたは、どのようにしてずっとレジリエンスとの結びつきを維持できたのか、おわかりですか？
- 人生においてレジリエンスとの結びつきを奪われそうになったときは、ありましたか？
- レジリエンスとの結びつきを維持するために、あなたはどんな手段を取ったのですか？

第三の質問群は、ヘレンのレジリエンスをずっと支えてきたものを彼女が豊かに記述する機会を提供した。

- ここ数年間、レジリエンスを支えていたものについて、何か考えはありますか？
- たとえば、レジリエンスに、何か希望を寄せていましたか？
- どんな希望がレジリエンスを支えていたのか、少し話してくれませんか？
- 再々蒸し返される出来事にあなたが甘んじることがなかったのは、どのように可能だったのでしょう？

◆別の人生があり得るという考え方には、どのように導かれたのですか？

第四の質問群は、不正についてのヘレンの認識を豊かに記述する作業へと、彼女を引き入れた。

◆あなたが被ってきたことは良くないことだという事実を最初に意識したのは、いつでしたか？　どのようにして、その意識に至ったのか、覚えていますか？
◆その意識は、正義と不正に対するあなたの立場について、何を語っていますか？
◆正義に対するあなたの立場が、どのようにあなたの歴史のなかで表現されてきたのか、いくつか質問してもよろしいでしょうか？

これらの質問に答えてヘレンは、社会的技術について、そしてレジリエンス概念に関連した知識と生活実践について、豊かな記述を展開した。たとえば、レジリエンスとの関係を保つなかで、彼女が発展させ、用いてきた技術やノウハウについて。レジリエンスを支えてきた希望について。その希望にどのように導かれたかについて。さらには、正義を支持する立場について、彼女自身の人生において、そして他の人のために彼女がいかにさまざまな仕方でその立場を取るのかということについて。ここで、これらの質問によって開かれた質問の展開例を、ひとつだけ簡単に紹介しよう。

ヘレンの人生を変えることになる希望へどのように導かれたのかという質問に答えるなかで、彼女は気がつくと、高校二年生のときの担任のマーフィー先生について考えていた。その頃は、ヘレンが特に苦しんでいたときで、そのために、学校の勉強に身が入らず、授業中の集中力も底をついていた。驚いたことに、マーフィー先生は、一度も彼女の態度を批判しなかった。それどころか、先生はやさしくて忍耐強く、ヘレンの建設的な発言にはなんであれ、素早く興味を示したのだった。事実、マーフィー先生は、彼女がトップクラスの成績であったことよりも、こうした発言に興味を示した。ヘレンは、こうした歴史的出来事を振り返るあいだに、先生が自分の経験していることをどこかおかしいと思っていたに違いないという結論に達した。ヘレンはまた、自分の味方になろうとした先生の努力を、痛いほど身に沁みて感じた。

ヘレンが高校二年生のときの話は、新しい会話の選択肢を提供した。たとえば、他の人たちは気づかなかったのにマーフィー先生だけはヘレンについてきちんと評価してくれていたことや、その理解や認証はヘレンが苦しみをきり抜けるのにどのように貢献したかという会話につながったのである。また、先生のその行為は、仕事として教師を続けるうえで重要な彼女の目的と価値感について、何を反映していたのか、そしてその行為に対するヘレンの反応は、先生の目的と価値感を承認していたのか否かという会話にもつながった。ヘレンが自分の反応は先生の目的や価値観を承認していただろうと判断したので、私は、一四歳の若い女性であるヘレンから承認された経験は、マーフィー先生にとってどのようなものであったのか推測してみるよう彼女に勧めた。このまさに胸を打つきわめて情緒的な会話の結果、ヘレンは、人生の呪縛の時代におけるマーフィー先生の姿を呼び起こすことができるようになった。彼女は折にふれて、自分のアイデンティティ問題に関して、マーフィー先生の声を呼び起こせるようになり、それは、彼女の人生を虐待した者たちの声を置き換える効果があった。ヘレンが先生に会う心の準備ができた頃、私たちはマーフィー先生宅を捜し当てた。彼女はすでに現役を退いていたが、ヘレンのことを覚えており、彼女に会い私たちの会話に加わることに、乗り気になってくれた。この会話はすばらしく楽しいものとなったが、それはまた別のストーリーである。

ここまでで私は、質問のカテゴリーのいくつかを紹介し、ヘレンのレジリエンスを比較的きちんと解明するのに貢献した会話を簡潔に説明した。ヘレンが、人生に対する虐待影響の「遺物」と呼んでいたものを撃退するというゴールに到達したのは、まさにこのような質問と会話を通してであった。ヘレンは正しかった。彼女は、「レジリエンスは十分じゃないの」と言っていたのだから。しかし、レジリエンスは解明されて、充分となったのである。

レジリエンスを個人的属性として自然主義的に説明するだけでは、十分ではなかった。しかし、人生についての知識や生活技術とともに、一連のオルタナティヴなアイデンティティ結論の象徴としてレジリエンスが考えられたとき、オルタナティヴなアイデンティティ結論の歴史がより豊かに記述されたとき、そして、このような質問によって彼女の歴史のなかの特定の人物との重要なかかわり直しが促されたとき、多くの新たな行為選択が、ヘレンには可能になった。これらの選択肢によって、彼女は、人生に対する虐待の影響を断ち切ることができたのである。

最後に、自分たちの仕事に関する自然主義的説明を解明する会話に私たちがかかわる機会をもつことができたときに、セラピストとしての私たちの手に入る、さらなる実践展開の可能性を描くストーリーに、目を向けたい。

直感を解明する

ジョーは、ある地方機関のセラピストである。彼が私のスーパーヴィジョンを受けようと決めたのは、仕事で欲求不満を経験していたからである。相談の多くが、彼の望んだようにいかなかったのである。彼はこの欲求不満から解放されたかったし、もっと快適な仕事の仕方があるはずだと思っていた。私は「その欲求不満はずっとあったのですか?」と聞いてみた。「ええ。ほとんどずっと」と、彼は言った。「たまには、欲求不満のないときもありますけどね」。私は彼がそれをどう説明するか知りたかったが、具体的な定義は、ジョーには難しかった。結局、彼の結論では、それはほとんど偶然に起こるようで、もしも彼のしていたことと何か関係があるとしたら、たぶん、「直感」の現れがからんでいるのだろうということだった。そこで、直感的であるという感覚について訊ねると、ジョーは、それを高く評価しながらも、あまりに捉えどころがないので日常業務では当てにできないと答えた。

私は、人々とジョーの会話のなかで、この直感が現れると、事がどう進むのか知りたかった。なぜなら、そういうときには、相手が「じっくり話を聞いてもらって、心を動かされる」ようなやりとりになり、相談にきた人にとっては、それがターニングポイントになるように、私には聞こえたからである。これは、ジョーが仕事においてもっと経験したがっていることだった。私は、彼の直感について、挑戦的になるかもしれないが失礼にならないようにいくつか質問してもいいかと訊いた。直感は彼が大切にしているものであること、それゆえ直感についての質問というリスクを彼が冒したくないと思うのももっともであること、そして彼がそれに触れられたくないのならそれはそれで良いと私が理解していることを、明確にしたわけである。また、直感についての質問は、いっしょに面接を進めるために必須というわけではないが、直感を解明することは、彼が困難に感じている欲求不満の解決に向けてひとつの選択肢を提供してくれるかもしれない、とも言った。

ジョーは運を天に任せることにして、直感についての質問をするよう私に促した。そこで私は、この直感が特徴的な最近の相談の詳細を、私にわかるように説明してほしいと頼んだ。彼は、ここ数週間相談にきていた、ある家族について話した。私は、その家族との面接における彼の直感経験について、そして、彼の直感の表現に対する、その家族員の反応をめぐる彼の理解について訊ねた。また、その直感表現を取りまく出来事についても訊ねた。この情報を得て、私たちは、ジョーの直感を解明する会話へと進んだ。この会話は、一連の質問から始まった。ここで、その例を上げよう。私はこれらの質問を、矢継ぎ早にしたわけではない。おのおのの質問は、ジョーのそれまでの反応を考慮して形作られ、微妙なところまでそれと調和するようになされた。

一組目の質問群は、ジョーの治療的受け答えを、彼に特定の仕方でかかわってほしいという家族からの誘いかけにつなぐようジョーを促すものである。

- 私の理解では、あなたの治療的受け答えが家族に喜んで受け入れられたとき、直感が得られるようです。家族の人生にあなたなりにかかわってほしいという誘いについて、どんな気づきを得ていますか？
- 治療的受け答えにおいて、あなたが最も尊重された誘いについて、何か感じることはありますか？
- そのように人々の人生へ招き入れられることは、あなたにとってどんな感じですか？

第二の質問群は、ジョーの表現を、家族がどのような治療的受け答えを意味深いと感じるかについての手がかりにつなぐよう促すものである。この質問群は、ジョーが彼なりにその手がかりに対して開かれていようとする技術について説明することも促進した。

- あなたの受け答えが家族にとって特に意味深くなるとき、直感が存在するわけです。どんな受け答えが家族にとって意味深いのか、その手がかりについて、何か考えがありますか？
- そのような手がかりへの感受性の育み方について教えてくれませんか？　つまり、どんな治療的やりとりがより適切かに関する手がかりを特定したり、対応したりする技術の育み方を聞かせてほしいのです。
- あなたの治療的受け答えのなかで、その感受性はどのように表現されましたか？
- その感受性の発達にとって肥やしとなったであろう、あなた自身の人生の文脈について、いくつか語ってくれませんか？

第三の質問群は、家族全員に重要性を共有された治療方針を優先したがゆえに、治療的受け答えが適切なものになったというジョーの意識の発達に貢献した。

- この家族がもち込んだ治療方針にあなたが敬意を示していると感じたとき、直感は、面接のひとつの特徴となっていました。重要性が共有されている治療方針の優先性を他の家族たちにも認めてもらい優先させるために、あなたはどのように話を進めたのですか？

◆共有された治療方針の協議にあなたと家族がどのように貢献したのか、あなたの考えを聞かせてくれませんか？

第四の質問群は、ジョーの技術に注意を向けた。その技術とは、家族の「ありかたの理解」において表現される技術であり、家族の人生理解について彼が家族に共鳴する形で経験される彼の受け答えを形作る技術のことである。

◆あなたの感覚では、家族があなたに深く理解されていると感じるとき、そして彼らに馴染んだ人生の理解にぴったり当てはまるようにあなたが自分自身を表現しているとき、直感が働いているようです。あなた自身の個人的経験史において、家族の経験を理解するのに引き継がれたであろう出来事は、なんですか？

◆ここであなたが表現したような理解の仕方を、あなたに詳しく教え、それをひとつの技術にさせたかもしれない、あなたの人生のその他の文脈というものを、思いつくことはできますか？

◆この家族に馴染んだ人生理解に当てはまるような、あなたの治療的受け答えを形作るのに、そういう経験は、どんなふうに貢献しましたか？

最後に五番目の質問群は、治療的受け答えを形成する際にジョーが採用した一般的な技術と知識の特定に、焦点を当てた。

- あなたの治療的受け答えがこの家族にとって重要な違いをもたらしたという事実に関連づけて、直感について考えましたが、そういうあなたの受け答えを形作り、それが違いを生むのに貢献した技術やノウハウを説明するうえで手助けになりそうな質問を、いくつかしてもよいでしょうか？
- あなたの受け答えのなかに表現された人生の知識について、少し説明してくれませんか？
- こうした技術と知識の発達に基礎を提供してきた、あなたの人生の歴史的文脈について、どんな考えをお持ちですか？

これらの、ないし同様の質問に答えるなかで、ジョーは、この家族との仕事で用いた技術と知識——直感は技術と知識を象徴するものであった——についての豊かな記述を発展させた。これらの知識と技術の創成、獲得、および洗練のために肥沃な土壌を提供した、彼の人生の多くの文脈を特定するなかで、彼は、自分自身の歴史に関与し直す意味深い機会をもつことになった。歴史とのかかわり直しを通して、彼の人生に大変重要な影響を及ぼした人物の声がいくつか認証された。そのひとつは、母方の祖母の声だった。彼女は、驚くべき女性で、彼が育った労働者階級コミュニティの中心人物だった。彼女は出しゃばらないが強い人物で、近所の人や友達が悩んでいたりイライラしていると、いつもサポートに回るものの決してその人たちの人生に首を突っこむことはなかった。こうした人物たちの彼の人生と仕事への貢献を新たなやりかたで認証することを発見するなかで、これらの人物たちの声は、ジョーの現在進行形の治療的探求において、より大きなものになっていった。

ジョーとのその後の会話にも、直感を解明する機会は残っていた。治療的会話の文脈においては、より好ましい治療的展開とより好ましいセラピスト・アイデンティティ結論への「他者」の貢献を、もっと明確にし得る選択肢が、たくさん揃う。すなわち、相談にきた人がそうした展開とアイデンティティ結論に貢献したことを、もっと明確にし得るのである。先の例で言えば、こうした貢献とは、家族からジョーに向けられた、手がかりと誘いかけのことである。もともと、それらは私との会話のはじまりに特定され、認証されていた。この後も、私たちはさらに会話を続け、ジョーが直感として特定したものに対する、この家族の貢献についての理解を拡げた。

こうした貢献は、例外なく意味があるものだが、めったに認証されない。相談にくる人々は往々にして、良いときも悪いときも、かなりセラピストを信じ続ける。こうした努力として、人々は、セラピストが筋を見失ってもとても寛容であるし、セラピストが正しい軌道に戻ればすぐさまセラピストの正しさを認め、彼らの琴線に触れるセラピストの受け答えを鼓舞し、支持する。そのうえ、人々との多くの会話は、セラピスト自身の人生と仕事を支えるようにセラピストの心を躍らせる。こうした貢献が治療的会話のなかで特定され認証されると、人々は、自分たちがセラピストとのパートナーシップを促進する選択肢に気づくようになる。こうした状況下では、セラピストは重荷を経験しにくくなり、むしろ自分の仕事が活気づくのを知るだろう。

直感の解明――それがジョーにとってより好みのアイデンティティ結論であった――や、直感が象徴する多くの知識と技術の豊かな記述によって、ジョーにとってずっと厄介だった葛藤は、消失した。あまりに捉えどころがなかったもの――直感――は、今や、細部まで馴染みをもつほどに触れることのできるものとなった。これらの技術と知識は、今のジョーにとっては、相談を求めてくる人たちとの仕事のなかで再現しやすいものとなり、彼はこの仕事をいつでも快適に感じ始めていた。

結論

本論で私は、ナラティヴ・プラクティスの多くの側面を記述した。ダニエルの家族が問題に関する立場を共有するための予備段階ストーリー、そしてジェーンが自己嫌悪から逃れるストーリーにおいて、私は、外在化する会話が否定的なアイデンティティ結論を解明する手助けとなり得る方法について説明した。また、こうした結論の解明が十分ではないという事実を正しく理解することの重要性にも、焦点を当てた。人生の新たな行為選択を創造するためには、オルタナティヴな人生についての知識と生活実践――それらは一見、かすかな痕跡にしか見えない――が、より豊かに記述されなければならないのである。こうした知識と実践は、さまざまな方法で理解され得る。これらの知識と実践に関する自然主義的説明は、知識と実践を「人間性」の本質と要素の表現として解釈するものだが、それは人生についての比較的新しい理解であり、文化歴史的に特定の理解であることを、私は提唱した。さらに、治療的会話の文脈においては、こうした自然主義的説明が特有な危険性と限界をもたらし、それらが可能性よりも大きくなりがちであることも、示唆した。

また、ヘレンのレジリエンスを解明するストーリーと、ジョーの直感を解明するストーリーを語り直すなかで、わたしたちが自然主義的説明を超えて、歴史・文化・家族の領域のなかへと移動すれば治療的会話に盛り込める選択肢を、いくつか記述した。わたしたちがオルタナティヴな人生の知識と生活実践の歴史を知るようになるのは、この自然主義的説明の解明を通してこそである。この解明を通してこそ、いかに人々の人生が主題と価値観を共有して周囲の人たちの人生と結びついているかを、知ることができる。この解明を通してこそ、わたしたちは予期せぬものにかかわることができる。このように、この解明は決定的なちがいを生じさせ得る、と私は信じている。

原註

▼原註1 すべての人名は架空のものである。

▼原註2 私がここで用意する質問は、フーコーディアンのものである。

第7章

コラボレーションを育む

親と子のあいだ、児童保護機関と家族のあいだ

——デイヴィッド・デンボロウによるインタビュー

Fostering collaboration:
between parents and children,
and between child protection services and families
2006

……どんなセラピストでも、子どもないし若者と親を交えた面接が葛藤や誤解に満ちあふれた場面を憶えているものです。そのようなときにあなたが、セラピストとしていつも心がけていることについて、話してもらえますか？

子どもないし青年と親とのあいだに葛藤がある家族とは、よく会います。そういった葛藤は、多くの誤解や傷ついた感情、そしてお互いの真意についての否定的な結論を生みかねません。ときに、そのような葛藤はエスカレートし、両者がコラボレーションをほとんど停止し、完全に二極化していることもあります。家族はたいてい、この時点で、セラピストに助けを求めて来ます。私は、このような状況においてコラボレーションを促す会話の道筋を作り出すことに、とても興味があります。

子どもや青年のいる家族が相談を求めるとき、問題はしばしば、若い人たちの人生と分かち難くなっています。親の目には、またしばしば若者の目にも、その問題は、若者のアイデンティティを反映しているわけです。その結果、親と若者は、問題をめぐって衝突しあいます。このような場合、問題を外在化して定義するよう話し合うことによって、会話を広げる空間が提供されます。

外在化する会話という文脈において、こうした親子が、自身の人生やお互いの関係性に見られる問題の多様な結果を特定できると、非常に役立ちます。このような特定によって、若者はもちろん、親も、問題をめぐる葛藤を著しく和らげる形で欲求不満や失望の経験を表現できるからです。

……ある特定の困難や葛藤が人生にもたらす影響について話す機会が、子どもだけでなく親にとっても、なぜそこまで大事なのか、もう少し話していただけませんか？

長期にわたって葛藤のなかにいたり、長期にわたる他者の葛藤に対応していると、人々はしばしば、立場を集約したくなるものです。家族の葛藤ならば、集約される可能性があるのは、子どもか親ということになりますが、家族のなかであれば、子どもが集約されがちです。一方、精神療法文化においては、集約されるのはたいてい親、しかもほとんど母親です。そして結果は、例外なくマイナスです。なぜなら、たいてい親子はそれまで以上に疎外し合い、親はカウンセラーからも疎外されるからです。最初の外在化する会話において、問題が親の人生に与える影響を見過ごさないことは、とても重要です。というのは、親は、子どもと経験してきた問題によってイライラしたり不安を募らせていることが多く、そのような文脈では、問題や、子ども自身の人生に対する問題の影響についての当人の説明に耳を傾け難いからです。

……そのような会話がどう展開するのか、もう少し話していただけますか？　こうした状況での会話は、親の不満となり、次には子どもの否認、そしてさらなる親の不満へと陥りやすいわけですが、どうすれば、そのような状況が避けられるのでしょうか？

私は、このような会話がうまくいく機会を提供する責任を強く意識しています。この責任を果たす方法は、たくさんあります。もしも親が娘ないし息子の人生のなんらかの側面について不満や批判を表しているなら、その不満に表現されている潜 - 在（欠落しているもののそこに包含されているもの）についてインタビューするのが、一つの方法です。このような不満が、娘ないし息子の人生について親が抱いている心配、親の自分自身の人生についての心配、そして息子や娘との関係についての心配に関して何を示しているのか、訊ねるのです。これらの心配は、危機にさらされた希望や、危うくなっている価値観、頓挫しそうな目的、くじけそうな大志、くだけそうな自尊心などとつながっているかもしれません。

不満だけでなく、心配や、心配の基盤になっていることについて話をすると、違った種類の会話を展開することができます。たとえば、こうした心配の基盤についての歴史をたどる質問が、可能になります。この状況なら、親は、希望や目的や価値観の発達とかかわりのある、特定の歴史的経験について話す機会を得るかもしれません。こうして、最初の批判や不満は、親の経験のなかで具体化されるにつれ、より特別で私的なものになります。このように、批判や不満がより特別で私的なものになるにしたがい、息子ない し娘は、自分のアイデンティティについて構成されてきた否定的結論のいくつかから解放されます。これには、娘ないし息子が自分自身の心配やその基盤となることについて話すための空間を拓く効果もあるのです。

ここまでくれば、息子ないし娘にもインタビューすることが、可能です。つまり、子どもに対する親の心配、親の自分自身の人生に対する心配、そして親子関係についての心配のうち、いくらかでも共有できるものがあるかどうかを問うのです。この時点で、子どもはたいてい、親の抱いている心配のうち少なくとも一つは共有できると認めるものです。もしも親の心配が、息子ないし娘によって多少なりとも認められるならば、そこに、コラボレイティヴな探索の基盤を提供し得る共通理解が、ある程度はあるわけです。家族は、この共有された心配だけでなく、それとつながりのあることがらについて、それらすべてが以前よりもずっと豊かに理解される仕方で話し合うことが、可能になります。これによって、その心配に対処するコラボレイティヴな行為の基盤が決まって提供されるのです。

……しかし、その子どもが親の心配事を一つも共有しなかったら、どうしますか？

もしも息子ないし娘が親の心配を共有しなければ、それについて子どもにもっと訊ねることです。子ども自身の人生や親の人生について、あるいは親子関係について、なぜ子どもにはこうした心配がないのか、インタビューすることができます。

このような質問に対する息子ないし娘の反応は、会話のなかで利用することができます。つまり、子どもたちは、自分自身の心配と親の心配とを区別する機会を得るだけでなく、自分が身につけつつある（子どもに対する親の心配には悩まされる筋合いはないことを保証する）人生の知識や生活の技術のようなものをあきらかにする機会を得るのです。そして、こういった知識や技術に基づいて娘ないし息子がとった行為も探求可能になるのです。

若者たちが、自分自身の心配と同様、自分自身の希望、価値観、目的、大志などの言葉で自らの心配の基盤について表現できる機会をもったり、人生の知識や生活の技術——自分の人生への親の心配に悩まされる筋合いはないことを保証する——について説明する機会をもつと、それによって、親の心配は軽減するようです。親は、自分の息子ないし娘は自分で人生の舵をとれるのだという感覚だけでなく、自分の息子ないし娘もまた人生の窮状対処に役立つ知識や技術をもっているのだという感覚を得るのです。

この質問のもう一つの利点は、若い人たちが、こうした知識や技術はもちろんのこと、人生で価値を置いていることや、どのように生きていきたいのかということを、より豊かに記述する機会を得ることです。若い人たちがより多くの機会を獲得すると、彼ら自身の行為を形作るうえで、より影響力をもつことになります。

もう一つ、方法があります。親の心配が親子関係に及ぼす影響や、それが子どもの人生に及ぼす結果についてどう理解しているかを、娘ないし息子に訊ねるのです。そして、こうした結果のどの側面を不満に思うのか、なぜこうした結果を不満に思うのか、そして親の心配を軽減する、あるいは解決するためにどのような方法がとれるのか、ということについて質問します。この質問は、若者が何に価値を置き、どのように生きていこうとしているのかということや、他者との関係を形作るうえで役立つ技術のことを本人が話すための空間を拓くことができるのです。

……こうした会話をするときに、さまざまな方法を念頭に置くことは、とても重要ですね！

そうです。大切なのは、会話がどっちに転んでも、家族メンバーのあいだやセラピストと家族のあいだのコラボレーションを促す道筋があることを知っておくことです。

……若い人たちが両親に不満をもつ状況については、どうお考えですか？

この会話では、主に親が子どもに対してもつ不満や心配に焦点をあててきました。しかし、若い人たちも、親に対して不満や心配を抱えます。私がここで述べたアプローチは、逆に使うことも可能です。

……家族と子どもたちとの会話においてコラボレーションを促す特別な方法が、他にもありますか？

たくさんあります。ここではもう一つだけ言いましょう。子どもが示す技術や知識に親を肯定的に関連づけることです。これは、親が不適格だとか、親としての役割を果たせていないと感じているときにとりわけ適しています。精神療法の分野では、親と子どもの人生を否定的に関連づける伝統があります。言い換えれば、子どもが望ましくないと思われる行為を示すと、決まって親や養育者がその原因だと見なされるわけです。親を否定的に原因と考えるこの伝統はしばしば、親にも子にもマイナスの影響を与えます。子どもを親から隔て、親の無力感を強化するので、結果的に子どもは、自分の今までの歴史とほどほどに折り合うことがますます難しくなるのです。

その解毒剤として、親が子どもの人生上の技術や知識と肯定的な関わりがあると指摘するための、たくさんの方法があります。これは、親の育児責任の果たし方において、子どもにトラウマを与えかねないか、あるいは実際にトラウマを与えた側面があっても、可能です。もちろん、子どもが親からトラウマを受けているならば、それは認識され、対処されなければなりません。これは常に最優先です。しかしながら、親の行為に潜む、あるいは実際にある否定的な側面に取り組む努力は、親が子どもの表現する人生の源であると肯定的に指摘することによってこそ、促されるのです。

……それについてもっと話していただけますか？

一連の治療的会話では、娘ないし息子の自発性を認めることが可能です。自発性は、遂行能力の表現です。それは、会話のなかで発揮されるかもしれませんし、最近の出来事のなかに見つかるかもしれません。たとえば、特別な技術や知識を証明する子どもの行為についてのストーリーのなかに、などです。そうした自発性は、治療的会話においてより有意義なものとされ、その子どもが示してきた特別な人生知識や生活技術が引き出されます。

ここまでくると、治療的質問は、娘ないし息子の自発性のなかに表現された人生知識や生活技術の発達に対する親の貢献という大切な部分に、焦点が移ります。これは、子どもが成し遂げたことを差し引くことなく、行えることです。

……子どもたちの技術と知識の社会関係的歴史を探求していると、こうした技術や知識の発達に親が関与していることがしばしばある、ということでしょうか？

そうです。親が子どもの知識や技術の発達の源であると肯定的に指摘する会話が、可能なのです。子どもの技術や知識の歴史をたどっていくことによって、子どもの人生における関係的、社会的そして文化的な豊かさは、より目に見えるものになります。このことは、子どもが自分自身の歴史とほどほどに折り合うための新しい方法をもたらし、より強い自己感覚を発達させます。また、親は、子どもが示すいくつかの特別な技術や知識の発達の源が自分であると指摘されることによって、子ども、および子どもとの関係にとって望ましくない結果をもたらしたかもしれない自分の子育ての側面を振り返り、批評することのできる立場を与えられます。このような肯定的関連づけによって、親は、子どもとの関係においてうまくいかなくなったことだけで自らのアイデンティティを集約しなくて済むことになります。その結果、親は、「防衛姿勢」から解放されるのです。

……ここで是非あなたのお考えをお聞きしたいのは、このようなコラボレイティヴな実践が児童保護調査において適切なものとされるかどうかということです。つまり、虐待やネグレクトと思われる行為に対してワーカーたちが乗り出すとき……

それは大きな問題ですね！　児童保護活動の歴史は、調査対象となる家族と州当局とのコラボレーションの歴史とは言えません。主に児童保護活動にかかわっている人たちと話をするとき、彼らが自分たちの立場をそれほど気にしなくて済む状況で気を許してくれると、彼らが後悔の念を口にするのは、ごく普通のことです。状況処理に関する後悔です。数十年前の児童保護についてだけでなく、もっと最近の、今日的出来事に関する後悔も口にされます。こうした後悔は、児童保護調査で働いた経験のある人々、児童保護政策策定責任者、そして児童保護調査活動の対象者（その対象となった親やきわめて多くの若者も含む）によって、しばしば表現されるものです。

……かなりの複雑さをはらんでいると考えられることの多い領域ですね。児童保護の対応がよりコラボレイティヴになる方法はありますか？

最近では、コラボレイティヴでない児童保護活動、つまり児童保護機関と児童保護調査対象家族とのあいだのコラボレーションを基礎にしていない児童保護活動のマイナスの結果が、社会的に広く認識されるようになりました。このため、よりコラボレイティヴな児童保護調査アプローチについて、多くの発展が見られるようになりました。たとえば、各地の州当局は、児童保護調査対象となっている子どもの家族とミーティングを開くプログラムを始めました。親、ときにはきょうだいに、その子どもの安全を確保する計画を勧めることが、目的です。多くの場合、こういったミーティングは、より正式な法的手続きに先行して設けられており、そのねらいは、その先でなされる決定を方向づけることにあります。

児童保護調査活動へのよりコラボレイティヴなアプローチに見られる、これらのイニシアチヴは意義深いものです。ただし、これはまだほんのはじまりにすぎず、まだまだなされるべきことはたくさんあります。たとえば、子どもの安全について家族に助言するためのフォーラムが発展してきた今、家族にこうしたフォーラムに足を踏み入れてもらうために、私たちは何を整備する必要があるのでしょうか？　そういうとき、家族には、安全に関する発言を携えてきてもらいたい。また、安全を維持して責任を保証するだけでなく、児童保護調査対象となっている子どもとの関係を回復し、親子関係を活性化する関係性を再発展させるための基礎をも提供する、振る舞い方に関する発言も携えてきてほしいわけです。

これは重要な問いです。なぜなら、こうした家族の多くにおいては、安全という考えそのものが十分認識された概念ではないからです。児童保護活動調査におけるコラボレーションの制度化の一環であるこうしたフォーラムに家族が足を踏み入れるには、家族がこの概念を発達させることが、大事なのです。責任の概念についても、同じことが言えます。これは、特に、虐待する親ではしばしば未発達の概念です。虐待やネグレクト行為に対する責任という概念も、子どもの安心安全を確保する責任という概念も、そして子どもにとって癒しになる行為に対する責任という概念も、そうです。こうした責任についての概念をさらに発達させることは、親たちがこうしたフォーラムに参加して、安全の問題や、児童保護活動を活性化する方法について発言するには、絶対不可欠な要因なのです。こうして概念の発達に焦点をあてると、コラボレーションを促すために設けられたフォーラムへの親の参加には、適切な準備が重要であることに、気づかされます。より十分にコラボレイティヴな児童保護アプローチを発展させるには、そして、児童保護調査活動に関して長年言われてきた後悔に取り組む上で効果的なアプローチを発展させるには、もっと多くのことをしなければなりません。こうしたアプローチが発展すれば、将来後悔することはかなり少なくなるだろうと、私は信じています。

……児童保護調査のなかで、より高いコラボレーション意識をもって実施し得る領域は、他にもありますか?

たくさんあります。私は、責任という概念の発達の決定的重要性について話してきましたが、今ほとんどのところでは、児童保護活動とつながる法的手続きは、この概念の発達にとって好ましいものではありません。事実、裁判所はたいてい、それに水を差す立場にあります。法廷の文脈では、虐待やネグレクト行為の責任を認める人には罰が与えられ、そこにはしばしば受刑も含まれるのです。責任を認めない人はたいてい、法的処罰をほとんど受けません。ですから、児童保護調査のこうした側面については再考すべき点がたくさんあります。しかし、この窮状は、裁判所と児童保護機関の本当にコラボレイティヴな関係の文脈においてなんとか対処できると信じています。

児童保護調査活動においてコラボレーションの余地が大きい領域の一つは、調査対象となる子どもたち、および彼らの人生についての治療相談です。通常、この治療相談は、子どもたちが受けた疑いのある虐待ないしネグレクトについて事実を突きとめ、この虐待と／ないしネグレクトによって生じた影響を特定し、そして場合によっては、虐待と／ないしネグレクトの経験について癒しを得られるよう子どもたちに表現機会を提供するという議題から成り立っています。私の経験上、虐待と／ないしネグレクトされたことに対して、子どもたちが実際にどう反応したかという調査に重大な焦点が置かれることは、めったにありません。

……なぜこういった子どもの拡大治療相談がそんなに稀なのかということについて、何かお考えはありますか？

子ども時代についての数多の規範的な考え方のいくつかは、児童保護調査における子どもたちへの拡大治療相談の障害になっています。そして、若者たちの人生が、こうした発達理論を基礎としていることが多い規範的な考え方に反しているという評価は、子どもの役割が、家族のなかであたりまえとされている関係を逸脱しているとき、具体的な影響を及ぼします。子どもの役割の特徴が――親子関係やきょうだい関係の本質についての――よくある一般的前提に相容れないときも同様です。また、そのような評価を導くのは、若者たちが、通常は親の立場の責任であり親固有の領域と当然視されている役割を取るときです。この手の評価はしばしば、「親化した子ども」のような病理化診断や、「この子は子ども時代を奪われた」といったありがちな否定的結論によって表現されます。そのうえ、そのような評価は、「この結果、この子は発達が遅れた状態になるでしょう」という不吉な結果予測に使われます。

私は「親化した」と見なされているたくさんの子どもたちと会ったことがありますが、こうした子どもたちは例外なく、誰かを育てたり、世話をしたり、監督したりするのに長けていることが、あきらかでした。こういった技術を認証し、名誉を与える役割を担うことはいつでも可能でしたし、子どもたちはこうした技術の発達を誇りに思うことができました。また、子どもたちがこうした技術を表現するサポートや、ひと休みする期間を提供するサポートを確立することも可能でした。子どもの頃、家族のなかで親役割をはたしており、そのために発達が遅れてしまったと判定された大人たちにも、私はたくさん会ってきました。このような大人たちは、子ども時代にこの役割を担ったことを嘆いていましたが、しかしまた、その子ども時代に確立した世話をする遂行能力が彼らの人生にもたらした可能性を認識してもいました。そして、こうした人たちのなかで、子ども時代にこうした遂行能力をいくらかでも認証してもらった経験や、自分がはたしていた親役割をサポートしてもらう経験をした人は、いたとしても、とても稀です。子ども時代にこのことを認証してもらう経験をもつことが子どもたちにどんな違いをもたらすか、考えてもみてください！

……児童保護を考えるうえで、このことはどのような意味合いをもちますか？

児童保護活動の根幹が、子どもの人生を評価する規範の基礎を提供する発達理論のように理論的なものであると、――受けたと思われる虐待あるいはネグレクトへの生の反応を説明してくれる――若者たちやその親きょうだいの拡大治療相談を行うことは、非常に困難になります。これについては誤解しないでください。私は発達理論が不適切であるとか、子どもの心は単に大人の心を小さくしたものであるとか、ましてや子どもの意識が大人の意識を小さくしたものであるとか、そういったことを言っているのではありません。繰り返し主張しておきましょう。虐待やネグレクトだと思われることがもたらす結果への心配を受けて、若者たちの反応を評価する根幹として、発達理論やそれに基づく規範を採用することは、虐待やネグレクトと思われることに対する若者たちの反応の仕方に関する、本人たちや親きょうだいの拡大治療相談の障害になります。

……児童保護の仕事に優生学の考え方がどのような影響を与え続けているのかについて、あなたが考えを披露されているのをお聞きしたことがありますが、ここでそのことについて話していただけますか？

そう、私は、このことが関連性のあることだと思っているのです。若者たちの拡大治療相談の障害となるのは、発達理論が基礎にある規範に限ったことではありません。現代の優生学的議題から発想を得た規範もそうなのです。この暗黙の優生学的議題は、「もっと普通の家族だったら、この子はもっとよくなるだろうに」

というような結論に現われています。優生学的議題に発想を得た規範にしたがって若者たちの人生を評価することは、その若者の親のどちらかないし両方に障害がある場合に多いのですが、それだけに限定されるものではありません。歴史上、優生学はイギリスで一九世紀末に始まった運動です。望ましくないと考えられる人間の特性を改良する計画を後押しした疑似科学運動です。優生学運動は二〇世紀半ばに頂点を迎え、それ以降は衰退の一途をたどり、二〇世紀後半の数十年には完全に疑問視されるようになりました。しかしながら、私はこの運動の影とそれに関連した人生観は、児童保護調査活動の対象となる若者たちのニーズの評価を形作るうえで、今でもかなりの影響を与えていると思います。

……このことは臨床家にとってどんな意味があるのでしょう?

私は、若者たちの拡大治療相談への障害を目に見えるものにすることが重要だと考えています。発達理論の後押しを得た規範や、暗黙の優生学的議題から発想を得た規範と照らし合わせて、若者たちの人生を評価する実践もこれに含まれます。これらは、この拡大治療相談の唯一の障害ではありませんが、リストの上位にあると思います。こういった障害を目に見える形にすることは、若者たちの、虐待やネグレクトとされる経験の探索に、新たな道を拓く効果があります。こうした探索の道のいくつかは、若者たちの虐待やネグレクト経験への反応について、豊かな説明をもたらしてくれます。

……虐待やネグレクトの経験に対する子どもたちの反応を探索することが、なぜ重要なのでしょうか?

子どもたちは、トラウマに例外なく反応しているわけですが、それを熟知していることは、めったにないと思います。事実、人生におけるトラウマの結果について相談にきた人と会話をはじめると、たいてい彼らは、自らが受けたことに対してどう反応したのかをしっかり思い出せないのです。その結果の一つは、子どもたちが、自分に向けられてきたトラウマの消極的な受け手として構成されているということであり、これは、彼らの私的行為体感覚の発達、つまり、自分の存在を形作るのに関与できるのだという感覚や、自分の存在事実に世の中は応えてくれるのだという感覚の発達に、きわめて悪い影響を及ぼします。言うまでもなく、これは、人をとても無力にしてしまうのです！　無力感や情動麻痺、無益感、個人の荒廃などを引き起こします。しばしば、専門家の文脈におけるごく限られた探索によって、「学習された無力感」を特徴とする生き方が生まれるのです。

……他に採り得る選択肢はなんでしょう？　重大なトラウマを経験してきた子どもたちと仕事をするとき、私たちは彼らのトラウマ記憶に対して、自分の立場をどう定めればよいのでしょうか？

私は、トラウマ記憶というのは常に半分の記憶だと言ってきました。というのは、この記憶にはこれまでトラウマにその人がどう反応したかという説明がたいてい存在しないからです。おそらくこうした反応は、嘲笑されたり軽く見られたりしたために、あるいは、その人にとってより身近で名誉とされる仕方で存在が確認されるか認証されることがなかったために、記憶を消されてしまったのです。私が、トラウマにその人がどう反応したのかという豊かな説明の発達を通してトラウマ記憶を十分に修復することの重要性を説明してきたのは、この意味においてです。この豊かな説明には、こうした反応の基礎についての幅広く、確実な理解が含まれています。つまり、こうした反応が、その人がどう生きたいかということについて何を示しているか、そしてこうした反応が、その人が価値を置くことについて何を示しているかについての、幅広く、確実な理解です。

……この種の探索を、児童保護の仕事において行うことができるでしょうか？

児童保護調査の対象となっている若者たちや、彼らの親きょうだいとの相談においては、虐待やネグレクトだとされることに対して若者たちがどのように反応したのかということも重要な質問を含めることが、不可欠です。そのような相談は、若者のトラウマ経験に関する十分な説明に貢献します。そうなると、彼らは、私的行為体感覚の減退を格段に被りにくくなるのです。それは、自分の存在を形作ることに関与できるという感覚の発達の基礎をもたらしますので、無力感や情動麻痺、無益感、そして個人の荒廃といった経験への解毒剤となるでしょう。第二に、虐待ないしネグレクトだとされることを受けた子どもたちの反応の説明のさらなる発展は、児童保護活動についての決定に重大な影響を及ぼす可能性を秘めています。こうした反応が支持され、促されると、若者たちにとっての安全の基礎を形作ることができるのです。

……虐待やネグレクトに耐えてきた子どもたちの知識や技術のようなものについて、もっとお話しいただけますか？

虐待やネグレクトだとされることを受けたことへの子どもたちの反応の多くは、特別な知識と技術に基づいています。こうした知識と技術には、さまざまなカテゴリーがあります。安全という文脈を作り上げることについての知識と、それに関連した技術も、その一つです。他人を世話することについての知識とそれに関する技術もそうです。他にも、いろいろあります。

……もしも私たちがこうした技術と知識が認証される文脈を創造できたら、それからどうなるのでしょう？

子どもたちが日常的に用いている知識や技術はもちろんのこと、こうした技術や知識が一度引き出されると、これらの発達の歴史をたどることが可能になります。実にしばしば、この歴史には、育児能力が疑問視されている親の貢献があるのです。この親は、安全への懸念を生じさせるような、そして児童保護活動を招く結果となるような行為をしたかもしれません。しかし、こうした懸念される行為によって、子どもの親体験全体が語られるわけではないことも、たいてい事実です。

子どもの人生知識や生活技術の発達が、自分の行為が問われている親、あるいは親としての適性が疑問視されている親に源があると指摘されるとき、こうした知識や技術への親の貢献に関する豊かな記述は、彼らの親業を形作るうえで重大な影響を及ぼします。ネグレクトや虐待にならない親業の発達と再発達に焦点をあて、子どもの人生を補強する治療的会話のなかでこそ、親を肯定的に関連づけることができるのです。

もちろん私は、それでもやはり、虐待とネグレクトが親についての子どもの経験の全体を占める場合があることも認識しています。

……もしも子どもたちの知識と技術の発達の源が親であると指摘するやりかたが、親業の変化に貢献するのならば、こうしたことが児童保護のパラダイムにどうフィットするかが想像できます。虐待やネグレクトへの反応に関する子どもたちへの拡大治療相談について、もうひとつだけ質問したいのですが……これは、年長の子どもや若者たちに限って適切なのでしょうか？

四、五歳からであれば、年長でも年少でも子どもたちの治療相談に適切な拡大治療相談のやりかたがあると思います。幼い子どもたちとの治療相談を促す方法は数多くあり、本書のある章[▽訳註1]の主題でもある「ぬいぐるみの同僚[▼原註1]」を使うのも、そのひとつです。幼い子どもの治療相談においては、年上のきょうだいの貢献がとても役に立つことも見てきた、と付け加えましょう。事実、児童保護調査のあらゆる文脈において、子どもの拡大治療相談には適切な方法があると思いますし、こうした治療相談は、それに続く児童保護活動を形作るうえで重要な影響をもたらすと思います。これは、若者たちを虐待やネグレクトの文脈から離すべく早急かつ断固たる行為が取られなければならないような、差し迫った危険な状況にいる場合にでさえ、言えることだと思います。

……さてマイケル、わたしたちは多くのことを網羅しました。とても楽しい会話でした。次の機会を心待ちにしています！

原註

▼原註1　「ぬいぐるみの同僚」とはぬいぐるみの人形の治療的使用のこと。

訳註

▽訳註1　本書とは『子どもたちとのナラティヴ・セラピー』のことであり、ある章とは第一章「子どものいる家族とのナラティヴ・プラクティス」である。症例ミリーは、四歳一〇カ月の便尿失禁のある女児で、同僚は航空帽とゴーグルをつけて、パイロットの制服を着た小熊のぬいぐるみだった。

第8章

倫理と表層スピリチュアリティ

――マイケル・ホワイトとジーン・コムによるインタビュー

On ethics and spiritualities of the surface:
An interview of Michael White
by Michael Hoyt and Gene Combs
1996

マイケル・ホイト――あなたの午後のプレゼンの雄弁さには感動しました。実践的愛情というのでしょうか。頭に浮かんだのは、実践における愛。

マイケル・ホワイト――そのような表現はしっくりきます。わたしたちのしていることを解釈するうえで、そのような用語を取り戻す必要があります。愛、情熱、思いやり、畏敬、敬意、献身といった記述です。それは、愛と情熱があれば十分だというのではなく、このような用語がある種の一般言説を象徴しているからです。このような用語が、オルタナティヴなルールで構築される言説領域に関連していることも、そう考える理由です。この場合、オルタナティヴなルールとは、どんなものが正当な知識として評価されるのか、そのような知識を語る権威はだれにあるのか、そのような知識は――それらの語り方も含め――どのように表現されるのか、そしてそのような知識はどのような文脈で表現されるのかといったことに関係しています。そして、その言説領域は、これらの知識の表現ないし上演のための異なるテクノロジーからも構築されています。異なる自己のテクノロジー、そして異なる関係性実践のことです。つまり、私が言っているのは、愛とか情熱のような用語が、オルタナティヴな人生様式、ある特定の存在の仕方、考え方への入口を提供できる言説を象徴しているということです。それは、治療的相互作用のかたちに異なる現実的影響を及ぼすでしょうし、わたしたちに相談にくる人々の人生、そしてわたしたち自身の人生にも異なる現実的影響を及ぼすことでしょう。

「治療的規律訓練」の隆盛は、科学言説、もちろん人間関係の近代テクノロジーの驚くべき発展と関連しています。ですから、愛や情熱という概念は、わたしたちがセラピーという名の下ですることに適切だとは考えられなかったのです。わたしたちはそのような記述用語からは阻害されてきましたから、それらが象徴している一般言説が、わたしたちの仕事を構築することはなかったわけです。こうした言説は、最近の歴史において、主流の治療実践の形成に重要な影響を及ぼさなかったのです。

ホイト―あなたの面接を見ていて思い浮かんだのは、インドの人々が両手を合わせて「ナマステ」と言うところです。「あなたのなかの霊に敬意を表します」、つまり「表面のストーリーがなんであれ、神ないし特別なものが見えます」。私はキリスト教の特定の宗派に属しているわけではありませんが、もしもあなたがキリスト教徒なら「あなたのなかのキリスト」と言うでしょう。面接は、ビデオテープを繰り返し見ましたし、聴衆との議論において、あなたがどのようにポジティヴなものを聞き分けるのかに注目しました。そこでお聞きしたいのは、あなたがそれをどうやって持続しているのかということです。聴衆は同じ方向性をもった人たちでしたが、患者となると意地悪な人もいますし、挑戦的だったり、惨めななかにあって、人々を傷つけたり、虐待する人さえいるわけですが、あなたは同じ敬意をもって対応できるわけです。彼らに課せられた文化から当人を引き離すことができるわけです。それはどこから来るのですか？　どうすれば私たちはそれがもっとできるようになるのでしょう？　人々に対するそのような見方を援助してくれる鍵、ないし手がかりは、あるのでしょうか？

ホワイト―大切な質問です。二つのことをお訊ねになりました。第一は、スピリチュアルなことですね？▽訳註1

ホイト―ええ。私の理解では、必ずしも自分たちが「スピリチュアル」ないし「宗教的」でなければならないということではなく、人々を見ること、そして相手が提示しているストーリー以上の何かを相手のなかに見ること、あらゆる惨めさなどくだらないものの下にポジティヴなものを見出すこと、そしてそこに良い何かを見ることです。

ホワイト――スピリチュアリティという概念は興味深いですね。世界中の文化の歴史において、多くの異なるスピリチュアリティ概念があります。それについて研究する機会はこれまでなかったので、それについて解説しようとは思いません。私自身の文化の最近の歴史、あるいはその事実に対する私の経験の歴史において、スピリチュアリティに関する支配的概念を適切に把握していると言えるわけでもありませんから。それでもある程度気づいているのは、西洋文化においては、スピリチュアリティは内在型（immanent forms）、上昇型（ascendant forms）、そして内在／上昇型（immanent/ascendant forms）に分類されていることです。

上昇型スピリチュアリティは、日常生活よりも高いレベルに想定される平面において達成されるものです。人々が神の祝福を経験するレベルまで上ることに成功したときですね、神が誰であれ。大まかに言えば、神の言葉と人の生活のあいだの直接的応答理解が、そのようなレベルで獲得されるのです。神の言葉が相対的に仲介されずに表現されるのが、このレベルです。

内在型スピリチュアリティは、人の生活よりも高いレベルに自身を位置づけることによって達成されるものではなく、人の生活の表層よりも深いところに想定された洞窟に下りていくことで達成されるものです。これは、「真に全体として自分自身になること」によって達成されるスピリチュアリティです。「人の真の性質に触れるなかで」とか自己の神に忠誠を尽くすことによって達成されるというわけです。大衆心理学の大半は、この内在型スピリチュアリティの概念のある種の型を前提としています。つまり、人の「性質」と一体化することで得られる自己を賛美するのです。

そして、内在／上昇型スピリチュアリティがあります。そこでは、スピリチュアリティは、魂ないし霊に触れるかそれらを経験することによって達成されます。魂ないし霊は、自己の奥深くにあり、上昇位にある神との関係を介して表れるものとされています。

これら、およびその他の新規な現代的スピリチュアリティは、物質に即した様式にはありません。スピリチュアリティは、相対的に見えないものとして提唱されています。それは、物質世界から分離したものであり、人々が生きている生活場面よりも高い所か低い所に想定された平面において出現するものなのです。現代的な内在／上昇型スピリチュアリティの多くを私はとても美しいと思いますし、魂という概念はプシケという概念よりも美学的にはるかに喜ばしいものだと思うものの、そしてスピリチュアリティ概念と関連した生活の提唱、お望みなら倫理とも言えますが、そういったことを探求することに関心はあるものの、私としては物質的裏づけのあるスピリチュアリティとでも呼ぶべきものにより関心があるのです。おそらく、それらは「表層スピリチュアリティ（spiritualities of the surface）」とでも呼べばいいでしょう。

表層スピリチュアリティは、物質的存在との関係なくしてあり得ません。それらは、人々のアイデンティティ・プロジェクトの形において、そして自己形成について知ることに人々が踏み出すステップにおいて、読みとることができるスピリチュアリティです。この形のスピリチュアリティは、人の個人的倫理とかかわり、人の生活にかかわる存在思考様式にかかわり、そして生活スタイルに成功すべく人が行う配慮に反映されます。これは、与えられた自己像ではない別の者になることとしばしば関係している点で、変容的スピリチュアリティです。非物質的なものには関わらず、見えるものに関わる形のスピリチュアリティなのです。さらに言えば、これはフーコーが自己の倫理に関する著作（Foucault, 1988a, 1988b）において言及したスピリチュアリティに属します。

では、あなたの質問に戻りましょう。私がスピリチュアリティについて語るとき、霊とか神に訴えることはありません。また、人間の性質、それがなんであれ、そしてそれが確かに存在するのだとしても、人間の性質というものを歓迎するわけでもありません。結局、私にしっくりくるスピリチュアリティ概念は、人々の生活の目に見えるものを私に見せてくれたり味わわせてくれるものであって、目に見えないものを扱ってはいないのです。それは、ある種の倫理に沿って自己を知ることを形作る基礎になる、あるいはそれを提供する人生の出来事を私たちに理解させてくれるものです。それは、与えられた生活の仕方の多くから離れるための物質的選択に関心を向け、与えられたアイデンティティとは異なるアイデンティティの構築の基礎を提供する人生の出来事に関心を向けるよう私たちを援助するものです。この意味において、人が自身の知ることについてより意識を高める物質的選択に関連するものが、スピリチュアリティなのです。あなたの質問に対するこの答が不明瞭なものでなければよいのですが、私にとってのスピリチュアリティというものを多少説明することはできたかと思います。

ホイト―ええ、お答えは不明瞭ではありません。本質を捉えることができました。自己形成を知ることですね。

ホワイト―ええ。私にとって、スピリチュアリティ概念はそういうものです。与えられた存在様式とは異なる仕方で生活を生きるための選択肢を探求することに関するものです。あたりまえのことを問題化すること、自明なものを疑問に思うこととも関連しています。ときには、個人性のある種の様式を拒否することに関連し、世界での「必要な」ありかたの限界を超えることを知ることに関連しています。そして、オルタナティヴなありかたを探求することや、そのようなありかたと関連する際立った生活思考習慣を探求することです。多くの点で、不確定性に強い興味を示すことに関連し、自分たちの自己像を再発明することに関連しています。そして、これらすべてに関連する道徳的および倫理的問題と悪戦苦闘するうえで優先順位をつけることに関連しています。

ジーン・コム—私が興味深いのは、人々がいくつかある可能性のなかからどれかをどのようにして特権化するのかということです。それが行われる場所が、セラピストが、好むと好まざるとにかかわらず、権力を与えられているところです。そこでこそ、それまで選択ができなかった人が、数多の方向性のなかから一つを選んで進んで行くことができるようになるわけです。

ホワイト—そうですね。

ジーン—あなたの経験ではどうですか？　何に導かれるのでしょう、どの方向に特権を与えるべきか。

ホワイト—面接において、オルタナティヴなありかたについて具体的に訊ねることで、それは達成されます。特定のありかたが他者との関係において、および人々の人生全般の形に対して及ぼす現実的影響について人々と相談を続けます。その目標は、世界におけるなんらかの特定の「他の」ありかたをもたらすことではありませんし、人生を「修理」することでもありません。この仕事は、人々に彼らのイメージの継続的改訂を他者と行わせるものですが、それは自己イメージについてであったり、どのように人生を生きるかであったりします。さらに、私たちの文化にあるアイデンティティについての多くの中立的な考え方に基づいたアイデンティティ概念を継続的に批判するよう人々を動かします。事実、この仕事は、人々が自らの人生からこうした概念の多くを剥ぐための選択肢を開きます。そうするなかで、自己評価という近代化実践から人々が離れる可能性を探求する選択肢が、浮上するのです。自己評価は、人々の人生を成長と発達、健康と正常性、依存と自立などの連続体のうえに位置づけるよう仕向けてきましたが、これらの選択肢は、私たちの生活を釣り鐘型の天蓋の下で生きるよう仕向ける自己支配という近代的行為に従事することへの拒否をも構築しています。

ホイト―結局、私たちは「でしょ、そんなふうにする必要はないんですよ。あなたが今いる道を進むこともできますが、別の道もある。それを見てみませんか？」と提案するわけですが、それは……

ホワイト―そうです。たぶんそうなのです、身も蓋もない言い方をするなら。実際には、人々の手に入りそうな生活のありかたの選択肢を知っていく探求やその上演に人々といっしょに加わることに関するものだと思います。人々を選択行為に誘い、選択肢を提示することになります。その選択肢とは、生きられた経験の表現とかオルタナティヴな人生知識の表現に基づくものでしょう。

ホイト―私たちは、招待であれ感嘆であれ外在化であれ、その他どんな類いの脱構築▼原註1であれ、それをするとき、相変わらずなんらかの形で選択肢なり示唆を際立たせていると思います。「一度考えてみませんか」というのは身も蓋もないことであり、権力格差の問題に絡んでいます。なんらかの形で、どちらの選択肢を取るのですかと微かに示唆しているのですよね？

ホワイト―もちろん私たちには影響力がありますし、もちろん権力格差があります。そこで、こうした理由から、服従支配という点では、さまざまな治療実践のあいだに差異はない、としばしば主張されてきました。影響という事実のために、権力という事実のために、治療実践は別の治療実践と区別され得ないと。現実的効果ということからして、すべての治療実践にはある種の平等性があるのだと。しかし、治療的文脈のなかでの影響力の形と程度に関する重要な区別の不鮮明化は、不幸なことです。実際、この区別の不鮮明化は、セラピーの名の下での犯罪的支配を許し、現状維持への疑問のない共犯者としてセラピストを確立する活動を許容する、きわめて保守的な行為だと思います。

こうも言われます。私たちは自分たちの文化の言説のなかにいるわけだから、そしてその外側で考えたり行為に出ることはできないのだから、私たちはセラピーのなかで、まさにその権力諸関係、自己経験、ないし主体性を再生産していると有罪宣告されるわけです。そうならば、私たちの意図は、人々がそれに挑戦するよう援助することになるでしょう。文化や生活についてのいかに極端に還元主義的で、統一的で、包括的で、そして一枚岩的な説明であっても、私たちはその説明を受け入れるよう促されています。このような議論の現実的効果とはなんでしょうか？　それはどのように競合を隠蔽し、悪戦苦闘を台無しにするのでしょう？　どのようにして、それは、世界でのありかたに関するオルタナティヴな知識、およびオルタナティヴな主体性のさらなる周辺化の一因となるのでしょう？

実践ということでいえば、とても重大な差異があります。かたや、問題に関する外部からの公式な分析に基づく介入が行われ、「自立」であれ「成長」であれなんであれ、それに取り組むべきだと人々に示唆する実践がある一方、人々があまりに報われることが少なく行き詰まりだとする人生のプロットとはたまたまであれ矛盾する出来事、つまりより輝かしい出来事に注意を向けるよう人々を励ましたり、それらの出来事が、人々にもっとしっくりくる実現可能な生活の仕方について何を物語るのか省察するよう人々を励ますものがあります。後者はさらに、そのようなオルタナティヴ・プロットに関連する知識や実践の探求に人々が加わるよう勧めたり、そのような知識や実践に関連するオルタナティヴな自己経験の探求に貢献したり、これらすべてと関連する行為についてよく考えるよう人々を励ますのです。だから、これらの二つの対応に関しては、重要な区別がなされるべきなのです。

そのような区別とは別に、わたしたちがこのプロセスの一因になってはいないというふりはできません。治療的相互作用において影響力をもたないふりはできないのです。セラピストが立てる中立的立場というものはありません。しかし私は、自らの人生を外傷化したり制限すると人々が考えるものごとすべてへの対処に参画することで、この事実を受け入れることができるのです。私は、人々の服従支配、偏見、周辺化、搾取、虐待、支配、拷問、さらには残酷さであれなんであれ、それに関する経験についての言い分に応答することができます。私は、それらすべてを支持する権力諸関係や権力構造に挑戦する活動に参画することができるのです。そして、中立性の不可能性、つまり何かの「ために」存在することが回避できない以上、私は、自分が支持するもの、つまり自分の生き方だとか考え方を疑う責任がありますが、これには多くのやりかたがあります。たとえば、私は、自分が支持するものであっても他者の人生におけるその適切さを疑うことができます。私は、自分の支持するものが、他者と私の関連において自分が反対するまさにそのことを再生産する可能性があるという点において、私は自分の支持するものを疑うことができます。私は、自分が支持するものがジェンダー、階級、人種、文化、性的嗜好性などによって分割された世界に位置づけられる程度によって、自分が支持するものを疑うことができるのです。

私は、この疑念の遂行に貢献する構造の確立において責任を取ることができます。と同時に、私は、自分の好みの生き方を提唱する質問方法に対する疑念を反映するような質問を特権化する方法を発見することができます。私は、人生についての自分の概念を脱構築し、それを特権化構造のなかに位置づける責任を引き受けることができますが、それは、それらを暴露する活動に従事するなかでできることです。

ホイト――ここで、あなたの文章から少し引用させてください。

セラピーという文脈のなかにも権力格差は存在していて、私たちがいかに平等主義的実践に取り組もうとも、それを消し去ることはできません。治療的相互作用をもっと平等にするために私たちにできることはたくさんありますが、もしもいつの日か完全に権力諸関係の外側にある方法で、援助を求めてきた人々に私たちがかかわれるようになると考えるなら、それは、危険な道を歩んでいることになります。（White, 1994, p. 76/1995, p. 166／邦訳、二六六頁）

省察し、相手にリフレクションを頼むことに加え、自分の影響力についての倫理に留意するために、私たちには何ができるのでしょう？

ホワイト―権力の不均衡があるという事実との重大な直面化を介して、それは実現できると思います。この直面化を提唱するからといって、この事実が祝福されることを示唆しているわけではありません。この事実の認証をセラピストが権力を行使することの正当化として示唆しているわけでもありません。そして、この直面化を提唱するなかで、権力行使の基礎と服従支配の基礎において異なる治療的相互作用についての区別が可能だと示唆しているわけでもありません。その代わりに、私は、この不均衡の有害作用を暴露し緩和するためのステップを私たちが踏み出す可能性を拓く直面化を提唱しているのです。私が提唱する直面化は、相互作用的実践に挑戦し、権力諸関係を支持する構造を剥ぎ取ることが私たちにできるような選択肢を探求するよう励ますものなのです。

たとえば、他でも議論したこと（White, 1994を参照）ですが、「ボトムアップ」のアカウンタビリティのようなものを設定することができます。私たちは、権力不均衡の危険やありがちな制限について、相談にきた人々と話すことができますし、これに関連づけて私たちの振る舞いを解釈してもらうこともできるわけです。しかし、明らかにすべきは、権力諸関係のない治療的文脈を確立することが可能だと信じることは危険だということです。それが危険な理由はたくさんあります。たとえば、私たちは、援助を求めてきた人々との相互作用の現実的影響をモニタリングする責任を回避できてしまうかもしれません。私たちが援助を求めてきた人々に対してもっていて、彼らが私たちに対してはもっていない道徳的および倫理的責任を否認できてしまうかもしれません。この権力不均衡を構築する構造や権力諸関係をさらに剥ぎ取る選択肢の探求にいそしむことを回避できてしまうかもしれないのです。

ホイト―先ほどお話しになったことが達成されるのは、アカウンタビリティ構造を介してですか？

ホワイト―ええ、それもアカウンタビリティの一部です。ありそうな制限や権力不均衡の危険を目に見えるようにすることとならなんでもすることや、人々にそれをモニターするよう励ます構造を設定することです。そうすることで、私たちはこの仕事において私たちがもっている道徳的および倫理的責任にもっと真っ向から直面化することができます。再度強調したいのは、私たち自身にとって、この権力不均衡という事実をあいまいにしようと試みることは身の破滅だということです。そんなことをすれば、相談にきた人々に対して負うべき道徳的および倫理的責任を放棄することになるでしょう。

ホイト―カンファレンスの冒頭で、私たちは、最後に「到達した」かどうかをどのようにして知るのかと問われました。カンファレンスのあいだに私は、セラピーというのは会話を介したエンパワーメントだと考えるようになりました。それについてどんな意見をいただけるでしょう？　最近、あなたはセラピーをどんなふうに定義していますか？　あるいは代わりの言葉を使いますか？

ホワイト―まず、最初のコメントに答えましょう。治療がうまくいったなら到着するだろう面接過程の終わりという場所を予言することができるという考えは、寂しいものです。私見では、これは、現代文化のドミナントなコントロール倫理によってもたらされた考え方です。もちろん多くの議論はあるかと思いますが。たとえば、もし私たちが前もって、カンファレンスの終わりに自分たちがどこにいき着くかを知っていたなら、そこに出かける価値はありません。終わりにどこにいき着くのか知ることができない知識のなかに、ある種の快楽なり歓びがあるのであって、それは、最後に自分たちが何を考えるのか前もって知ることができないという感覚のなかにありますし、そのときに手に入るだろう新しい世界における行為の可能性を前もって知ることはできないという考えのなかにあるのです。その過程がうまくいけば最後にどこに行き着くかを予言することは、私にとって、どこか他の場所に行くという選択をあいまいにし、閉じてしまうことです。

ホイト―驚きと発見が奪われてしまうというわけですね？ どこか他の場所に行く選択をなぜあいまいにする必要があるのでしょう？

ホワイト―カンファレンスに行くとして、事前にその終わりに自分が考えていることを知ることができたなら、私はわざわざ出かけませんよ［笑い］。仕事でも同じです。もしも面接の終わりにどうなっているか知ることができるなら、面接はしないでしょう。それは、ナラティヴ・メタファーに沿って構造化されたリフレクティング・チーム[▼原註2]についても言えるでしょう。もしリフレクティング・チームのメンバーが集まって、前もってリフレクションを決めておいて、つまり、実際に、事前に言葉にされたリフレクションを上演するだけのリフレクションであったなら、メンバーは確かにリフレクションの最後に到着するだろう場所にたどり着くことでしょう。そして、誰もがきわめて退屈し、ことによっては、固まってしまうでしょう。実際、そういう場面を観たことがあります。そんな様式で仕事をした経験についてセラピストにインタビューすると、決まって、職業人生や人間関係が望ましくない経験として構築されているものです。

しかしながら、もしメンバーがそのような準備をせず、リフレクションの終わりに自分たちが考えたり語ったりすることを知らずにいるなら、そしてもしチームワークがそのような相互作用を促進する仕方で構造化されているなら、彼らのコラボレーションは、彼ら自身の人生や人間関係をもっと好みの仕方で形作ることに貢献するのです。

ホイト―禅では、「初心、忘るべからず」(Suzuki, 1970) と言いますね。新鮮な見方が大切であって、先入観に侵されてはいけないと。

ホワイト―これが、あなたの質問の前半への私の答えです。前もって予測できない可能性に対する基礎作りにカンファレンスが貢献するとしたら、そこによりよい結果を経験することになるのだと思います。質問の後半は、どのようにセラピーを定義するかでしたね。それは毎日違うと言えるかもしれない。

ホイト―今日は何日でしたか？

ジーン―十六日。

ホイト―では、十六日のもので結構ですが。

ホワイト―今日の今ということでよいなら、特別に問題とされ、差し迫ったものごとに関連して当人たちとジョイニングすることでしょう。人々がなんであれ差し迫っていると感じていることへの挑戦や、そこからの離脱を追及することを援助するうえで、使える技術をなんであれもちこむことでしょうか。この追求において人々がどのくらい知ることができているのか彼らが特定できるよう援助するために働くのが、私たちの役割です。彼らの知識が人々の窮状に対処するうえでいかに表現されるのか探求するなかで、人々といっしょになることです。

この仕事において、人々は知識を持っているという経験をしますが、それはスタート地点ではありません。これを経験することは、「掘り起こし（resurrection）」ないし「創成（generation）」として特徴づけられる過程の結果なのです。セラピストとして私たちは、このための文脈を設定するうえで重大な役割を果たします。私たちは、人々の人生のオルタナティヴな知識に彼らがアクセスできるよう援助するわけですが、それは、人々の人生のサブストーリーないしサブプロットの浮上に貢献することによって、そうしたサブプロットの歴史的遂行に関連する人生知識の掘り起こしに貢献することによってなのです。そして、サブプロットに関連したありかたや考え方の探求を介して、人生知識の創成において人々に加わるのです。いくつかの論文において、この過程についてはそれなりの長さで書いていますので、ここでは繰り返しません。おそらく、ここでは、人々の人生のサブプロットはオルタナティヴな人生知識の探求にひとつのルートを提供すると言えば、十分でしょう。

私たちの役割は、このような他の人生知識によってもたらされる行為の可能性の特定において人々を援助することです。このような異なるありかたや考え方についての好みを評価するよう人々を励ますことも私たちの役割です。それは、それらによってもたらされる行為の提唱を具体的に調査することを介してであったり、オルタナティヴな知識によって生きられ構築されたように、人生の具体性を探求することを介してでしょう。

あなたの質問に対するこの回答は十分ないし適切だったでしょうか。十分ではなかったとしても、少なくとも今日の答えはこれなのです。明日再度インタビューされれば、違う答え方ができるかもしれません。そうだといいですが。

ジーン―あなたの発言を理解できているか、何点か確認させてください。結局のところ、セラピストとしてあなたは、その場ではまだプロットになりきっていないもの、サブプロット、カウンタープロット、その他なんと呼ばれようと、そういったものを聴いては、それに好奇心を抱き、それらを一つひとつ調べて分類して、当人とそれらを探求し、そしてそのうちのどれが当人にとって興味深いか、あるいは役立つかを訊ねるわけですね？

ホワイト―ええ、そうですね。人々は明示的に人生のサブプロットについて問いかけられます。もしそれらのサブプロットに関するセラピストの立場が特権化されるなら――つまり、もしセラピストの立場が主であるなら――、強制がその結果であり、コラボレーションは達成されないでしょう。この強制を回避するために、コラボレーションを確立するためには、先に進む前に、私たちは、サブプロットの特定と探求への入口を提供する展開について人々がどのように判断するのか知る必要があります。彼らはそれをポジティヴな展開とみるのか、ネガティヴなものとみるのか、あるいはポジティヴかつネガティヴ、あるいはポジティヴでもネガティヴでもないとみるのか？　そして、私たちは人々にその人生のサブプロットに名前をつけてもらわなければなりません。それ以外に、人々がなぜ彼らの展開や人生のサブプロットをそのように判断したのか理解することも大切です。これらの展開は彼らの目的や価値観などについての好みの説明とどのようにフィットするのか？

しかし、これがすべてではありません。どんな展開が人々にとって興味深かったか、ないし役立ったかを決定するだけのことではないのです。これはおよそ認知の問題ではないのです。この仕事では、人々の人生のサブプロットは実際に相談に来る人によって経験されています。仕事自体の流れのなかで、人々はサブプロットを生きるのです。あるいは、お好みであれば、人々の人生はサブプロットによって抱きしめられているとも言えるでしょう。これらのサブプロットは人生に関するストーリーではありません。人生という領土の地図でもありません。生きられた人生の反映でもありません。サブプロットは人生の構造であり、実際に人生の不可欠の要素なのです。

ここで作用しているものについて、もう一点だけ話しましょう。この仕事の言語、つまり、この仕事が人々の人生イメージをどのようにして生み出すのかについては、多くのことが言われ続けています。人々の人生の展開について私たちがする質問は、人々の人物像やアイデンティティの異なるヴァージョンを力強く喚起します。そのイメージは、人々の生きられた経験の歴史に立ち返り、ある記憶を特権化しつつ、以前にはないがしろにされてきた経験の諸側面の多くについての解釈を促進するのです。結局、この仕事の言語、つまり私たちがする質問は、経験の生き直しの引き金を引くイメージを喚起するのです。そして、それがオルタナティヴなストーリーラインの創成に重要な貢献を成すのです。

ジーン―つまり、あなたのもちこむ専門性とは……

ホイト―そうだ、マイケルは最後のプレゼンで、とてもよい区別をしたと思うね。それは、専門家の知識と、専門家の技術のあいだの違いです。「私はここでは専門家です」ということを示すのが専門家知識なら、クライエントに自らのローカルな専門性、彼らのローカル・ノレッジを経験させるような質問をいかにしてするかを知っていることが、専門家の技術です。それは、専門家についてのドミナントな声とはまったく異なるものだね。

ジーン──だから、あなたのもちこむ知識は、オルタナティヴなイメージを経験的な方法でいかに喚起するのかという知識なのですね。

ホワイト──ええ、そうです。この点で私はしばしば誤解されてきました。私は、セラピストの博識さを否定したことは一度もありません。セラピストの腕の良さというものを否定したこともありません。しかしながら、セラピストの博識さを、相談にきた人々の博識さよりも特権化することには挑戦してきました。「専門家知識」を批判してきました。専門家知識の主張──人生についての包括的で単一の説明を強制し公式の分析体系の発展を可能にする、といった──を批判してきたわけです。このような専門家知識が組み込まれている権力諸関係をも批判してきましたが、そこには、人々の人生を支配するうえできわめて有効な、主体を規格化する判断（normalising judgement）に必須なものも含まれています。このような批判を介して、私はクリフォード・ギアーツ（Geertz, 1983）に倣って「解釈的転回」と一般的に呼ばれているものを支持してきました。

ホイト──私見では、輝ける「瞬間」を探したり、「ユニーク・アウトカム」を探したり、「例外」を探す、私たちの援助行為は、よりよい未来を支持するように現在を打ち立て、その下にある種の構造を創造し、それに「厚みをもたせる」よう人々を援助することだと思うのです。あなたは、肉付けするとか色を加えるという表現をされていたと思いますが、私の理解は正しいでしょうか？

ホワイト──目標を設定して、目標達成にはどんなステップが必要かを決めるというようなことよりも、人々が「自らのオルタナティヴを手本にする」ようになる条件に、私は心から興味を抱いています。人々が、最近の生活史において好みの展開が開けていくことを経験する地点にまで行くと、彼らは次のステップをどこに置くかわかるようになるものです。そのようなステップは、好みのストーリーラインを認識することによってもたらされます。

ホイト―私たちはいっしょにいてそれを作るわけですね？

ホワイト―ええ、ある程度は、そうです。「ある程度」と言ったのは、「知られていること」からの明確な離脱を目にする特定の状況があり得るとはいえ、私たちは具体的に知っていることの外側について考えるのは困難なのです。というよりもむしろ、一般的に知識体系の外部について思考することは不可能なのです。

私たちの人生の形成について知るという点では、それはある程度、私たちが最近踏み出したステップが、なんらかのテーマやおそらくプロットに沿って、時系列的に順序立てて展開するものとして読み取られるステップの集合にどう適合しているか、その説明の確立次第のように思います。たとえ見知らぬアイデンティティ領域へのステップでも、首尾一貫性は指針となるようです。そしてこのために、文化や、この世界での生きかた・考えかたに関する知識というものがあるのです。

ホイト―私たちは今――継続的な過程としての進化という考え方へのオルタナティヴとして提起されるものとはいえ――進化を継続的なものではなく断続的なものとして考えること、つまり分節化された進化という考え方に踏み込んでいるように思います。▼原註3 スティーヴン・ジェイ・グールド（Stephen Jay Gould, 1980）とウイリアム・アルバレス（William Alvarez）は、ものごとがいかに平衡状態にあるかについて論じています。たまに異常事態が到来して、たとえば隕石が地球に落ちてきて、埃をたて、それによって草食恐竜が死に絶え、結果、肉食恐竜も絶滅し、そのことでほ乳類に適した環境が生まれる、という具合です。突然の移行はありえますし、断続的な過程はありえます。私はこれを『物語としての家族』の九頁（新訳版邦訳頁。White & Epston, 1990, p. 6）

に関連づけたい。そのアナロジー一覧表であなたは「前後（before-and-after）」「どっちつかず（betwixt-and-between）」「通過儀礼（rites of passage）」の考え方について語っています。▼原註4 時に私たちは、あまりに長くその道から出られず、自分のことをその道の囚人だと感じている人々に出会います。彼らはどうやってそこから逃げ出せるのか？あなたの言葉を信じるなら、結局、彼らに別の道があることを思い出させる覆い隠された道があるわけですね。

ホワイト―そうです。突然の移行、あきらかな断続があるのです。そういう交差点で私たちは完全に迷子になる。たぶん、そういう経験を、閾《しきい》の相とかどっちつかずの相と考えるのが役立つのです。混乱し、見当識障害になるのも了解可能なことです。分離点と再統合点のあいだには必ず距離があります。しかし、疑問が残ります。ある意味、他の何かと継続していないありかたと考え方へ踏みこむことなしに、何かから離れることは可能なのか？　人生や思考についてのなじみの様式から踏み出して、明瞭さという文脈の制約を受けないもの、つまり文化的真空地帯に踏みこむことが可能なのか？　歴史的省察によれば、抜本的な断続性の場所はほとんどありません。しかし、可能性の余地はいつでもあるのです。

ホイト―わかりますよ。失うことなくして得るものはない。

ホワイト―そうです。私たちは先を行く別の生活思考様式に踏み込んでいきます。しかし、私たちには生活思考様式が「道を外れること」に貢献できる機会があると思います。私たちが、そうした生活思考様式に関連した異なる主体性ないし自己経験の協議の過程を通して、解釈を通して、そして不確定性の管理を介して、そうした様式を生きるときです。

たぶん、継続性のなかに断続性があると言えるのでしょう。そして、こうした考察は、先にコメントした議論へと戻っていきます。私は、生きた世界ではないところ、そして生物学に由来するメタファーを人間の生活領域へと転換する考え方に問題を感じるのです。そこは実践の領域であり、意味の領域であり、達成の領域であるからです。そこは偶然にして何かが起こるがままの領域だとは思えないのです。たとえば、この領域の達成としての側面は、人々が、意味は経験の全範囲に起因すると考える作業のなかに、そして彼らの多くの行為がどれほどこのなかに予示されているか、に見ることができます。

ホイト―機械化とか動物化とか、私たちがいないところへ私たちを連れていくのではなくね。

ホワイト―その通り。生きた世界以外からのどんなメタファーも、人間生活とか人間の組織にとって適切だとは思えないのです。人々は文化のなかで生き、言語のなかで生き、生活を構築する意味の作成にいっしょに参加しているわけですから。ところで、この話はインタビューに沿っていますか?

ホイト―今はね［笑い］。

ホワイト―少し前の話題に戻りましょうか? ジーン、イメージについての会話のなかで、この仕事の性質について訊ねましたね。どんな質問だったかもう一度言ってくれますか?

ジーン―私が想像しようとしたのは、あなたが何をするのかを、あなた自身はどう概念化するのかということです。あなたはセラピー状況に何をもち込んでいるのか? あなたのようなセラピストであるのはいったいどんな感じがするのか、できる限り経験してみたいとも想像していました。つぎに何をすべきか、何を考えているのか? 私は何を聴いているのか?

ホイト―マイケルの面接中に彼の頭のなかで何が起こっているのか?

ジーン―そう。

ホワイト―「私は何を聴いているのか？」というのはいい質問だね。私に言えるのは、私の聴き方は、仕事に対する私の好みのメタファーによってもたらされているということです。特に、詩学がしっくりきます。デイヴィッド・マルーフの詩学についての文章をひとつ読んでみましょう。それは、私の仕事の概念化にとてもフィットしていますし、彼は私よりもずっと上手に言葉にしているからです。

ホイト―お願いしましょう。

ホワイト―［バッグのなかを探し、タイプしてある原稿を取り出す］これは、『ザ・グレート・ワールド（The great world）』（Malouf, 1991）という本の一節です。この本は、オーストラリアの男性文化についての男性の経験について多くが割かれています。そのなかで、デイヴィッド・マルーフは、詩がどのように語るのかを書いています。▽訳註2

詩はどのように、心の奥深くに感じられ、そうでもしなければ記録されることもないことを声にするのでしょう。いつでももっとも簡単明瞭な言葉が使われるわけではないのは、それがいつでも可能というわけではないからですが、瓜二つとなる正確な言葉が使われるのです。ユニークながら繰り返されるあらゆる出来事、日々の存在の小さな秘跡、心臓の鼓動と身近でありながら表現不能な物事の壮大さと恐怖という兆候、それはわたしたちの別の歴史です。出来事のノイズとおしゃべりの下、静かに進行するもの。それがこの惑星の生活で毎日起こることの大半であり、そのはじまりから綿々と続いてきたものです。詩とは、それに見合う言葉を見つけること、たいていは見えない語られることもないことに重要性を加味することです。詩ができれば、それがわたしたち全員をつなぎとめるのは、それがわたしたち一人ひとりの中心から直に語られるからです。自分たちも経験していたのにそれが言葉にされるまで経験することのなかったものに姿を与えることです。たとえ詩が語られるや否や、私たちが自分自身のものとしてそれを知るのだとしても。(Malouf, 1991/p. 283-284)

私には「日々の存在の小さな秘跡」という祈りがしっくりきます。秘跡という言葉は謎をかき立てます。そして、人々の人生の小さな出来事の聖なる重要性という感覚を喚起します。それは、人々の人生のドミナントなプロットの影に入る小さな出来事であり、しばしばないがしろにされてきたものの、畏敬の念を抱かれ、ときには畏怖の念さえ起こさせる小さな出来事だったのです。このような小さな秘跡が、すべてのものを、生活の維持、人生の継続にかかわらせる出来事です。しかもそれらはしばしば、それを否定するであろう状況に直面するなかで起こるのです。

人々の人生のこのような小さな秘跡は、存在、つまりいかに私たちが存在しているのかという具体性についてすべてを語るようなものとして読まれ得るものです。「単なる存在」などというものはありません。存在するということは、私たち全員が行っている何かであり、何年も何年ものあいだ明らかに私たちが続けてきたことなのです。しかし、多くの点で、それはここ数十年、紙上で悪評を得てきました。なぜこれは問題なのでしょう？　なぜ私たちが日々の生活の小さな秘跡を読んだり評価することがこんなにも難しくなっているのでしょう？　たぶんこれは、こうした秘跡が私たちの文化のコントロール倫理の反対側にあるからではないでしょうか。たぶん、日々の生活の小さな秘跡が、この文化において受け入れられた人生目標にあまりそぐわないからではないでしょうか？「人の人生に対するコントロール」を供覧することのようには。そしてたぶん、それが、責任ある行為として数えられるような行為として今日、定義されるものとフィットしないからではないでしょうか。詩学のメタファーを介して、私たちは存在の周辺化に挑戦できるし、マルーフが「日々の存在の小さな秘跡」▼原註5と呼んだ事実に栄誉を与えるのに参加できると思います。

ジーン―あなたが「日々の存在の小さな秘跡」と言い、言葉を見つけることについて語るとき、私は気がつくとケン・ガーゲン（Ken Gergen, 1994）が今朝話していたこと▽訳註3に近いことを考えていました。どんなふうに関連しているのかはわかりません。彼は、組織立っていない経験、つまりまだ言語になっていない、その直前にある経験について語っていました。それは、なんらかの形であなたの話と関連しているでしょうか？　次のステップとして、誰かと座って話しているときに、それを言語化し、社会にもちこむというようなことと。

ホワイト―日々の存在の小さな事実についてのマルーフの話は、議論していた「表層スピリチュアリティ」という概念にフィットします。しかし、私の話がケン・ガーゲンの話と関連するのかどうかはわかりません。でも、そうなのかもしれませんし、あなたの質問に答える前に、彼の提唱していることをもっと理解したいですね。

ホイト―「経験の政治学」同様「経験の詩学」があるわけです。

ホワイト―ええ、そうでしょう。

ホイト―私は、詩人のロバート・ブライ（Robert Bly）が長く美しい喚起するものの多い詩を読むのを聞いたのですが、聴衆のひとりが立ち上がって、こう言いました。「ロバート、それはどういう意味なのですか？」するとブライは答えました。「それがわかっていたら、エッセイを書いたでしょう。詩じゃなくてね！」「笑い」ガーゲンの話は、これと同じ特別な瞬間、秘跡、人によっては人生のスピリットと呼ぶものだと思います。それが起こっているとき……でも彼に訊かないとね。

ホワイト―彼がなんて言うか楽しみだね。▽訳註4

ホワイト―昔、ロニー・レイン（Ronnie Laing）に、転移についてどう考えるか訊いたことがあります。「転移の定義はなんですか？　転移についてどう思いますか？」すると彼はこう言いました。「ああ、あれは健忘を伴う後催眠誘導だよ」［笑い］。健忘を伴う後催眠誘導は、私見では「眩惑（mystification）」（Laing, 1967）の概念全体に相当します。私たちは、ものごとをどのように理解するかについてプログラムされたり示唆を与えられますが、自分たちが示唆されたことは憶えていないので、閉じ込められたような状態にあります。ここでお訊ねしたいのは、とても異なる枠組みから観てということになりますが、それは、脱構築についての一つの語り方でしょうか？　つまり、脱構築は、モダンな用語を使うなら、自分がプログラムされていることを認識する意識へと人を導くのでしょうか？

ホワイト―ええ。それは、私にしっくりくる脱構築実践の考え方です。ここで、私たちが転移現象について話しているときに話していることの脱構築へのレインの貢献を二、三取り上げてみましょう。「健忘を伴う後催眠誘導」という概念は、この現象の生成にかかわる相互作用的政治学の歴史を生み出します。これによって、「転移のテクノロジー」を権力のテクノロジーとして考えるよう促されるのです。そして、言うまでもなく、転移は決まって心理学化される現象なので、転移のテクノロジーを生み出すことには脱構築の働きがあるのです。

　しかし、転移のテクノロジーは、転移現象を構築する歴史的条件にすぎないわけではありません。転移は、まさに現在ある権力諸関係の「痕跡」として読むことも可能なのです。人々は、自分が年下か従属的立場にあるときに、そのヒエラルキー状況で最も強くいわゆる「転移」を経験します。もちろん、それほど正式でなくてもよいのですが、理想的には、背筋を伸ばして座る相手の傍らで自分が仰向けで、弱い立場にある場合、その相手が人生についての名のある権威者と考えられていて、その権威者の生きられた経験、意図、ないし目的のなかにその人を位置づける情報が自分にはもたらされない場合です。ここで、転移の条件とテクノロジーについて、二、三、お話しておきましょう。

おそらく転移経験は、相対的に固定化された、ある支配状態に近づきつつある権力諸関係の痕跡というのがより適切でしょう。つまり、強烈で現在進行中の転移経験は、人々に、彼らが――支配へと至る――堅牢な権力関係において従属的立場にあるという事実に気づくきっかけを与えるのです。転移をこのように読み解けば、この権力諸関係の拒否を含む行為への可能性が拓かれるのです。

この点は誤解しないでほしいのですが、私は、転移という現象が存在しないと言っているわけではありません。また、この現象を生み出すことを正当化する人々が、権威に対する個人的問題を徹底操作する文脈がこれによって確立されるのだという考えをもっていることも理解してはいます。しかし、私はこの現象に関連した政治学があると思っていますし、治療的文脈における政治学の慎重な再生産、およびそれほど慎重でもない再生産について疑問を呈したいのです。そして、この現象を再生産する治療的構造の解体に貢献する疑問を探求したいとも思っています。

ホイト――あなたの仕事の倫理をどのように描写しますか？

ホワイト――その質問に答えるためには、倫理によって一般的に何が意味されているかについて語るべきでしょうね。フーコーが観察したように（Foucault, 1988a, 1988b）、近頃はほとんどの場合、倫理について語る際、人々はルールとコードについて言及しており、疑問をさしはさむ余地もないところがあります。しかし、不幸にも、この近代世界では、ルールとコードへの配慮は、個人的倫理への配慮に大きく影を落とし、それに置き換わってさえいます。行為を支配するための組織的コードとルールが個人的倫理の概念に取って代わるとき、何か大切なものが失われます。職業的規律・訓練においてその極限を見るわけで、それは適切な職業的振る舞いを確かなものにするという名の下で行われています。

決まって主張されるのは、ルールとコードの特権化は、セラピストに相談にくる人々の搾取を防ぐためだということです。しかし、私はルールないしコードの隆盛が近代世界のどこかでそれを達成したとは信じられません。事実、そのようなルールとコードのシステムと関連したアカウンタビリティのトップダウン・システムへの依存こそが、まさに搾取のような不正が永続化する肥沃な土壌となっているのです。

またあるときには、倫理についての言及で、人々は、フーコーが「真理への意志（will to truth）」と述べた、自分たちの存在についての問いを練り上げます。近代世界においては、この「真理への意志」への素晴らしき煽動が行われてきたのです。これが「私たちは何者か」に関する真理の表現を構成する、と理解されたものに最大の配慮を払う倫理概念です。ルールとコードの概念は、倫理のこのヴァージョンに対しても中核的な意味をもっています。というのは、私たちは何者かという真理表現の構成要素が何であれ、それは人間の性質に関するルールによってもたらされるからです。どのように人間の性質が構成されるのであれ、どのようにそのルールが決定されるのであれ。

この近代的ヴァージョンは、必要性のルールという概念を中心化します。「私たちは自身の最も深い必要性にいかにして忠実でいられるか？」近代の必要性言説に沿って正当化され得る行為の検討はゾッとします。

この真理への意志がどれほど個人的倫理への配慮を周辺化するか、どれほど人々の人生の構築における言説の問題をあいまいにするかを理解するのは簡単なことです。そして、この真理への意志は、相変わらず法の支配についてものです。この場合に限って言うなら、それは「自然法」です。

さらに、西洋文化に長い歴史をもつ、もう一つの倫理的配慮のスタイルがあります。人々のあいだで利益の衝突があきらかになるような場合に言及されるものです。それは、人々が利己主義によってもたらされる行為と利他主義によってもたらされる行為の区別をつけることができる配慮です。この区別によれば、もしも当該の行為において利他主義が明らかにできるのであれば、そのような行為は倫理的と判断されます。サラ・ホーグランド（Sarah Hoagland）によれば、この倫理的配慮のスタイルは、主として女性に科せられており、女性の従属化に中心的役割をはたしてきたものです。彼女はこの配慮を彼女の著作『レズビアンの倫理（"Lesbian ethics"）』（1988）において力強く脱構築しました。

またあるときには、倫理的行為の基準は利他主義でなく「責任ある振る舞い」となります。つまり、人々が人生において、人生のために責任を取っているのであれば、彼らは倫理的に行動していると考えられ得るのです。あまりにしばしば、ここで言及される責任のヴァージョンは、コントロール倫理によってもたらされるものです。この倫理によれば、責任ある行為とは、なんらかの目標を相対的に短い期間において達成することに成功する、世界での独立した単一の行為を反映するものということになります。そして、こうした行為は、善といった普遍的概念、ないし「正義」とか「権利」という原理として言及されるわけです。倫理的に振る舞うとは、「測定可能」な意味において数えられる行為に踏み出すことなのです。このようなコントロール倫理によってもたらされる責任ある行為の概念は、シャロン・ウェルチ（Sharon Welch）が彼女の著作

『リスクへのフェミニストの倫理（"A feminist ethic of risk"）』（1990）において脱構築したヴァージョンです。

ホイト―では、ここで議論している仕事の倫理についての説明はどんなものですか？

ホワイト―このインタビューも含め、さまざまな場所で、私のする仕事を枠組みする個人的倫理のヴァージョンを取り出す努力をしてきました。私は、自己形成について知ることについて話しました。誰かの行為が他者の人生に及ぼす現実的影響ないし結果を特定したり、それに対処する献身を支えるような責任のヴァージョンについて話しました。これは、自らの直接経験についての自身の解釈によって、あるいはなんらかの指針によって独立に決定できるものではない以上、私は、アカウンタビリティの必要性について話しました。これは特殊なアカウンタビリティ概念で、トップダウンではなくボトムアップなものです。それは、他の人々ないし集団とのパートナーシップにおいて可能なアカウンタビリティのヴァージョンです。事実、アカウンタビリティは私たちの人生の構成要素であり、私たちが今ある自分とは異なる者になることを可能にする多くの選択肢をもたらすものです。

透明性の原理についても話しました。これは、自身の行為、この仕事においてあたりまえとされているありかた、人生についてのあたりまえとされている考え方を現在進行形で脱構築することへの取り組みに基づいた原理です。これは、私たちのエスニシティ、社会階級、ジェンダー、人種、性的嗜好性、目的、献身といった文脈のなかに、自分たちの意見、動機、そして行為を位置づけるよう私たちに要請する原理です。

私は、私たちが人々の人生および自分たちの人生のための「可能性の基盤」と呼ぶものを確立するために、いっしょに仕事をする世界のありかたについて話しました。これは、なんらかの目標をあらかじめ決められた時間内に達成するために世界に対して独立に働きかけることではなく、新しい可能性を実現するために時間をかけてその基盤を準備するステップを踏み出す、世界におけるコラボレイティヴな仕事に関するものです。

そして、この倫理のその他の多くの側面についても話してきました。つまりマルーフが「日々の存在の小さな秘跡」と呼ぶものへの畏敬の念を展開させることにどのくらい力を注ぐことができるか、そして私たちの文化を支配する実践と構造に挑戦する取り組みにどのくらい突入できるか、といったことです。

ホイト―なるほど、この倫理は伝統的な目標志向性によってもたらされるものとは異なる行為の流れを示唆していますね。

ホワイト―そうです。その対極にあります。しかし、ここで明らかにされるべき重要な区別があります。目標概念を喚起するすべての実践が――意図してか意図せずにか――この文化の支配的コントロール倫理を再生産するわけではないことです。スティーヴ・ドゥ・シェイザーやインスー・バーグの著作を誰もそのようには読まないでしょう。▼原註6 さらに言っておきたいのは、これが長期療法への回帰についての議論ではないということです。その反対です。コントロール倫理が本当に重要な出来事は多くはないという文脈を構造化するのに対し、このオルタナティヴな倫理は、以前には認証され得なかった多くのことがらが認識され得る文脈を構造化します。そして、そうするなかで、それは絶望への解毒剤となり、人生を前に進める可能性を感じさせ、そしてさらなる行為のための選択肢の幅を広げるのです。

ホイト―ところで、あなたはなぜセラピーをしているのですか？　なぜこの仕事をするのでしょう？

ホワイト―それは新しい質問ではありません。私がソーシャルワークのトレーニングを受けていた頃、一九六七年頃でしょうか、私たちはこの質問に答えるよう要求されました。それは構造主義思想華やかなりし頃でした。当時、そのような質問に答える際、動機についての説明として許容されるものはひとつだけでした。動機の心理学的説明です。意識的な目的や献身といった概念を強調した動機の説明は時代遅れとされ、周辺化されていました。他者の人生になんらかの形で貢献したいという願いを強調した答えだとか、世のなかの不当に対処するうえでなんらかの役割を果たしたいという願望でまとめられるような答えは、ナイーブなものと考えられたのです。そのような表現によって支えられた試みは、否認、洞察の欠如、血の気の多さなどと読み取られたものです。一方、動機を心理学的説明において処理することは、洞察、真理を語ること、さらには意識、成熟のより高いレベルを提示したもの云々とされました。決まって、動機の心理学化は、動機の病理化へと翻訳されました。「この人の神経症的ニードのうちのどれが、この職業選択によって満たされるのか?」、「この決定は、この人の原家族における未解決の問題とどのように関連しているのか?」、「さもなければこの決定は、この人の母親との絡み合った関係を徹底操作する試みと関係しているのか?」など。あなたもこの手の質問はおなじみでしょう。容易にリストにできることとです。

私はいつも、動機についての心理学的説明の特権化はきわめて保守的な試みだと思ってきました。想像力を台無しにし、セラピストが疲労や燃え尽き症候群になる重大な一因となっていると思います。さまざまな理由で、私は、この仕事に入ることの利害について自分の動機を病理化するよう説得されても決して従いませんでした。そしてなんとか、意識的な目的とか献身という私の好みの概念を死守することができたのです。間違いなく、何年ものあいだ、そのような概念を表現することが私の活力の源でしたし、近年では、多くのセラピストに、意識的目的や献身の概念を特定し、言葉にし、価値を上げることにいっしょに取り組むよう励ましてもきました。この目的のために、この原稿の刊行に際しては末尾に収録できるよう、あるエクササイズを用意しておきました。読者は、同僚といっしょにこれをやってみることに興味を抱くかもしれません。

［エクササイズは末尾に掲載］

ホイト―このカンファレンスの冒頭、ジョン・ウィークランドが――二週間前に撮られたビデオでしたが――参加者に挨拶をしました。ジョンは、現在、この領域の優先事項は何か考えるよう私たちを誘いました。何が大切で、何がそうではないのか？　私が訊きたいのは、私たちが目指す場所についてあなたがどう感じているのかということです。何が大切だと思いますか？　何をもっとやるべきでしょう？　何に特権を与えたいですか？

ホワイト―預言者にはなりたくないね。

ホイト―どこで終るかという予言ではなくて、どう言ったらいいのか……

ホワイト―どこを見るのが重要なのかと？

ホイト―ええ。

ホワイト―私たちは、多くの人々が人種、文化、ジェンダー、エスニシティ、社会階級、年齢などについて語っていることがらをもっとシリアスに受け取ることが必要です。あまりに長いあいだ、私たちは、私たちに援助を求める人々はエスニシティをもっていて、自分たちはもっていないのだという概念でやってきました。［笑い］このような文脈に関する政治学のなかに彼らの経験を位置づけるよう彼らを援助するうえで、私たちは人々に協力する必要があるだけでなく、私たちは、自分たちの位置づけをあいまいにする実践と手を切るよう難題を突きつけられているし、この位置づけがどのくらい有効なものであり、他の人々の人生についての私たちの経験をどのように解釈するのか、そしてもちろん、それがどのように私たちの行為に影響するのかの省察に、他者を巻きこむ方法を見つけなければならないのです。

ホイト—確か、誰かがジョーゼフ・キャンベル（Joseph Campbell, 1983）に神話学の定義について訊ねたとき、彼はこう言いました。それは、「他者の宗教」であり、私たちが迷信だとして見落とすものだと。

ホワイト—私たちのものとは違うから。その通りだね。

ホイト—私が訊きたいことに関連して、ひとつ引用をさせてください。『経験、矛盾、ナラティヴ、そして想像』、これはとても素敵なタイトルだとわかってきたのですが、そこであなたとデイヴィッド・エプストンが述べたものです（Epston & White, 1992, p. 9）。

> この仕事に関連した側面のひとつに——それは私たちにとって中心的重要性をもつのだが——、冒険精神（the spirit of adventure）がある。この精神を温存すること、それができれば、私たちの仕事は自分たちの人生と援助を求めてくる人々の人生の両方を豊かにする仕方で展開し続けるのだと知ることが、目的である。

そこで、私の質問はというと、あなたの次の冒険はなんですか？　今、何があなたの関心を捉えているのですか？　今日、確かあなたは冒頭で、社会正義プロジェクトについて話してみえました。

ホワイト—私には難しい質問ですね。同時期に私の注意をひくものはたくさんあって、どれももっと掘り下げてみたいのです。ええ、そのうちのいくつかは、しばしば社会正義プロジェクトと公式に呼ばれることに関連しています。しかし、そこに断裂はありません。私がずっと拒否してきた区別は、片方におおかた、臨床実践と呼ばれるものがあって、もう片方にコミュニティ・ディベロップメントとソーシャルアクションがあるというものです。これは、私にしっくりくる区別ではありません。その区別は、セラピストが、治療的文脈をあたかもその文化の関係性政治学から抜粋できるかのように取り扱うことを可能にし、治療的相互作用が文化世界における行為に関するものであることを無視するのを可能にするものです。

たぶん、「ここからどこへ」という質問については、間接的になら答えられるでしょう。最近、『シンドラーのリスト』という映画を観て、シンドラーの人生後半について書かれたものを読みました。彼は、南ドイツのどこか、確かミュンヘンだったと思いますが、そこのワンルームマンションで暮らしていたようです。足繁く地元のバーに通い、自分の世代の人々を見つけると、シンプルな質問をするのです。「それで、あなたは何をしたのですか？」もちろん、ホロコーストについてです。私の理解では、これは純粋な質問であって、道徳的高みを主張するようなものではありません。どのくらいの人々がそれに答えたのかは知りません。気がつくと私はこの質問について考えていて、それは私の人生にとって適切だと思ったのです。私にとってのホロコーストは、自分が直に目の当たりにしている、権力と特権による虐待であり、多くの不正ということになるでしょう。しかし、誰かがたった今、私のところに寄ってきて、今この質問をしたとしたら、少し猶予をくれと言うでしょう。「まだ早すぎるから、ちょっと待って下さい。答えを得ようと頑張っているところだから、後日、お越し下さい。そのときには、自分でも納得の行く答えができればと思います」。それは、大きな答え、すごい答えである必要はないと思います。

ジーン——つい先日、私はワシントンのホロコースト博物館へ行きました。お二人が行かれたかどうかはわかりませんが、出口には「記憶の殿堂（Hall of Remembrance）」があります。大きな開放的空間ですが、そこにはフラッシュの音も騒がしい音もありません。そこにつくと、思わず私は、誓いを立てていたのです。自分自身にであれ、神にであれなんであれ……はっきりした言葉ではありませんが、それは明らかに誓いであり、約束というものでした。

ホイト―わかりますよ。マイケル、「フェアディンカム（fair dinkum）」という言葉は、オーストラリアでは、どんな意味で使われていますか？

ホワイト―絶対的な真実、深い意味で純正な何かが言われたということです。

ホイト―マイケル、ジーン、「フェアディンカム！」

意識的目的と献身のためのエクササイズ

はじめに

私たちは、動機に関する心理学的説明の特権化がいかにこの仕事における意識的目的の言明と献身を周辺化してきたか議論してきた。私たちは、そのような言明がいかに精神療法文化のなかで病理化され、と同時に私たちのセラピスト像に関するストーリーにそれがいかなる含意をもってきたかを振り返った。以下のエクササイズは、あなたにこれに抵抗する行為に出てもらうためのものである。意識的目的の言明と献身の登用と再生に関連する行為である。この探求には二人以上の人を誘ってほしい。このエクササイズに対するあなたの反応を共有してもらうため、ないしその反応についてインタビューしてもらうためである。

(1)　あなたがこの仕事に就いた動機の心理学化と病理化に関連する経験を何か話して下さい。あるいは、意識的目的の言明ないしこの仕事へのあなたの私的献身を誤解させるようあなたを促してきたこの選択の再解釈について話して下さい。

(2)　あなたの仕事と人生において、あなたの動機の心理学化や、あなたの意識的目的と献身に関する説明の病理化の現実的影響ないし結果と思われるものを振り返って下さい。

(3)　あなたの職業選択に関連した――それがいかに洗練されていないものであっても――意識的目的のごく初期の言明を特定し、救出してください。そして、それがあなたの仕事への献身について示唆したことをよく考えて下さい。

(4) この仕事の開始にあたってのあなたの意識的目的と献身のさらなる明確化に貢献した、重大な人生経験についての情報を共有して下さい。人生におけるあなたの決断への特別な貢献について理解させるものを選んで下さい。

(5) このエクササイズにおけるあなたの経験について議論して下さい。たとえば、意識的目的の表現のために証言する経験や証人になる経験であったり、献身の言明に栄誉を与える経験のことです。

(6) 意識的目的の概念の登用と献身の言明に栄誉を与えることが以下のことにいかに影響を及ぼすかについて話してください。

(a) この仕事に関連した自身の経験
(b) 自身の人生への関係
(c) 同僚や援助を求めてくる人々との関係
(d) より一般的に、仕事と人生の形

原註

▼原註1　ホワイト（White, 1991/1993, p. 34）は以下のように語る。

私のどちらかといえばゆるい定義によれば、脱構築は、あたりまえとされている現実や実践を転覆させる手技と関連している。そのような現実や実践は、その生産の条件や文脈から分離されたいわゆる「真理」であり、そこにあるバイアスや偏見を隠す語り方の具現化であり、人々の人生を服従支配する馴染みの自己実践や関係性実践のことである。脱構築の方法の多くは、これらの身近で日々のあたりまえとされている現実と実践を客体化することによって奇妙なものに変えるわけだ。

さらに下記の説明が続く。

脱構築は、「批評的コンストラクティヴィスト（"critical constructivist"）」と一般に呼ばれるもの、あるいは私が好む世界に対する「構成主義者（"constitutionalist"）」的視点を前提にしている。この視点では、人々の人生が形作られるのは、彼らが経験に与えている意味によって、社会構造における彼らの状況によって、そして言語実践や彼らの人生が徴集されている文化的な自己実践および関係性実践によってであることが提唱されている。

ナラティヴ・メタファーは、人々がストーリーによって人生を生きていること、つまりストーリーが人生を形作っていること、そしてストーリーは想像上のではなく現実的影響をもっていること、つまりストーリーが人生構造を提供していることを提唱しているのである。

▼原註2　アンデルセン（Andersen, 1991）とフリードマン（Friedman, 1995）を参照のこと。

▼原註3　ローゼンバウム、ホイト、タルモン（Rosenbaum, Hoyt & Talmon, 1990）を参照のこと。

▼原註4　ファン・ヘネップ（van Gennep, 1960）とターナー（Turner, 1969）の仕事に基づき、ホワイトとエプストン（White & Epston, 1990）およびエプストンとホワイト（Epston & White, 1995）は、（もしも危機を「通過儀礼」として考えるなら）危機に直面した患者を「ほどよい」現状に戻すよう試みるのとは、異なる問題構成が誘導されることを示唆している。

異なる質問がなされ、前進する動きが異なる方向に押し出される。危機が、分離相、閾相ないしどっちつかずの相、そして再取り込み相に関連づけられるとき、人は以下のことがらを決めることができる。

(1)危機は彼／女に、彼／女にとって変えられないものからの分離について何を語っているのか、(2)危機は、可能だと思われる新しい地位や役割についてどんな手がかりを与えているのか、そして、(3)新しい役割や地位はどのように、そしてどんな状況下で実現されるのか。

▼原註5　関連する言葉として、ブルーナー（Bruner, 1986, p. 153／邦訳、二四五頁）は、ジョイス（James Joyce）の「日常性の本質的顕現（epiphanies of the ordinary）」という言葉を思い出させる。メアリー・キャサリン・ベイトソン（Mary Catherine Bateson, 1994, p. 56）のコメントも的を射たものである。「社会全体として私たちはあまりに娯楽に依存するようになってしまい、普通であることを畏怖する経験の余地を葬り去ってしまった。退屈という学習されたパターンは、おそらく神への冒涜よりも神聖さの感覚を脅かしている」

▼原註6　バーグ（Berg, 1994）、バーグとミラー（Berg & Miller, 1992）、チャンとフィリップス（Chang & Phillips, 1993）、ディ・シェイザー（de Shazer, 1985, 1988, 1991, 1993）、そしてホワイト（White, 1993）を参照のこと。

訳註

▽訳註1　マイケルがスピリチュアリティについて語ったのは、本インタビューと「美学探究（"An exploration of aesthetics"）」（Context: magazine for family therapy and systemic practice, February 2000, No.47/"Reflections on Narrative Practice: Essays & Interviews (2000) に再録）のみ。「美学探究」においてもマイケルは、ディヴィッド・マルーフ (Malouf, 1998) を引用している。

> 私たちのいる世界の豊かさに人々の手が届くようにする仕事、つまり普通の日々の暮らしに密度をもたらすことが、文化というものの本当の仕事です。そのおおかたは、私たちの意識を、その言葉の二つの意味において、豊かにすることです。周りにある物事についての意識を高めること、最も鮮やかな仕方で感覚を研ぎすますことで

す。しかし、それは、そのすべてを意識にもち込み、そこで第二の人生を生じさせることでもあります。そうなれば、私たちは、棲む世界を、事実に基づくと同時に、想像的に所有することができるのです。(Malouf, A Spirit of Play: The making of Australian consciousness, 1998/p. 35)

そして、本インタビューで展開される「表層スピリチュアリティ」を、フーコーを引用しながら、多少具体的に語っている。フーコーは、西洋文化史における人間主体の生成について説明するなかで、道徳的行為体としての自己の構築に関する四つの側面の移り変わりをテーマにした。マイケルはその四つを「失敗会話マップ」の五から八に援用した。①倫理的実体（肝心な配慮）、②主体化＝隷属の様態（ルールの体系／一定の価値観と生活原理）、③禁欲主義（自己の技術、関係性の技術）、④道徳的目的論（目標、ないし望まれる最終状態）である（『ナラティヴ・プラクティスとエキゾチックな人生』(2007) 参照）。それらを参照することによって、マイケルは、スピリチュアリティと宗教の概念を解明できるという。たとえば、スピリチュアルないし宗教的概念についての会話において、以下のことを訊ねることができる。「人生においてうまく管理する責任にはどんなことがあるか?」（倫理的実体）、「その管理において、そしてその努力の成功についての判断において、何を観察しているのか?」（主体化＝隷属の様態）、「倫理的存在の追求を通して人々が従事する自己形成活動および関係形成活動についての判断ではどうか?」（禁欲主義）、そして「人生の道徳的展開を介する目標に対してどんな責任をもっているのか?」（道徳的目的論）など。

▽訳註2
デイヴィッド・マルーフは一九三四年、クイーンズランド州ブリズベン生まれ。父方はキリスト教徒のレバノン人で、母方はポルトガルに祖先をもつユダヤ系イギリス人。小説家で、詩人で、さらに戯曲も書く、オーストラリアでは評価の高い才人である。日本では、その代表作『異境（"Remembering Babylon"）』（武舎ルミ訳）と自伝的記述である『エドモンドストーン・ストリート一二番地（"12 edmondstone street"）』の最終章「キョーグル線」（湊圭史訳、どちらも現代企画室）しか訳出されていない。

『ザ・グレート・ワールド（"The great world"）』は詩論ではなく小説である。マイケルの小説引用は（訳者の知る限り）ほかにないので、愛弟子のデンボロウ君にメールで問い合わせたところ、マイケルの書棚はほとんどが人文学書で埋め尽くされており、小説や詩集はほとんどないという。この引用はかなりレアなことなので、引用元の原作を読む価値は大きい。

『ザ・グレート・ワールド』は、第一次世界大戦から一九八〇年代末にわたるオーストラリアの白人男性二人の家族の物語である。彼らは、第二次世界大戦、マレー半島で日本軍捕虜となった三年半、ともに辛酸を舐めた。ひとりはディガー、船着き場で、知的障害の姉と静かに暮らす寡黙な男。もうひとりは株で派手な生活を送るヴィック。後者は一〇歳のとき母親がうつ病で、一二歳のとき父親がアルコール依存症で死去したため、詩人のヒュー・ワランダーに養育され、復員後、その次女と結婚する。その養父、ヒューの葬儀において、彼についての著作を記した大学教授の詩人が語った言葉が、本インタビューでの引用である。

全体は六部で構成されており、計五一章、三三〇頁の大河小説、戦争小説、あるいは家族小説とでも言うべきものだ。カフカの『城』のように、読み進むにしたがい、状況が判明していく（実際、私は家系図を書きながら読み進んだ）。第一部は、ディガーの近い過去の生活を描きつつ、彼の生い立ちを明らかにする。続いて、ヴィックの生い立ち、そして第三部は二人が日本軍の捕虜として生きた時代が描かれる。仲間のマックが死ぬことでディガーが譲り受けた彼の義姉アイリスからの手紙を読み耽るなか、彼女を幻視するさまは（終戦後、その手紙を届けにいき、彼女との恋に落ちる場面同様）実に詩的であるし、ディガーの記憶や時間についての語りは、その思慮深さを明確に表現している。また、もう一人の仲間、ダグが信仰にすがるさまは、『夜と霧』を連想させる。第四部には終戦直後のディッグ、第五部では、同時期のヴィックが描かれ、最終章では、それ以後の二人の様子がほぼ交互に描かれるなか、徐々にその関係は別の局面を迎えていく。その第六部計二〇章のなかの第一〇章が、ヴィックの養父ヒューの葬儀の場面である。

全編を通して三人称で書かれているが、語り手は、各章の中心的人物に近い位置におかれている。第六部第一〇章では、ディガーの視点が採用されている。彼は二〇年以上にわたって、アイリスに会うために毎週木曜に街に出てきていたが、ヴィックの妻エリーと街でばったり出会って以来、二人は会って話をするようになり、彼女の父親でもある詩人の葬儀に参列したのである。驚異的な記憶力のもち主であるディガーは、ヴィックとエリーの結婚式で父親が読んだ詩を暗記していて、エリーから父親の詩集をすべて贈られてもいた。その日は、二月の暑い月曜であった。薔薇の咲き誇る庭では、鳥がさえずり、ときにオルガンの音を遮っている。参列者のなかにはヒッピーの若者も多く、詩人の読者であることが知れる。エリーが最初に、父親の詩を一遍読む。ディガーの記憶にはない。死についてのものであったとしても、それは軽い語り口のものであった。夜に芳るジャスミンのイメージ。視界にはなくとも部屋にその存在を示す。そこでは、"returns"という言葉が繰り返され、ディガーは心を動かされる。そこに悲しみはなく、むしろその逆のものがある。と同時に、彼は母のことを思い出す。庭の壊れた椅子に座る母のことを。その後、ヴィックの息子のグレッグと甥のアレックスがそれに続き、くだんの大学教授の語りとなる。

時は流れ、アイリスが亡くなると、ディガーは街に出なくなる。よって、エリーと話すこともなくなり、その代わり、週に一度、彼女に手紙を書くようになる。そこで記された、「書くこと」についての文章を引用してみよう。

彼はアイリスに言及した。書くことは、彼の人生のあの時期すべてを彼のなかで生き生きとさせるひとつの方法だった。あの時期が、おおかたの意味でもっとも幸福であった。あるいは、書くことは、言葉があの時期をよみがえらせ、あの時期のなかに、日々の出来事のなかではごくうっすらとしか気づくことのない次元を見つける方法なのだった。彼は、軽い気分で書いた。二人には、ささやかな言葉のコードがあったし、二人が共有し引用できるもの、つまり彼女の父親の詩からなる即座の参照があった。だから詩も、彼らの手紙のなかで新しい命を得た。変わった詩行や言葉づかいが二人の言い分に盛り込まれ、古い意味を維持しつつも、新しい意味を獲得する。それらが使われるとき、色彩を帯び、今そこでの彼らの感情によって火が灯るからである。(pp. 301-302)

マイケルが手紙療法の解説で引用しても不思議はないくらいだ。結局、手紙のやり取りは一三年続く。束になった手紙は何度も読み返される。彼が、マック宛のアイリスの手紙を戦地で読み返したように。

ちなみに、『異境』は、一九世紀半ばのクイーンズランド開拓地が舞台。アボリジニに育てられた白人男、ジェミーが、ヨーロッパ側に戻ろうとすることをめぐって人々に亀裂が生まれるさまが描かれている。たとえば、フレイザー牧師の白人に対する以下の批判的コメントなど、マイケルのブルデュー引用を彷彿とさせるが、いかがだろう。

英国人の目でしかものを見られなかったがために、獣にも鳥にも果物にも恵まれた大自然のただなかにいるにもかかわらず、それを認識しそこない、真価を見出せずに終わった。既知のもの、予測可能なものに対するわれわれの認識や理解を助けてくれている習慣と能力そのものが、きわめて明白なものも含めてほかの形態を有するものへの感受性を鈍らせてしまっているのである。われわれは目をこすって見つめなおし、自分が見たいと望んでいるものを心のなかから追い払って、現実に眼前にあるものをこそ見極められるようにしなければならない。（武舎訳、一八八‐一八九頁）

▽訳註3　ガーゲンのこの基調講演は論文化されていないが、以下の論考にその一部引用がある。Hoyt, M. F. : Postmodernism, the Relational Self, Constructive Therapies, and Beyond. A conversation with Kenneth Gergen. "Constructive Therapies", Chapter 16, pp. 347-375.

> 結局、私たちがナラティヴのなかで生きているというのは正しいのだろうか？　私がここで目指しているコミュニケーションの視点、関係的視点からはこう言えるでしょう。「いいえ、ナラティヴのなかで生きているのではなく、ナラティヴと生きているのです。ナラティヴは、私たちが人々と共にしていることなのです……」それが要点なら、そして私にはここが興味深いのだけれど、私たちは、セラピーないし関係（relationship）自体を、意味が生まれる前に純粋な関係性（relatedness）が栄誉を与えられるところまでの動きとして想像することが、可能なのだろうか？　あなたがクライエントと進んで行くとき、たとえばクライエントがよいストーリーかましなストーリーを手にするところへではなく、関係性自体のストーリーを超えたところへ行けるのだろうか、ということです。私はあるところでそれを試みに、理性を超えた「関係的至高（relational sublime）」と呼びました。至高状態とは、人がシンプルに、他者との関係性、世界との関係性に関して言葉にできない感覚のなかにいることですが、それは海のなかで泳ぐのではなく、海のなかにいて波と共にたゆたうようなものです。つまり、ある方向に進むのではなく、同期して動いているようなことです。意味を超えた言葉にできない状態では、人はシンプルに埋め込まれて（*embedded with*）いるのです。これは僕の好奇心を掻き立てるよ。（Gergen, 1994 in Hoyt, p. 364）

▽訳註4　その後の展開は、上掲インタビューで以下のように報告されている。

ホイト――マイケルとジーンとの会話で、私は、「治療的会話2」の基調講演でのあなたの最後のコメントについて訊ねてみることを約束したんですよ。つまり、「ナラティヴのなかで生きているのではなく、ナラティヴと生きている」という発言と、「関係性自体のストーリーを超えた」動きについてです。言葉を超えたものについて語るのは難しく、矛盾した言葉が並ぶ質問をするのは恐縮ですが、存在の耐えられない軽さについて補足してくれませんか?

ガーゲン―私の結論の主たる狙いは、「言葉をあるべき場所に置け」ということでした。つまり、コンストラクショニストかつナレーショナルな方向に進むとき、私たちはときに、それ自体の目的として言葉に注目します。セラピストとして、新しい意味感覚、新しいナラティヴ、新しい構成を生み出そうとします。まるで、その新しい言葉のセットが「魔法を引き起こす」かのようにね。事実、自分でもそう話す傾向にあります。しかしながら、それでは究極の関心を見過ごしてしまいます。関係性自体のことです。そこから意味が生まれるのです。実際、関係は意味に先行するのです。

しかしながら、「関係性自体のストーリーを超えた」動きについて話そうとする際、私は、気がつくと明確に抵抗しているわけです。ほのめかしで済まそうとするのです。それは、言葉がとび出る関係性状態を言葉にしようと悪戦苦闘するなかで、誰もがその状態に壁を作りたがるからなのです。「これがあれに対抗する」ように壁を構成するわけです。そうするなかで、関係自体が限界を定められることになります。だから私はメタファー、あいまいな概念、あるいは寓話に目を向けるのです。関係的至高という概念において、私は、関係理解能力を超越する精神状態に関するロマン主義者の考えを存分に借用しました。ロマン主義者はしばしば、自分の手におえないものや自然の力を感じる状況を表現するために用語をひねり出します。たとえば、神などもそうでしょう。私はそのようなイメージを好みますし、自分自身の感覚を関係性のなかで存分に展開できるように感じます。あらゆる人間性がそこに与えられれば。そして、スピリチュアルの領域によって意味するものに接近するとき、私たちは(それ自体、関係から生まれる)純粋な関係性に畏怖すべき感覚を持つことができると感じるのです。

文献

Andersen, T. (1987). The reflecting team: Dialogue and meta-dialogue in clinical work. *Family Process,* 26(4), 415-428.（鈴木浩二監訳『リフレクティング・プロセス』金剛出版、二〇〇一年）

Andersen, T. (Ed.) (1991). *The reflecting team: Dialogues and dialogues about the dialogues.* New York, NY: W. W. Norton.

Bateson, M. C. (1994). *Peripheral visions: Learning along the way.* New York, NY: Harper Collins.

Beels, C. C. (1989). The invisible village. In C. C. Beels & L. L. Bachrach (Eds.), Survival strategies for public psychiatry [Special issue]. *New Directions for Mental Health Services,* (42), 27-40.

Berg, I. K. (1994). *Family based services: A solution-Focused approach.* New York, NY: W. W. Norton.（磯貝希久子訳『家族支援ハンドブック』金剛出版、一九九七年）

Berg, I. K., & Miller, S. D. (1992). *Working with the problem drinker.* New York, NY: W. W. Norton.（白木孝二・信田さよ子・田中ひな子訳『飲酒問題とその解決』金剛出版、一九九五年）

Bourdieu, P. (1988). *Homo Academicus.* Redwood City, CA: Stanford University Press.（石崎晴己・東松秀雄訳『ホモ・アカデミクス』藤原書店、一九九七年）

Bruner, E. M. (1986a). Ethnography as narrative. In V.W. Turner & E. M. Bruner (Eds.), *The anthropology of experience* (pp. 139-155). Chicago, IL: University of Illinois Press.

Bruner, E. M. (1986b). Experience and its expressions. In V.W. Turner & E. M. Bruner (Eds.), *The anthropology of experience* (pp, 3-30). Chicago, IL: University of Illinois Press.

Bruner, J. (1986). *Actual minds, possible worlds.* Cambridge, MA: Harvard University Press.（田中一彦訳『可能世界の心理』みすず書房、一九九〇年）

Bruner, J. (1990). *Acts of meaning.* Cambridge, MA: Harvard University Press.（岡本夏木・仲渡一美・吉村啓子訳『意味の復権――フォークサイコロジーに向けて』ミネルヴァ書房、一九九九年）

Burke, K. (1969). *A grammar of motives.* Berkeley, CA: University of California Press.（森常治訳『動機の文法』晶文社、一九八二年）

Campbell, J. (1983). *Myths to live by.* New York,NY: Penguin.（飛田茂雄ほか訳『生きるよすがとしての神話』角川ソフィア文庫、二〇一六年）

Cecchin, G. (1987). Hypothesizing, circularity and neutrality revisited: An invitation to curiosity. *Family Process,* 26(4), 405-413.

Chang, J., & Phillips, M. (1993). Michael White and Steve de Shazer: New directions in family therapy. In S. G. Gilligan & R. Price (Eds.), *Therapeutic conversations* (pp. 95-111). New York, NY: W. W. Norton.

Combs, G., & Freedman, J. (1990). *Symbol story, and ceremony: Using metaphor in individual and family therapy.* New York, NY: W. W. Norton.

de Shazer, S. (1985). *Keys to solutions in brief therapy.* New York, NY: W. W. Norton.（小野直弘訳『短期療法解決の鍵』誠信書房、一九九四年）

de Shazer, S. (1988). *Clues: Investigating solutions in brief therapy.* New York, NY: W. W. Norton.

de Shazer, S. (1991). *Putting difference to work.* New York, NY: W. W. Norton.（小森康永訳『ブリーフ・セラピーを読む』金剛出版、一九九四年）

de Shazer, S. (1993). Commentary: de Shazer and White: Vive la difference. In S. G. Gilligan & R. Price (Eds.), *Therapeutic conversations* (pp. 112-120). New York, NY: W. W. Norton.

Derrida, J. (1973). *Speech and phenomena, and other essays on Husserl's Theory of Signs.* Evanston, IL: Northwestern University Press.（林好雄訳『声と現象』ちくま学芸文庫、二〇〇五年）

Derrida, J. (1976). *Of grammatology.* Baltimore, MD: John Hopkins University Press.（足立和浩訳『グラマトロジーについて』現代思潮社／現代思潮新社、一九七二／二〇一二年）

Derrida, J. (1978). *Writing and difference.* London, UK: Routledge and Kegan Paul.（合田正人・谷口博史訳『エクリチュールと差異』法政大学出版局、二〇一三年）

Derrida, J. (1981). *Positions.* Chicago, IL: University of Chicago Press.（高橋允昭訳『ポジシオン』青土社、一九八一年）

Epston, D., & White, M. (1990). Consulting your consultants: The documentation of alternative knowledges. *Dulwich Centre Newsletter,* (4), 25-35.

Epston, D., & White, M. (1992). *Experience, contradiction, narrative & imagination: Selected papers of David Epston and Michael White, 1989-1991.* Adelaide, Australia: Dulwich Centre Publications.

Epston, D., & White, M. (1995). Termination as a rite of passage: Questioning strategies for a theory of inclusion. In R. A. Neimeyer

& M. J. Mahoney (Eds.), *Constructivism in psychotherapy* (pp. 339-354). Washington, DC: American Psychological Association.

Foucault, M. (1979). *Discipline and punish: The birth of the prison.* Middlesex, UK: Peregrine Books.（田村俶訳『監獄の誕生――監視と処罰』新潮社、一九七七年）

Foucault, M. (1980). *Power/knowledge: Selected interviews and other writings.* New York, NY: Pantheon Books.（※本書自体の訳出はないが、その論考の多くは下記の文献に収録されている。蓮實重彦・渡辺守章監修／小林康夫・石田英敬・松浦寿輝編『ミシェル・フーコー思考集成X――一九七六‐一九七七――セクシュアリテ／真理』筑摩書房、二〇〇〇年、市田良彦訳「覆面の哲学者」蓮實重彦・渡辺守章監修／小林康夫・石田英敬・松浦寿輝編『ミシェル・フーコー思考集成Ⅷ――一九七九‐一九八一――政治／友愛』筑摩書房、二〇〇一年、二八三‐二九二頁所収）

Foucault, M. (1984). *The history of sexuality.* Middlesex, UK: Peregrine Books.（『性の歴史Ⅰ〜Ⅲ』渡辺守章訳『知への意志』新潮社、一九八六年、田村俶訳『快楽の活用』新潮社、一九八六年、田村俶訳『自己への配慮』新潮社、一九八七年）

Foucault, M. (1988a). Technologies of the self. In L. Martin, H. Gutman & P. Hutton (Eds.), *Technologies of the self.* Amherst, MA: University of Massachusetts Press.（田村俶・雲和子訳『自己のテクノロジー』岩波書店、一九九〇年）

Foucault, M. (1988b). The ethic of care for the self as a practice of freedom. In J. Bernauer & D. Rasmussen (Eds.), *The final Foucault.* Cambridge, MA: The MIT Press.（「自由のプラチックとしての自己への配慮の倫理」山本学ほか訳『最後のフーコー』三交社、一九九〇年所収）

Foucault, M. (1989). *Foucault live.* New York, NY: Semiotext(e).（市田良彦訳「覆面の哲学者」蓮實重彦・渡辺守章監修／小林康夫・石田英敬・松浦寿輝編『ミシェル・フーコー思考集成Ⅷ――一九七九‐一九八一――政治／友愛』筑摩書房、二〇〇一年、所収）

Freedman, J., & Combs, G. (1996). *Narrative therapy: The social construction of preferred realities.* New York, NY: W. W. Norton.

Friedman, S. (Ed.) (1995). *The reflecting team in action: Collaborative practice in family therapy.* New York, NY: Guilford Press.

Geertz, C. (1973). Thick description: Toward an interpretive theory of culture. In C. Geertz, *The interpretation of cultures.* New York, NY: Basic Books.（吉田禎吾ほか訳「厚い記述――文化の解釈学的理論をめざして」『文化の解釈学Ⅰ・Ⅱ』岩波書店、一九八七／一九八九年所収）

Geertz, C. (1983). *Local knowledge.* New York, NY: Basic Books.（梶原景昭ほか訳『ローカル・ノレッジ』岩波書店、一九九一年）

Geertz, C. (1986). Making experiences, authoring selves. In V.W. Turner & E. Bruner (Eds.), *The anthropology of experience* (pp. 373-380). Chicago, IL: University of Illinois Press.

Gergen, K. (1994). Between alienation and deconstruction: Re-visioning therapeutic communication. Keynote address, *Therapeutic Conversations 2 Conference.* Weston, VA.: Institute for Advanced Clinical Training.

Gilligan, C. (1982). *In a different voice.* Cambridge, MA: Harvard University Press.（岩男寿美子監訳，生田久美子・並木美智子訳『もうひとつの声——男女の道徳観のちがいと女性のアイデンティティ』川島書店，一九八六年）

Gould, S. J. (1980). *The panda's thumb: More reflections in natural history.* New York, NY: W. W. Norton.（櫻町翠軒訳『パンダの親指——進化論再考』ハヤカワ文庫ＮＦ，一九九六年）

Hare-Mustin, R. (1990). Sex lies and headaches: The problem is power. In T. Goodrich (Ed.), *Women and power: Perspectives for therapy* (pp. 63-85). New York, NY: W. W. Norton.

Hewson, D. (1991). From laboratory to therapy room: Prediction questions for reconstructing the・new-old・ story. *Dulwich Centre Newsletter,* (3), 5-12.

Hoagland, S. (1988). *Lesbian ethics.* Palo Alto, CA: Institute of Lesbian Studies.

Jenkins, A. (1990). *Invitations to responsibility: 1he therapeutic engagement of men who are violent and abusive.* Adelaide, Australia: Dulwich Centre Publications.（信田さよ子・高野嘉之訳『加害者臨床の可能性——ＤＶ・虐待・性暴力被害者に責任をとるために』日本評論社，二〇一四年）

Laing, L & Kamsler, A. (1990). Putting an end to secrecy: Therapy with mothers and children following disclosure of child sexual assault. In M. Durrant & C. White (Eds.), *Ideas for therapy with sexual abuse* (pp. 157-179). Adelaide, Australia: Dulwich Centre Publications.

Laing, R. D. (1967). *The politics of experience.* New York, NY: Pantheon.（笠原嘉・塚本嘉寿訳『経験の政治学』みすず書房，一九七三年）

Lindgren, A. (1950). *Pippi Longstocking.* New York, NY: Viking Press.（大塚勇三訳『長くつ下のピッピ』岩波少年文庫，二〇〇〇年）

Malouf, D. (1991). *The great world.* Sydney, Australia: Pan MacMillan.

Menses, G., & Durrant, M. (1986). Contextual residential care. *Dulwich Centre Review,* pp. 3-14.

Myerhoff, B. (1982). Life history among the elderly: Performance, visibility and re-membering. In J. Ruby (Ed.), *A crack in the mirror: Reflexive perspectives in anthropology* (pp, 99-117). Philadelphia, PA: University of Pennsylvania Press.

Myerhoff, B. (1986).・Life not death in Venice・: Its second life. In V.W. Turner & E. M. Bruner (Eds.), *The anthropology of experience* (pp. 261-286). Chicago, IL: University of Illinois Press.

Parker, I., & Shotter, J. (Eds.) (1990). *Deconstructing social psychology.* London, UK: Routledge.

Rosenbaum, R., Hoyt, M. F., & Talmon, M. (1990). The challenge of single-session therapies: Creating pivotal moments. In R. A. Wells & V. J. Giannetti (Eds.), *Handbook of the brief psychotherapies* (pp, 165-189). New York, NY: Plenum Press. (Reprinted in Hoyt, M. F. [1995], *Brief therapy and managed care: Selected papers* [pp. 105-1391]. San Francisco, CA: Jossey- Bass.)

Suzuki, S. (1970). *Zen mind, beginner's mind.* New York, NY: Weatherhill.（鈴木俊隆・松永太郎訳『禅マインド——ビギナーズマインド』サンガ新書，二〇一二年）

Turner, V. (1969). *The ritual process: Structure and anti-structure.* Ithaca, NY: Cornell University Press.（富倉光雄訳『儀礼の過程』思索社、一九六九年）

Turner, V. (1980). Social drama and stories about them. *Critical Inquiry,* (Autumn). van Gennep, A. (1960). *The rites of passage.* Chicago, IL: Chicago University Press.（「社会劇とその物語内容」W・T・J・ミッチェル編、海老根宏ほか訳『物語について』平凡社、一九八七年所収）

Turner, V. (1986). Dewey, Dilthey, and Drama: An essay in the anthropology of experience. In V.W. Turner & E. M. Bruner (Eds.), *The anthropology of experience* (pp. 33-44). Chicago, IL: University of Illinois Press.

van Gennep, A. (1960). *The rites of passage.* Chicago, IL: University of Chicago Press.（綾部恒雄・綾部裕子訳『通過儀礼』弘文堂、一九七七年）

Vygotsky, L. (1986). *Thought and language.* Cambridge, MA: The MIT Press.（柴田義松訳『思考と言語』新読書社、二〇〇一年）

Welch, S. (1990). *A feminist ethic of risk.* Minneapolis, MN: Fortress Press.

White, M. (1984). Pseudo-encopresis: From avalanche to victory, from vicious to virtuous cycles. *Family Systems Medicine, 2*(2), 150-160.

White, M. (1986). Negative explanation, restraint, and double description: A template for family therapy. *Family Process, 25*(2), 169-184.

White, M. (1988a). The process of questioning: A therapy of literary merit? *Dulwich Centre Newsletter,* (Winter), 8-14.

White, M. (1988b). Saying hullo again: The incorporation of the lost relationship in the resolution of grief. *Dulwich Centre Newsletter,* (Spring), 7-11.（本書第三章）

White, M. (1989). The externalizing of the problem and the re-authoring of lives and relationships. *Dulwich Centre Newsletter,* (Summer), 3-21.（小森康永訳『物語としての家族』金剛出版、一九九二／二〇一七年、第一章）

White, M. (1992). Deconstruction and therapy. In D. Epston & M. White, *Experience, contradiction, narrative and imagination.* Adelaide, Australia: Dulwich Centre Publications.（本書第一章）

White, M. (1993). Commentary. The histories of the present. In S. G. Gilligan & R. Price (Eds.), *Therapeutic conversations* (pp, 121-135). New York, NY: W. W. Norton.（森俊夫・瀬戸屋雄太郎訳「歴史の現在」現代思想、二〇〇二年三月号、一〇〇 - 一一二頁）

White, M. (1993). Deconstruction and therapy. In S. G. Gilligan & R. Price (Eds), *Therapeutic conversations* (pp. 22-61). New York: W. W. Norton. (Original work published in the *Dulwich Centre Newsletter,* 1991, (3), 1-21. Also reprinted in D. Epston & M. White (1992), *Experience, contradiction, narrative & imagination* (pp, 109-152). Adelaide, Australia: Dulwich Centre Publications.)

White, M. (1994). A conversation about accountability with Michael White. *Dulwich Centre Newsletter,* (2&3), 68-79. (Reprinted in White, M. (1995), *Re-authoring lives: Interviews & essays.* Adelaide, Australia: Dulwich Centre Publications.)（「アカウンタビリティに

ついての会話」小森康永・土岐篤史訳『人生の再著述』ヘルスワーク協会、二〇〇〇年所収）

White, M. (1995). *Re-authoring lives: Interviews and essays* (pp. 109-151). Adelaide, Australia: Dulwich Centre Publications.（小森康永・土岐篤史訳『人生の再著述』ヘルスワーク協会、二〇〇〇年）

White, M. (1997). *Narratives of therapists' lives.* Adelaide, Australia: Dulwich Centre Publications.（小森康永監訳『セラピストの人生という物語』金子書房、二〇〇四年）

White, M. (2000). Re-engaging with history: The absent but implicit. In M. White, *Reflections on narrative practice: Essays and interviews* (pp. 35-58). Adelaide, Australia: Dulwich Centre Publications.

White, M. (2003). Narrative practice and community assignments. *The International Journal of Narrative Therapy and Community Work,* (2), 17-55.

White, M. (2004a). Narrative practice, couple therapy and conflict dissolution. In M. White, *Narrative practice and exotic lives: Resurrecting diversity in everyday life* (pp. 1-41). Adelaide, Australia: Dulwich Centre Publications.（「ナラティヴ・プラクティス、カップルセラピー、そして葛藤解消」小森康永監訳『ナラティヴ・プラクティスとエキゾチックな人生』金剛出版、二〇〇七年所収）

White, M. (2004b). Working with people who are suffering the consequences of multiple trauma: A narrative perspective. *The International Journal of Narrative Therapy and Community Work,* (1), 47-76.

White, M., & Epston, D. (1989). *Literate means to therapeutic ends.* Adelaide, Australia: Dulwich Centre Publications. (Republished in 1990 as *Narrative means to therapeutic ends.* New York, NY: W. W. Norton.)

White, M., & Epston, D. (1990). *Narrative means to therapeutic ends.* New York, NY: W. W. Norton.（小森康永訳『物語としての家族』金剛出版、一九九二／二〇一七年）

NARRATIVE THERAPY CLASSICS

訳者あとがき

―小森康永

本書は Michael White (2016). *Narrative Therapy Classics*, Dulwich Centre Publications, Adelaide, South Australia の全訳である。

久々のマイケル未訳論考訳出の喜びに浮かれ、音楽アーティストのベスト盤と勘違いしていたきらいがあるが、タイトルを読めば、「古典」とある。何が意図されているのだろう？　古典と聞けば、大方の人は、(時間が湯水の如く残された) 若者が (将来役立つこともあろうから) 読んでおくべき書物であるが、(日々の仕事に忙しい) 大人には手に取る時間のないものを想像する。本書のような実践書なら、若者は初心者に、大人は熟練者に読み替える。最上のものというお墨付きには違いないが、ナラティヴのイメージからは遠い。ところで、イタロ・カルヴィーノは遺著『なぜ古典を読むのか』(須賀敦子訳、河出文庫) の冒頭、同名のエッセイで、「古典」の定義を一三回変奏している。その結果、一四の古典の効能が明らかにされるわけだが、たとえば、以下の指摘などは読者一般に該当するだろうか。

九．古典とは、人から聞いたりそれについて読んだりして、知りつくしているつもりになっていても、いざ自分で読んでみると、あたらしい、予期しなかった、それまでだれにも読まれたことのない作品に思える本である。

そして、アンチ・ナラティヴな人には、こう推奨する。

一一．「自分だけ」の古典とは、自分が無関心でいられない本であり、その本の論旨にもしかすると賛成できないからこそ、自分自身を定義するために有用な本でもある。

古典など読み返す暇などないという人には、こうだ。

一四．もっとも相容れない種類の時事問題がすべてを覆っているときでさえ、BGMのようにささやき続けるのが、古典だ。

もしかすると、ドミナントな古典言説を脱構築して本書に近づく資質を、編者らは読者に課しているのかもしれない。

ナラティヴ・セラピーをデイヴィッド・エプストンと二人で発明し、牽引してきたマイケル・ホワイトについては、新訳『物語としての家族』の解説に詳しい。その冒頭は、以下の通り。

マイケルは一九四八年一二月二九日、南オーストラリア州アデレードで、同胞四人の第二子長男として生まれた。父親は電気機械関係の工員として一生働き続けた勤勉実直な人だった。ホワイト家の祖先は一五〇〇年前に南オーストラリアのフォーベリーに移民したアイルランド系スコットランド人である。彼は、人々のほとんどが労働者階級である地域の中の労働者階級の家庭で育った。それ以外の生活地域への接近は限られていたが、外の世界にはずっと深い好奇心を抱いていた。少年時代、よその世界を夢見る彼を、想像の翼で外の場所へ運んでくれたのが地図であったことが、『ナラティヴ実践地図』へとつながっている。そんな彼の思い出を以下に二つ紹介しよう。

当時、一〇歳の誕生日に、私は自転車を贈られた。この自転車ほどに多くの意味をもたらした贈り物は、これまで他にひとつもない。世界を訪れる手段をいくつか手にした今日でさえ、自転車のない生活は考えられない。地図に導かれ、弟や友だち、それに愛犬のプリンスと連れ立って、一日中、外の世界を乗り回したものだ。自分の暮らす地域の隣にある、魅了されこそすれ、その表面にさえ触れることのできない世界を。今でも思い出すことのできる不思議は、はじめて中流の人々の住む世界に乗り込んだときの感じである。五〇年代の「アメリカの夢」そのままの世界。それは、私にとって、ラジオや屋外の広告板、それに苦労してやっと手にした、わずかな雑誌を通して、ようやく馴染みかけていたものだった。

原世界を飛び出す最も重要な冒険は、一三歳で実現した。父が「イイ」車を買ったのだ。私たちは荷物を積み込んで、人生の休日へと乗り出した。南オーストラリアの南部へ、東隣のビクトリア州へ、そしてグレートオーシャン・ロードを通ってメルボルンへと至る全行程をキャンプしながら旅したのである。この旅で経験した世界の巨大さの前に、私は完全に無防備だった。そこで出会ったのは、私の想像をはるかに越えた地誌学的風景であり、人生領域であった。この冒険は今でも、心の中に鮮やかに残っている。

毎晩、灯油ランプの下で、私は地図をめくった。それによって、その先の旅への期待は一段と高まり、休みの眠れなさもいや増したのである。毎日のはじまりに、到着目的地を決めた覚えはない。いくつか候補があったのみだ。目的地に至るルートさえ、前もって決められることは、なかった。主たる任務は、一番眺めの良い寄り道を発見すること。（White, 2007／邦訳、五頁）

成人後、特にナラティヴ・セラピストとして彼が名を成した後の活躍は、多くの読者には馴染みのことであろう。ここでは、収録された論考を執筆順に簡単に振り返るに留めたい。

†一九八八年、『物語としての家族』刊行直前ということになるが、第三章「もう一度こんにちわと言う――悲嘆の解決における失われた関係の取り込み」（『ナラティヴ・セラピーの実践』金剛出版、二〇〇〇年再録、二八-四二頁）が発表された。この論考は後年、「リ・メンバリングする会話」として一大発展を遂げるものであり、ナラティヴ・セラピー・クラシックスとして正にふさわしいものであろう。『物語としての家族』によって外在化が一躍脚光を浴びた九〇年代前半、マイケルの関心はすでにこのリ・メンバリングに集中していたことが鮮やかに思い出される。驚くべきことに、「生きられた経験のないがしろにされた側面を未編集の形で生き返すことも可能になる」という指摘は、後年のアンチ・ナラティヴやクロノス／アイオーンという時間感覚の導入、さらにはグラフィック・メディスンの共時性さえも内包している。

†一九九一年に発表された、第一章「脱構築とセラピー」は、私のＭＲＩ留学時の同僚、ステファン・ガイアホッファーが同年夏にタルサ・カンファレンスに参加し、会場での即時販売講演カセットを送ってくれたので、すでに耳馴染みではあったものの、日本語にしてみると改めてその重要性が判明した。これが

『物語としての家族』の第一章にすげ替えられたなら、もっと人々の理解は容易だったのではないだろうか。ここでは、ナラティヴ・セラピーが脱構築実践として語られるわけだが、脱構築されるものはナラティヴ、近代的権力実践、そして言説実践である。つまり、これらがナラティヴ・セラピーの必須要件ということになる。

†一九九四年に行われたインタビューの逐語録（刊行は一九九六年）である第八章「倫理と表層スピリチュアリティ——マイケル・ホワイトとジーン・コムによるインタビュー」は、今回の訳出にあたって私自身がもっとも感銘を受けた論考である。緩和ケアの中核概念は、シシリー・ソンダースの「トータル・ペイン」であるが、その一部であるスピリチュアルペインは百家争鳴の感がある。その共通理解の足場としてマイケルのスピリチュアリティの分類は使えると思う。

†翌、一九九五年には、第二章「精神病的経験と言説——ケン・スチュワートによるインタビュー」（『人生の再著述』ヘルスワーク協会、一九九五年再録、一八二-二四七頁）が刊行された。統合失調症に対するナラティヴ・セラピーの直球勝負が描かれており、当時、精神科に転向したばかりの訳者には相当なインパクトがあった。それが反精神医学といかに異なるものか、視線を投げ返す実践、「見えない友達」、アイデンティティ文書、そして通過儀礼メタファーなど、その発想の豊かさに唖然とする。

†一九九七年の第四章「リ・メンバリング」（『セラピストの人生という物語』金子書房、二〇〇三年再録、五〇-七五頁）

は、一九八八年論考の展開であるが、その本全体がリ・メンバリングを中心に実に美しくまとめられている。私の一番好きなマイケル本である。

†二〇〇一年刊行の第六章「ナラティヴ・プラクティスとアイデンティティ結論の解明」は、外在化のアイデンティティにおける応用である。冒頭、ナラティヴ・セラピーのエッセンスを最もコンパクトに表現するケース、デイヴィッドが置かれている。ここでは「トラブル」が外在化されるが、そこで再著述されるのは、デイヴィッドの解決能力ではなく、彼の人生や人間関係についての厚い、豊かな記述である。その後、人生とアイデンティティに関する自然主義的説明に入るが、その限界と危険性について概観した五つのポイントは大変分かりやすい。それは、肯定的なアイデンティティが育まれたとしてもそれが自然主義的説明に沿ったものであれば、解明されなければならないという主張に向かう。その具体例がレジリエンスと直観である。

†二〇〇五年の第五章「子ども、トラウマ、そして従属的ストーリーライン展開」は、マイケル晩年の重要な未訳論考三本のうちのひとつである。「潜 - 在（the absent but implicit）」について学ぶのにうってつけであるが、症例ディーンでのリンドグレーン登場が素晴らしい。マイケル読書会などがあったとしてもフィクションはまずその対象にはならない。ここでもリンドグレーンと実在の少女との文通本へと訳註が展開したのが面白い。

†そして最後は、二〇〇六年刊行の第七章「コラボレーションを育む——親と子のあいだ、児童保護機関と家族のあいだ」(『子どもたちとのナラティヴ・セラピー』金剛出版、二〇〇七年、一七九-一九九頁)。彼の子どもとのセラピーが最後に論じられるというのも何かの因縁か。

本書も金剛出版編集部、高島徹也さんの圧倒的支持を得て企画成立し、訳出作業では大いにお世話になった。今回、“commitment”を「献身」、“knowledgeableness”を「博識さ」と訳したのは彼のアイデアである。重ねて感謝の気持ちで一杯だ。

二〇一八年三月二日　名古屋にて　小森康永

追記

カルヴィーノ、第八の古典定義。「古典とは、その作品全体にたいする批評的言説というこまかいほこりをたてつづけるが、それをまた、しぜんに、たえず払いのける力をそなえた書物である」

［訳者］
小森康永……こもり・やすなが

1960年 岐阜県生まれ。1985年 岐阜大学医学部卒業。同大学小児科入局。1995年 名古屋大学医学部精神神経科入局。現在，愛知県がんセンター中央病院精神腫瘍科部長。

著書 『ナラティヴ実践再訪』金剛出版，2008年／『ディグニティセラピーのすすめ』(H・M・チョチノフとの共著) 金剛出版，2011年／『バイオサイコソーシャル・アプローチ』(共著) 金剛出版，2013年／『ナラティブ・メディスン入門』遠見書房，2015年／『はじめよう！ がんの家族教室』(編) 日本評論社，2015年

訳書 ホワイトとエプストン『物語としての家族』金剛出版，1992/2017年／ドゥ・シェイザー『ブリーフ・セラピーを読む』金剛出版，1994年／ウィンスレイドとモンク『新しいスクールカウンセリング』金剛出版，2001年，ほか多数。

ナラティヴ・セラピー・クラシックス——脱構築とセラピー

2018年4月10日 印刷
2018年4月20日 発行

著 者 マイケル・ホワイト
訳 者 小森 康永
発行者 立石 正信

発行所 株式会社 **金剛出版**
〒112-0005 東京都文京区水道1丁目5番16号升本ビル二階
電話 03-3815-6661 振替 00120-6-34848

印刷・製本 シナノ印刷株式会社
装釘 粕谷浩義

ISBN 978-4-7724-1617-7 C3011 ©2018

物語としての家族 新訳版

［著］＝マイケル・ホワイト デイヴィッド・エプストン
［訳］＝小森康永

●四六判 ●上製 ●380頁 ●本体 4,800円＋税

「問題の外在化」と「手紙」。
病理化に抗する溌剌としたアイデアで新たな領域を切り開いた
ナラティヴ・セラピーのはじまりの書。

ナラティヴ実践地図

［著］＝マイケル・ホワイト
［訳］＝小森康永 奥野 光

●A5判 ●上製 ●264頁 ●本体 3,800円＋税

顧みられなかった人生領域を発見するための地図。
ホワイトが自らの治療的会話の定式化に挑んだ
最重要文献。

会話・協働・ナラティヴ

アンデルセン・アンダーソン・ホワイトのワークショップ

［編］＝タピオ・マリネン スコット・J・クーパー フランク・N・トーマス
［訳］＝小森康永 奥野 光 矢原隆行

●四六判 ●並製 ●312頁 ●本体 3,200円＋税

トム・アンデルセン，ハーレーン・アンダーソン，
マイケル・ホワイトが一堂に会した，
《マスターズ》の貴重な饗宴。